卓越工程师系列教材

结构分析方法与程序应用

罗永坤　彭俊生　蔡　婧　编著

科学出版社
北　京

内 容 简 介

本书为土木工程卓越工程师系列教材之一。本书系统介绍杆系结构分析的矩阵位移理论、结构分析计算有限元软件使用方法和结构计算成果定性分析方法三方面的内容，旨在使读者基本掌握结构分析计算机方法和计算成果应用方法。

本书的特点是分三个层面由浅入深地展开结构分析方法内容的介绍。首先通过连续梁介绍结构分析理论的基本方法和结构分析软件应用，读者可以很快了解结构分析的基本方法；在此基础上，全面介绍矩阵位移法理论和各类结构的计算分析方法；最后，结合结构计算成果应用的方法介绍结构定性分析方法。

本书体系完整、内容新颖、特色鲜明，既可作为高等学校土木、水利、交通、力学、机械等专业高年级学生结构分析方法课程教材，也可供相关领域的工程技术人员参考。

图书在版编目(CIP)数据

结构分析方法与程序应用 / 罗永坤，彭俊生，蔡婧编著.
—北京：科学出版社，2014.2
卓越工程师系列教材
ISBN 978-7-03-039698-3

Ⅰ.①结… Ⅱ.①罗… ②彭… ③蔡… Ⅲ.①结构分析-分析方法-教材 Ⅳ.①O342

中国版本图书馆 CIP 数据核字(2014)第 020013 号

责任编辑：杨 岭 于 楠 / 封面设计：墨创文化
责任校对：贺江艳 / 责任印制：余少力

科学出版社出版
北京东黄城根北街16号
邮政编码：100717
http://www.sciencep.com

成都创新包装印刷厂印刷
科学出版社发行 各地新华书店经销
*
2014年2月第 一 版 开本：787×1092 1/16
2015年1月第二次印刷 印张：9 1/4
字数：220 千字

定价：25.00 元

“卓越工程师系列教材”编委会

前　　言

土木工程结构设计建设中需要进行大量的结构计算。在电子计算机问世以前，结构的力学分析是一项难度大、耗时多、纷繁复杂的艰苦工作。设计人员需要花费大量的时间去学习结构计算方法。计算机的出现及迅速发展，数值分析方法与结构分析理论结合，发展出了结构分析计算机方法。应用结构分析计算机软件，可以快速准确地完成大量烦琐、耗力的计算分析工作，节省了大量的结构计算分析时间，大大拓展了人类认知领域，使高度更高、跨度更大、功能多样、体系复杂的结构成为可能。用计算机方法对结构进行计算分析是土木工程技术人员必备的核心能力。

由于计算机不仅可以以远快于人计算分析的速度进行力学分析，而且可以有更高的精确度，甚至完成部分绘图工作。这使部分专业人员养成了对计算机硬件的依赖，甚至认为结构力学分析的技能对结构专业人员无足轻重。但是实践证明，有了计算机软件，专业人员不仅需要学习结构计算分析方法，而且必须具有更为扎实的力学概念，否则很难在专业修养上取得进一步提高。

本书内容共分 5 章。第 1 章简要介绍经典方法。第 2 章通过连续梁的分析，介绍结构分析的矩阵位移法的基本思路和主要步骤，介绍如何使用 SAP2000 软件进行连续梁分析的方法，以便读者初步了解结构分析计算机方法。第 3 章较为系统地介绍杆系结构的矩阵位移法理论，并给出不同类型结构用矩阵位移法求解的例题。第 4 章介绍 SAP2000 软件的使用方法，给出了不同结构使用有限元计算软件计算的详细步骤。第 5 章介绍结构计算成果判断的定性分析方法。

在本书编写过程中，西南交通大学土木学院刘蓉华、黄慧萱、马珩、江南、齐欣、李翠娟等多位老师提供了宝贵的建议和支持，在此对他们表示衷心的感谢。

本书在内容和选材上进行了一些新的尝试，但限于作者的能力和水平，书中难免存在不足之处，欢迎读者批评指正。

编著者

2013 年 10 月

于西南交通大学

前言

目　　录

第1章 绪　　论

1.1 结构分析的任务

1.1.1 结构及功能

结构是建筑物或构筑物中用于担负预定任务、支承并传递荷载而起骨架作用的部分。土木工程中常见的结构有桥梁、隧道、水坝和建筑中的梁柱体系等。

在建筑物中结构预定的功能包括：①结构应该能够承受正常使用和正常施工时可能出现的各种荷载，即结构的各个构件有足够承受荷载的能力(称为承载力)和必需的可靠度；②结构在正常使用时具有良好的工作性能，即良好地满足使用要求，而不会使人有不安全感和不舒适感，否则可能出现梁的挠度偏大、屋面渗漏、墙体因温差出现不允许的裂缝等情况；③结构的构件和所用材料在正常维护下具有足够的耐久性，即对长期的物理环境作用(如温度变化、摩擦)和化学环境作用(如腐蚀、化学变化)有足够的抵御能力，不致因此而丧失承载力或降低可靠度；④结构在设计规定的偶然事件(如符合抗震设防烈度有关条件下的地震)发生时和发生后，仍能保持必需的整体稳定性，即建筑物不会发生整体或局部倒塌，对生命财产的安全有基本保障。

1.1.2 结构分析

工程结构的分析、设计和建造是一门科学，它是伴随着人类文明的发展而发展的古老而又年轻的技艺。在距今六七千年的河姆渡新石器文化遗址中，考古挖掘发现了大量榫卯结构的木质构件，说明当时的人们已经掌握了一些简单的结构知识。中国古代的万里长城、河北赵县的安济桥(图1.1)、四川的都江堰水利工程，以及埃及的金字塔、印度的泰姬陵、法国的埃菲尔铁塔等都是随着人类文明发展的独具匠心之作。通过这些伟大工匠成功地将经验和智慧应用在大型建筑的分析、设计和建设中，成就了建筑史上不朽的功勋。

结构分析是土木工程建设的基础。人类早期的建筑更多的是从大自然中观察模仿和经验积累的产物。随着生产和技术的进步，人们对结构受力的规律、结构的强度、刚度和稳定性的认识不断加深，并从经验和实验中逐渐形成了结构力学学科。通过广泛应用于工程建设实践，不断完善成为一门指导工程建设的基础性科学。

结构分析方法是在经典力学的框架体系下逐渐发展起来的。19世纪，工业革命在技术上带来了突飞猛进的发展，人们开始设计建造各种大规模的建筑结构，需要进行更为精确的分析和计算。19世纪末20世纪初，结构力学逐渐发展成为一门独立的学科，包括结

图 1.1　河北赵县安济桥

构静力学、动力学和结构稳定理论。

结构分析理论和方法的发展也推动了近现代建筑结构的发展。人们可以通过结构分析计算，事先对结构的力学行为有较清楚的认识，以便在设计建造时通过改变结构形式、选用不同材料等手段来优化结构受力。20 世纪以来土木工程结构无论是从建设规模还是复杂程度上都发生了空前的飞跃，其中结构分析理论和方法的发展有重要的贡献。

计算机的发展，为结构分析提供了有力的计算工具。应用结构分析理论、现代数学方法和计算机技术而发展起来的有限元法的出现和成熟，加速了结构分析方法的发展，大大拓展了人类的认知领域，使高度更高、跨度更大、功能多样、体系复杂的结构成为可能。图 1.2 所示为国家体育场。其结构异常复杂，对于如此复杂的结构若不用计算机软件进行结构分析，很难在短时间内获得符合设计要求的计算结果。

图 1.2　国家体育场

用计算机方法对结构的力学行为进行分析是土木工程技术人员必备的核心能力。一方面，计算机速度快、周期短、计算成本较低，可容易地模拟复杂载荷条件和多种材料组成的工程问题，可以在较短时间内完成大量的计算工作，使计算分析与设计工作可以快速完成；应用计算机程序分析得到的计算结果准确，且可以通过细化计算提供更准确的计算结果。另一方面，通过应用计算机程序，可以对大量不同的结构进行计算分析与研究，了解结构在不同荷载环境下的力学行为，可以弥补实验经费高、时间长的不足，对于某些难以进行实验的工程问题，可以通过计算机数值模拟来进行定性和定量分析，可以在较短时间内提高对结构的分析能力和对大型复杂结构的把控能力。

本书第 1 章介绍结构分析理论相关的基本原理。第 2 章通过连续梁，简要介绍结构分析计算机方法原理与程序应用过程。第 3 章以平面杆系结构为例介绍结构分析的一般原理和计算机实现方法。第 4 章通过读者熟悉的平面桁架、平面刚架等典型结构形式，介绍结构分析程序应用方法。第 5 章介绍结构定性分析方法和结构计算分析成果的判断与应用。读者通过本书的学习，可以较为全面地了解结构分析计算机方法的原理和实现的方法，能够掌握用现有结构分析程序进行结构分析计算的方法。

1.1.3　学习方法

结构分析方法与程序应用是一门实践性很强的课程。要求读者既要学习必要的书本知识，掌握相关的理论与方法；又要亲自进行上机操作，不断积累，从实践中学会程序应用的方法，体会并领悟结构分析的要领。

1.2　结构的计算简图与结构分类

1.2.1　结构的计算简图

实际结构是很复杂的，完全按照结构的实际情况进行力学分析是不可能的，也是不必要的。因此，对实际结构进行力学计算以前，必须加以简化，略去不重要的细节，显示其基本特点，用一个简化的图形来代替实际结构，这种图形称为结构的计算简图(计算模型)。

计算简图的选择是力学计算的基础，选择计算简图的原则是：①通过计算简图得到的计算结果要准确，能正确反映实际结构的性能；②计算简图要便于计算，分清主次，略去细节，在合理的时间内得到计算结果。

简化内容通常包括以下几个方面：

(1)结构体系的简化。

(2)杆件的简化。

(3)杆件间连接的简化。

(4)结构与基础间连接的简化。

(5)材料性质的简化。

(6)荷载的简化。

1. 结构体系的简化

杆系结构可分为平面杆系结构和空间杆系结构。一般结构实际上都是空间结构，各部分相互连接成为一个空间整体，以承受各个方向可能出现的荷载。但在多数情况下，常可以忽略一些次要的空间约束而将实际结构分解为平面结构，使计算得以简化，这样可以大大缩小计算工作量。当然，也有一些结构具有明显的空间特征，不宜简化成平面结构。

2. 杆件的简化

杆件的截面尺寸(宽度、厚度)通常比杆件长度小得多，截面上的应力可根据截面的内力(弯矩、轴力、剪力)来确定。在计算简图中，杆件用其轴线表示，杆件之间的连接区用结点表示，杆长用结点间的距离表示，而荷载的作用点也转移到轴线上。

3. 杆件间连接的简化

杆件间的连接区简化为结点。结点通常简化为以下两种理想情形。

(1)铰结点。被连接的杆件在连接处不能相对移动，但可相对转动，即可以传递力，不能传递力矩。这种理想情况实际上很难遇到。木屋架的结点比较接近于铰结点如图 1.3 所示。

(2)刚结点。被连接的杆件在连接处既不能相对移动，又不能相对转动；既可以传递力，也可以传递力矩。现浇钢筋混凝土结点通常属于这类情形，如图 1.4 所示。

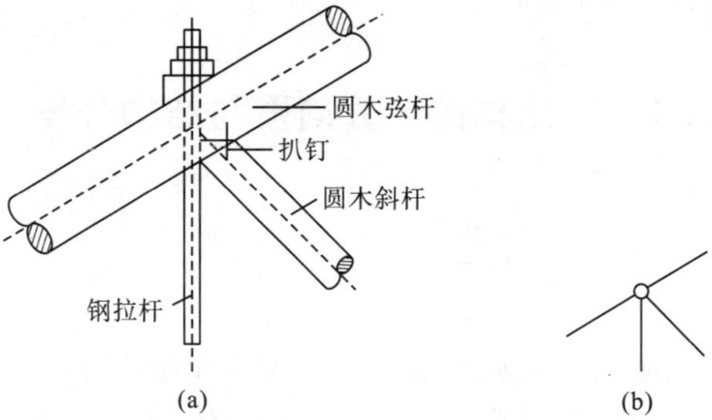

图 1.3　铰结点

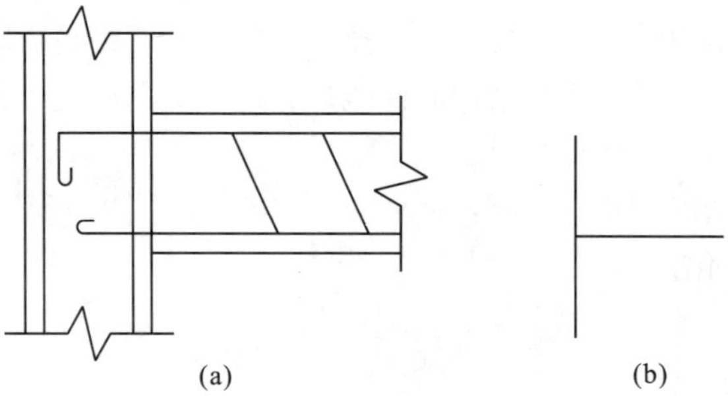

图 1.4　刚结点

铰连接和刚性连接之间的差异有时很难辨别。一般说来，如果一个构件只是在一个点上和另一构件相连，则更接近铰连接；如果一个构件在两个相距较远的点上和另一构件相连，则可以视为刚性连接。

4. 结构与基础间连接的简化

结构与基础的连接区简化为支座。按其受力特征，对于平面问题，支座一般简化为以下 4 种情形。

(1)活动铰支座。被支承的部分可以转动和水平移动，不能竖向移动［图 1.5(a)］，能提供的反力只有竖向反力 F_y。在计算简图中用一根链杆表示［图 1.5(b)］。

(2)固定铰支座。被支承的部分可以转动，不能移动［图 1.6(a)］，能提供两个反力 F_x、F_y。在计算简图中用两根相交的支杆表示［图 1.6(b)］。

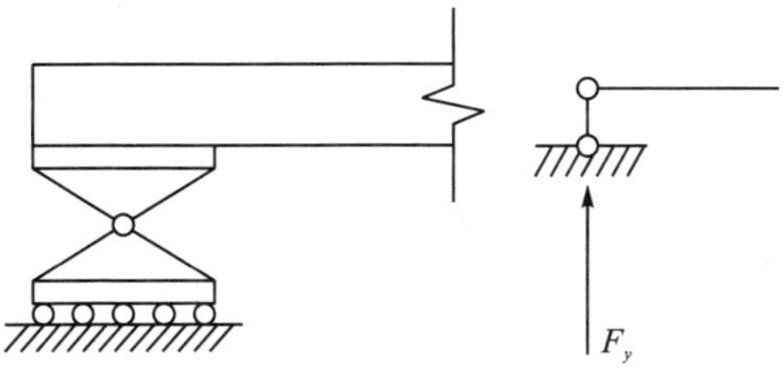

(a)　　(b)

图 1.5　平面活动铰支座

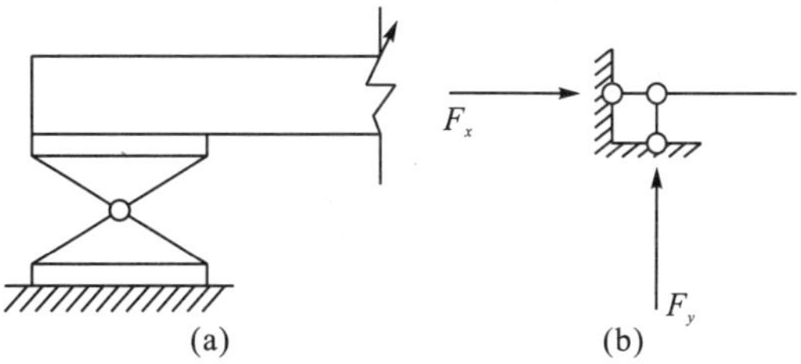

(a)　　(b)

图 1.6　平面固定铰支座

(3)定向支座(滑动支座)。被支承的部分不能转动，但可沿一个方向平行滑动[图 1.7(a)]，能提供反力矩 M 和一个反力 F_y(或 F_x)。在计算简图中用两根平行支杆表示[图 1.7(b)]。

(4)固定支座。被支承的部分完全被固定[图 1.8(a)]，能提供 3 个反力 F_x、F_y、M。在计算简图中可用图 1.8(b)表示。

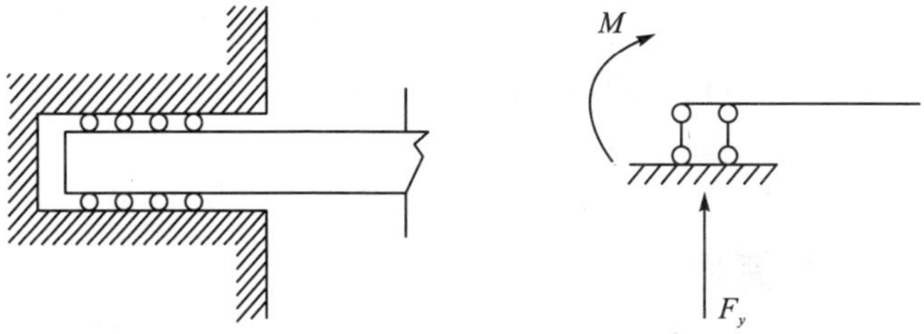

(a)　　(b)

图 1.7　平面定向支座

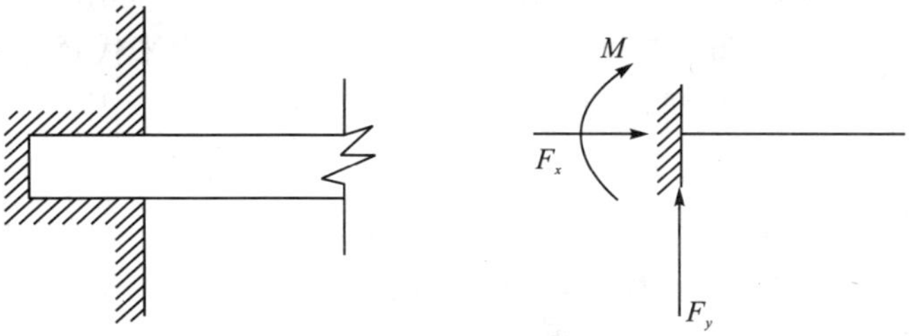

(a)　　(b)

图 1.8　平面固定支座

对于空间结构，支座可简化为空间活动铰支座、空间固定铰支座、空间定向支座和空间固定支座等类型。如图 1.9 所示，空间固定铰支座，被支承的部分可以转动，不能移动，能提供 3 个反力 F_x、F_y、F_z。在计算简图中用 3 根相交的支杆表示。

图 1.10 所示为空间固定支座。被支承的部分完全被固定，能提供 6 个反力 F_x、F_y、F_z、M_x、M_y、M_z。在计算简图中可用图 1.10 表示。

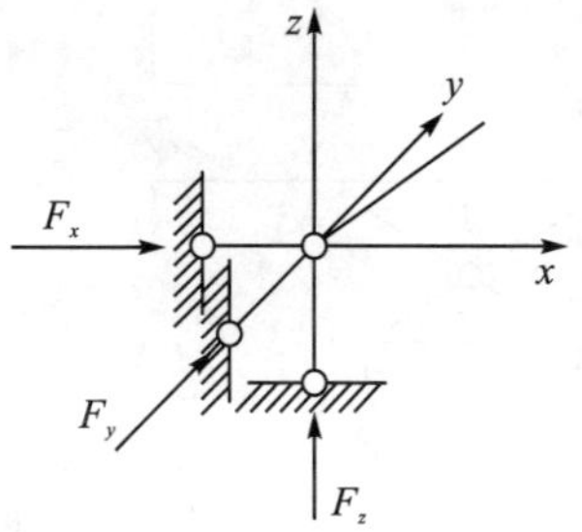

图 1.9 空间固定铰支座

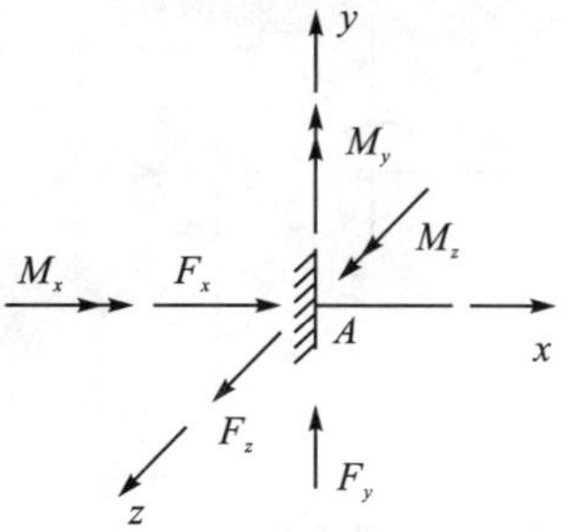

图 1.10 空间固定支座

5. 材料性质的简化

在土木工程中，结构所用的建筑材料通常为钢、混凝土、砖、石、木料等。在结构计算中，为了简化，对组成各构件的材料一般都假设为连续的、均匀的、各向同性的、完全弹性或弹塑性的。

上述假设对于金属材料在一定受力范围内是符合实际情况的。对于混凝土、钢筋混凝土、砖、石等材料则带有一定程度的近似性。至于木材，因其顺纹与横纹方向的物理性质不同，故应用这些假设时必须要注意。

1.2.2 结构的计算简图实例

图 1.11(a)所示为一根梁两端搁在墙上，其上放一重物。简化时，梁本身用其轴线来代表。重物近似看成集中荷载，梁的自重则视为均布荷载。至于两端的反力，其分布规律难以准确知道，现假定为均匀分布，并以其作用于墙宽中点的合力来代替。考虑到支承面有摩擦，梁不能左右移动，但受热膨胀时仍可伸长，故可将其一端视为固定铰支座而另一端视为活动铰支座。这样，便得到如图 1.11(b)所示的计算简图。显然，只要梁的截面尺寸、墙宽及重物与梁的接触长度均比梁的长度小许多，则进行上述简化在工程上一般是许可的。

图 1.12(a)所示为钢筋混凝土屋架，如果只反映桁架主要承受轴力这一特点，则计算时可采用如图 1.12(b)的计算简图，各杆之间的连接均假定为铰结。这虽然与实际情况不完全相符，但可使计算大为简化，而由此引起计算结果的误差在工程上通常是容许的。如果将各杆连接处均视为刚结，则可得到较精确的计算简图[图 1.12(c)]，但这样计算就复杂得多。通常，在初步设计中采用计算较简单但精确度不高的图形，而在最后设计中改用计算较繁但精确度较高的图形。计算机的应用为采用较精确的计算简图提供了更多的可能性。

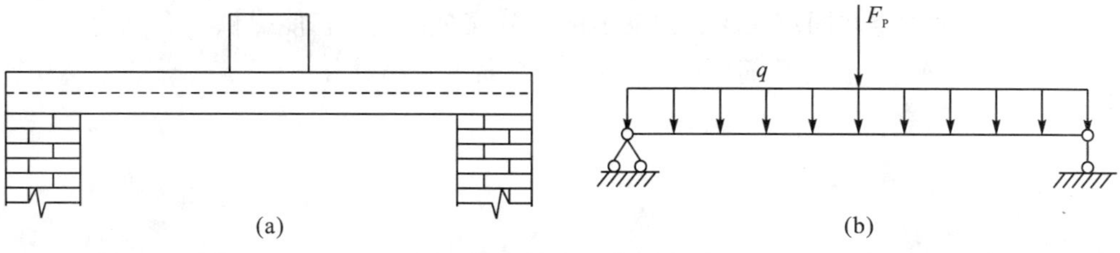

图 1.11 简支梁计算简图

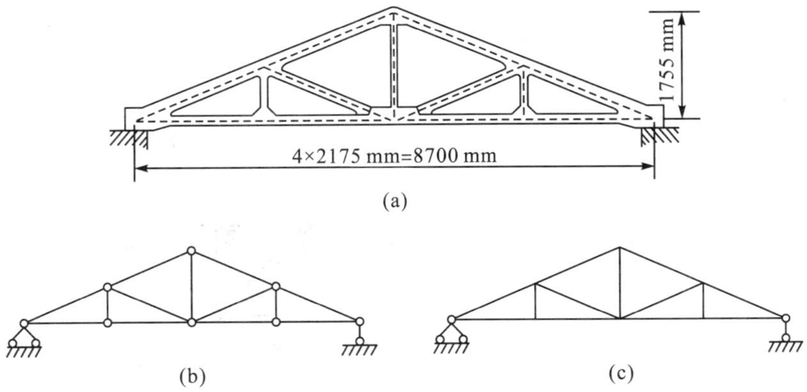

图 1.12　钢筋混凝土屋架计算简图

应该指出的是，确定一个结构的计算简图，特别是对于比较复杂的结构，不是一件容易的事情。它需要有一定的专业知识和实际经验，并对结构各部分的构造、相互作用和受力情况有正确的判断。有时，还需要借助于模型实验或现场实测才能确定合理的计算简图。

1.2.3　结构的分类

结构的类型很多，可以从不同的观点来分类。

(1)按照几何特征，结构可分为杆件结构、薄壁结构和实体结构。

杆件结构或杆系结构是由长度远大于其他两个尺度(即截面的高度和宽度)的杆件组成的结构。薄壁结构是指其厚度远小于其他两个尺度(即长度和宽度)的结构，如板(图 1.13)和壳(图 1.14)。实体结构则是三个方向的尺度相近的结构，如水坝(图 1.15)、地基、挡土墙、堤坝等。

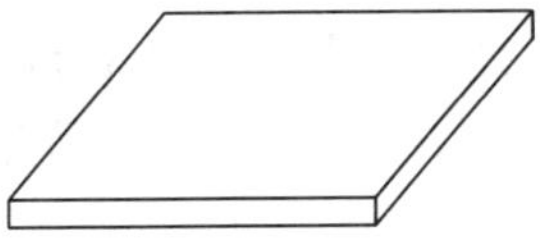

图 1.13　板

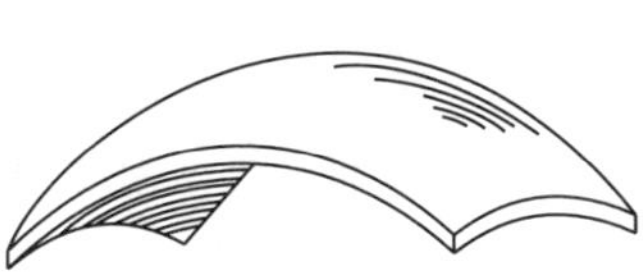

图 1.14　壳

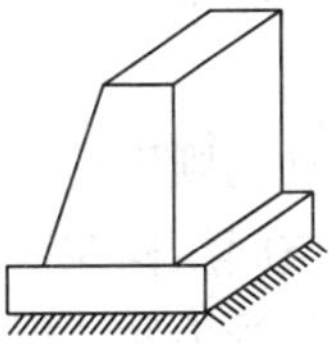

图 1.15　实体结构

(2)杆件结构按其受力特性不同又可分为以下几种。

①梁。梁是使用广泛的最简单的结构形式。梁是一种受弯杆件，其轴线通常为直线，当荷载垂直于梁轴线时，横截面上的内力只有弯矩和剪力，没有轴力。梁可分为单跨的和多跨的(图 1.16)。

②拱。拱的轴线为曲线且在竖向荷载作用下会产生水平反力(推力)，这使得拱比跨度、荷载相同的梁的弯矩和剪力都要小，而有较大的轴向压力(图 1.17)。

③刚架。刚架由直杆组成并具有刚结点(图 1.18)。各杆均为受弯杆，内力通常是弯矩、剪力和轴力都有。

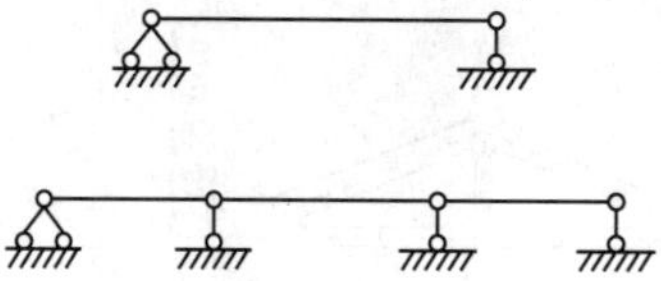

图 1.16 梁

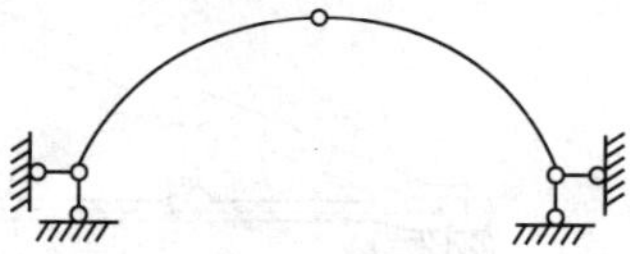

图 1.17 拱

图 1.18 刚架

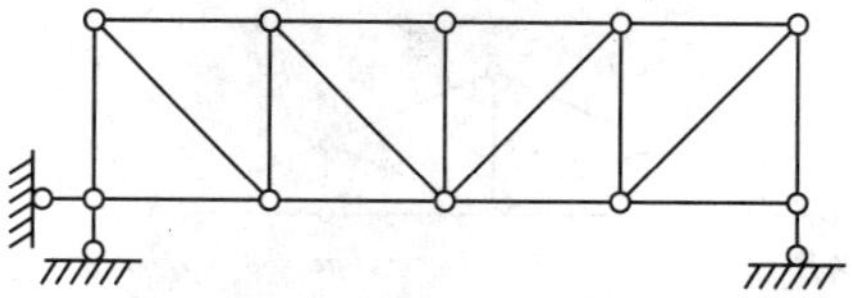

图 1.19 桁架

④桁架。桁架由直杆组成，但所有结点均为铰结点(图 1.19)。当只受到作用于结点的集中荷载时，各杆只产生轴力。

⑤组合结构。组合结构是由桁架和梁或桁架与刚架组合在一起的结构，其中有些杆件只承受轴力，另一些杆件同时还承受弯矩和剪力(图 1.20)。

⑥悬索结构。悬索结构的主要承重构件为悬挂于塔、柱上的缆索，索只受轴向拉力，可最充分地发挥钢材强度，且自重轻，可跨越很大的跨度，如悬索屋盖、悬索桥、斜拉桥等(图 1.21)。

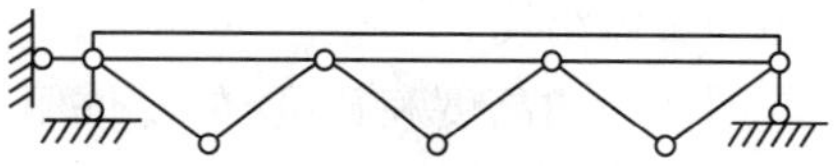

图 1.20 组合结构

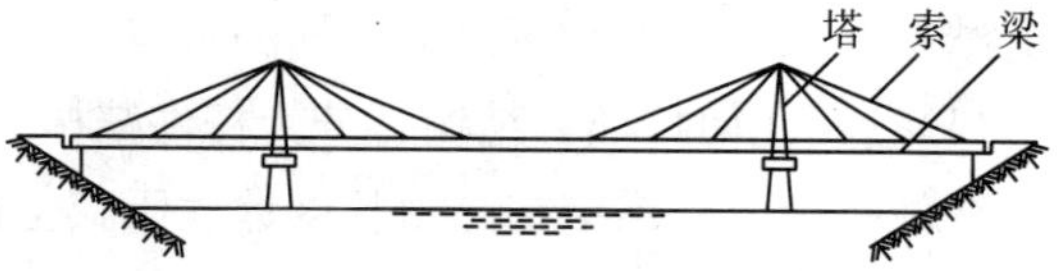

图 1.21 悬索结构

(3)结构按空间形态可分为平面结构和空间结构。

在平面结构中，各杆轴线和外力(包括荷载和反力)均在同一平面内。图 1.22 所示为平面桁架。

空间结构则不满足上述条件，图 1.23 所示为一空间结构，各杆轴线和荷载不在同一平面内。空间结构在荷载作用下，除同时承受轴力、弯矩和剪力作用，还可能承受扭转或弯曲等空间受力和变形状态。图 1.24 为实际空间结构的图示。

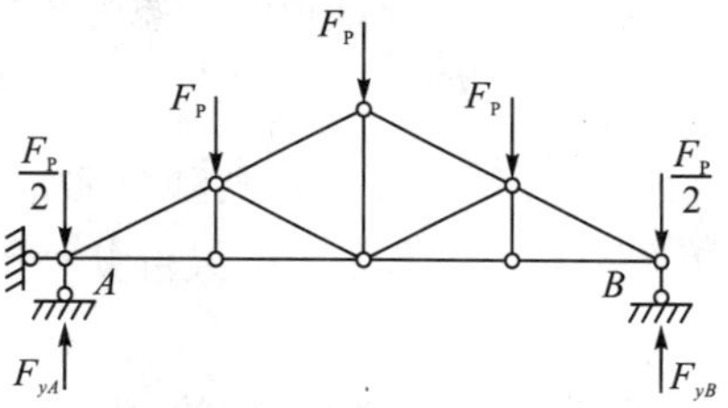

图 1.22 平面桁架

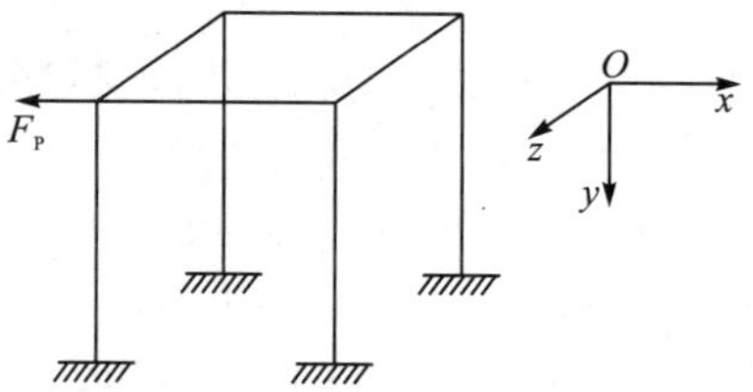

图 1.23 空间刚架

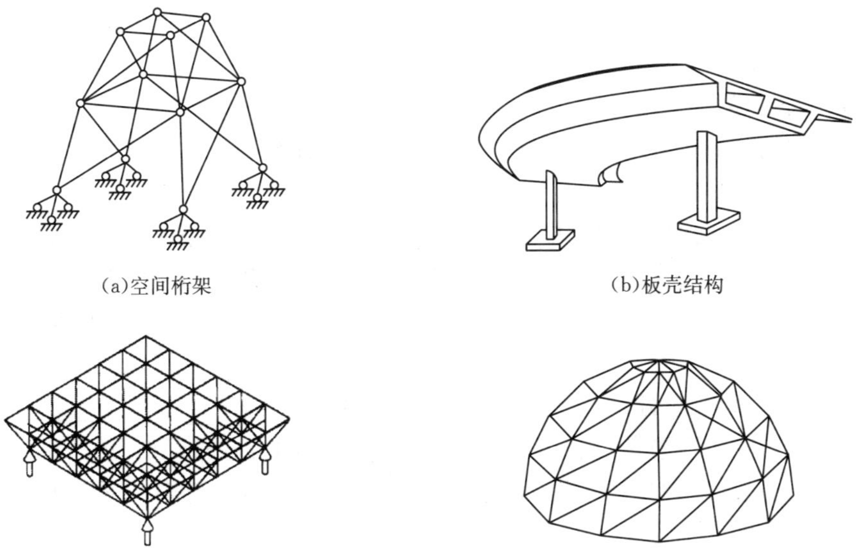

(a)空间桁架　(b)板壳结构　(c)网架结构　(d)网壳结构

图 1.24　实际空间结构

1.3　结构荷载

结构所承受的荷载来自两类现象，如图 1.25 所示。一类由自然现象产生，如地球的地心吸力(即重力)，因气象变化产生的风力和冰、雪的自重，因材料性能产生的热胀冷缩和干缩，因地质原因产生的地基沉降、地震时的地面运动等。另一类由人为现象产生，如机器运行产生的周期振动、爆炸产生的冲击振动、人为施加的预应力等。

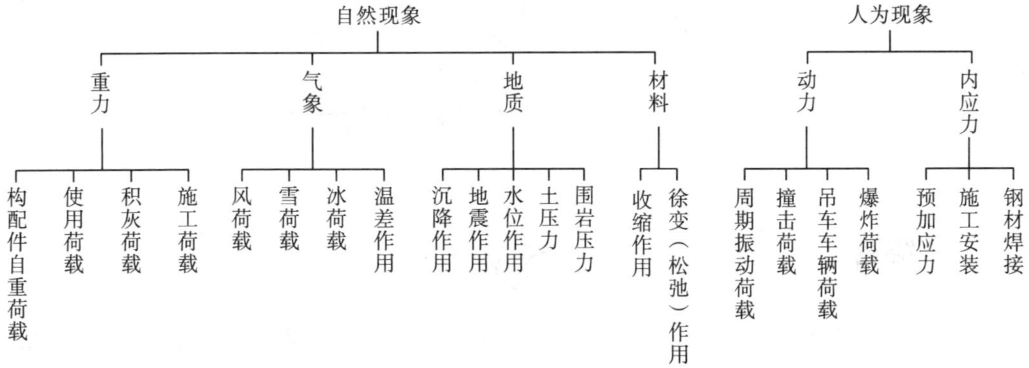

图 1.25　结构荷载

这两类现象从对结构产生的影响和效应分析，又各自有两种可能。一种是直接施加在结构上，使它产生内力和变形的荷载(也称为直接作用)，如结构自身的重力荷载、施加在楼面上人群和设备的使用荷载。另一种是因某种原因(非直接施加)使结构产生内力和变形的作用(也可认为是间接“荷载”或间接作用)，如材料热胀冷缩而变形受到约束产生的温差作用、地基不均匀沉降引起的沉降作用、地震使建筑物产生加速度反应导致的地震作用等。

直接作用在结构上的力称为荷载，它所产生的效应，称为荷载效应。其大小只与荷载值有关，而与结构的类型和属性无关。间接“荷载”的效应(应称为作用效应)的大小则与结构的类型和属性有关。

在进行结构的分析时，常将荷载或作用按下列性质分类。

(1)按荷载随时间的变化分，有恒载、活载和偶然荷载。恒载是一种永久作用，其量值不随时间变化或其变化可忽略，如结构自重和预加应力。活载是一种可变作用，其量值随时间变化，如楼面使用荷载、雪荷载、吊车荷载和车辆荷载。偶然荷载如爆炸力和撞击力，则是一种偶然作用，在设计使用年限内不一定出现，而一旦出现其量值很大且持续时间很短，地震作用就是一偶然荷载。

(2)按结构的动力效应分，有静载和动载。静载是一种静态作用，它使结构构件没有动力效应或其动力效应可忽略。恒载当然是静载，一般的活载被认为是逐渐加在结构上的，所以也认为是静载，如人群在楼面上的活动就是对楼面施加静载。动载则是一种动态作用，它使结构构件产生的动力效应不可忽略。地震作用、吊车荷载都是动载，在计算吊车荷载时要将吊车承受的荷载乘以动力系数。风荷载是静载还是动载，要看建筑物的自振周期。高层房屋刚度小、自振周期长(如美国纽约的世界贸易中心高 412 m，自振周期 10s)，由于阵风的周期较长，二者相近，可能产生共振效应，故高层建筑物的风载为动载；而一般房屋刚度大、周期也较短(如一幢三层高砖混屋的自振周期不足 0.25s)，与阵风周期相差甚远，故一般建筑物的风载为静载。

(3)按荷载实际分布情况分，有分布荷载和集中荷载。荷载总是分布在一定面积上的。当按一定几何关系分布时称为面荷载，如均匀分布面荷载、三角形分布面荷载等。其中对于可以将面荷载视为集中在一条线上分布的称线荷载，如均匀分布线荷载即均布荷载，三角形分布线荷载等。当分布面积不大，可近似认为集中于一点时，称为集中荷载。此外，在结构设计时对于楼面上不连续分布的实际荷载，一般可采用等效均布荷载代替，它指其在结构上所得到的内力效应能与施加实际荷载时的内力效应保持一致的均布荷载。

1.4 结构分析基本理论与方法

1.4.1 结构分析理论

结构的受力和变形应当满足三个基本条件：①平衡条件(各结点处应力和外加荷载之间的平衡关系，或者说各结点处杆件内力和外加荷载之间的平衡关系式)；②位移协调条件(结点处的位移协调关系，或者说结点处杆件的变形与结点位移的关系式，在支座处满足规定的力或变形条件)；③物理条件(应力与应变关系式，或者说杆件内力与位移的关系式)。

1. 结构的静力平衡条件

当力系处于平衡时，应当满足静力平衡条件，即在任意方向上的合力为零，对任意轴的弯矩为零。对于空间力系，平衡条件可写为

$$\begin{cases}\sum F_x = 0, \quad \sum F_y = 0, \quad \sum F_z = 0 \\ \sum M_x = 0, \quad \sum M_y = 0, \quad \sum M_z = 0\end{cases} \tag{1.1}$$

对于平面力系，只在平面内受力，外部力矩只作用于一个的轴。平衡条件可写为

$$\begin{cases}\sum F_x = 0 \\ \sum F_y = 0 \\ \sum M_z = 0\end{cases} \tag{1.2}$$

对于任一静定结构，运用静力平衡条件总是可以求出全部的内力和反力的。

对于实体结构处于平衡状态，取出任一微元体，如图 1.26 所示，所有应力和外荷载之和必定为零。由微元体的平衡得到 Navier 方程：

$$\left.\begin{aligned}\frac{\partial \sigma_x}{\partial x} + \frac{\partial \tau_{yx}}{\partial y} + \frac{\partial \tau_{zx}}{\partial z} + F_x = 0 \\ \frac{\partial \tau_{xy}}{\partial x} + \frac{\partial \sigma_y}{\partial y} + \frac{\partial \tau_{zy}}{\partial z} + F_y = 0 \\ \frac{\partial \tau_{xz}}{\partial x} + \frac{\partial \tau_{yz}}{\partial y} + \frac{\partial \sigma_z}{\partial z} + F_z = 0\end{aligned}\right\} \tag{1.3}$$

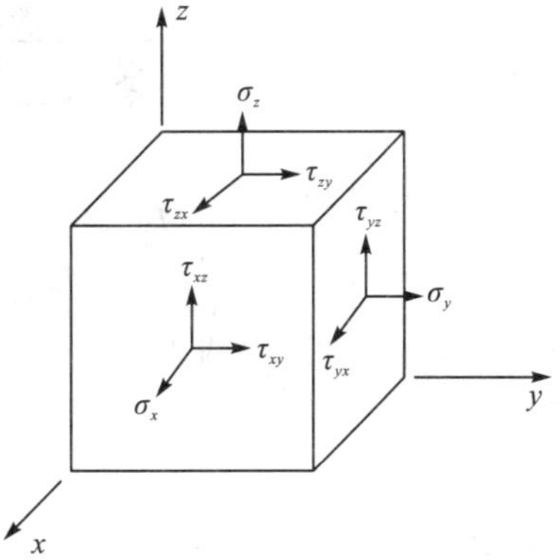

图 1.26　微元体平衡

2. 变形协调条件

变形协调条件也称为位移相容条件或位移条件。变形协调条件要求汇交在相同结点处的相互约束的杆件在该端具有相同的位移，在边界处应当满足位移边界条件。对于超静定结构仅用静力平衡方程不能求出全部的内力和反力，超静定结构除了满足平衡条件，也应该满足变形协调条件。例如，图 1.27 所示的单跨梁，有 4 个支座反力，在平面内只有 3 个独立的平衡方程，但该结构还应满足变形条件，如左支座端不可有位移或右支座端竖向位移应为零。通过补充变形条件，就容易求出结构的内力和变形了。

所以，求解超静定结构需要满足静力平衡条件和位移协调条件。对于线弹性材料，力和位移之间应满足线性关系。

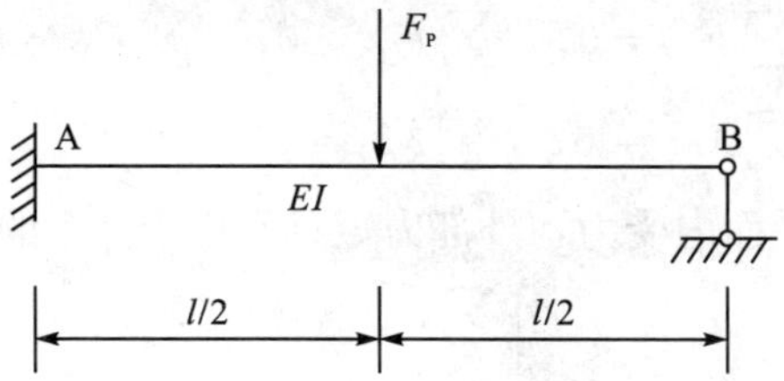

图 1.27 单跨超静定梁

1.4.2 解超静定结构的力法

力法是求解超静定结构的常用方法之一。它通过比较拟求解超静定结构与相应的静定结构(称为力法基本结构)的位移条件得到力法基本方程。基本过程如下:

(1)选择原结构的基本结构。力法的基本结构一般为静定结构,可以通过解除原结构多余联系得到(图 1.28)。

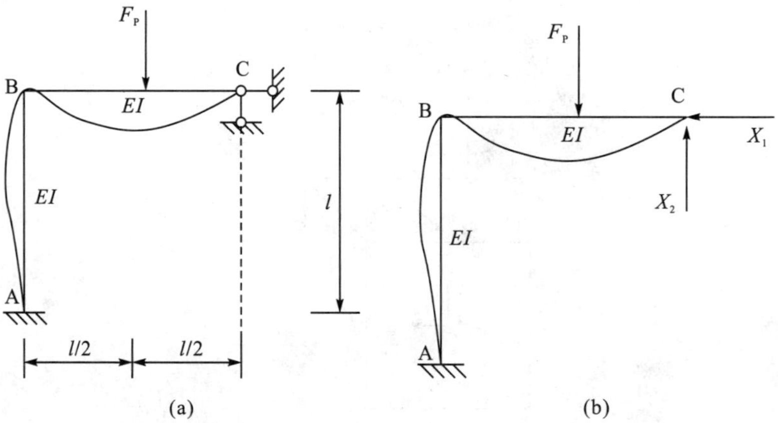

图 1.28 二次超静定结构及其力法基本结构

(2)用基本结构的位移等于原结构的位移为条件建立基本方程。如下所示:

$$\begin{pmatrix}\Delta_1\\ \Delta_2\end{pmatrix}=0 \tag{1.4}$$

(3)运用叠加原理写出力法方程。

$$\begin{pmatrix}\delta_{11} & \delta_{12}\\ \delta_{21} & \delta_{22}\end{pmatrix}\begin{pmatrix}X_1\\ X_2\end{pmatrix}+\begin{pmatrix}\Delta_{1P}\\ \Delta_{2P}\end{pmatrix}=0 \tag{1.5}$$

式中,δ_{ij}是力法基本结构上在未知力 X_i 方向作用单位力时,将多余未知力 X_1、X_2和荷载的影响分别计算,并将多余未知力引走的位移用单位力引起的位移表示,得到在未知力 X_i方向所产生的位移,称为柔度系数。Δ_{iP}是力法基本结构上由荷载引起的 X_i 方向的位移。

(4)求解式(1.5)得到多余未知力 X。

(5)运用叠加法求出结构的内力与反力。

对于多次超静定结构,式(1.4)和式(1.5)分别变为

$$\begin{Bmatrix}\Delta_1\\\Delta_2\\\vdots\\\Delta_n\end{Bmatrix}=0 \tag{1.6}$$

和

$$\begin{bmatrix}\delta_{11} & \delta_{12} & \cdots & \delta_{1n}\\\delta_{21} & \delta_{22} & \cdots & \delta_{2n}\\\vdots & \vdots & & \vdots\\\delta_{n1} & \delta_{n2} & \cdots & \delta_{nn}\end{bmatrix}\begin{Bmatrix}X_1\\X_2\\\vdots\\X_n\end{Bmatrix}+\begin{Bmatrix}\Delta_{1P}\\\Delta_{2P}\\\vdots\\\Delta_{nP}\end{Bmatrix}=0 \tag{1.7}$$

1.4.3　解超静定结构的位移法

位移法是求解超静定结构的另一常用方法。它通过比较拟求解超静定结构与相应的位移法基本结构的受力(平衡)条件，得到位移法基本方程。基本过程如下：

(1)确定原结构的基本结构。位移法基本结构是在原结构有结点位移处施加约束(附加约束)(图 1.29)。由于施加了结点约束，使各杆成为单跨超静定梁，各杆之间互不影响。

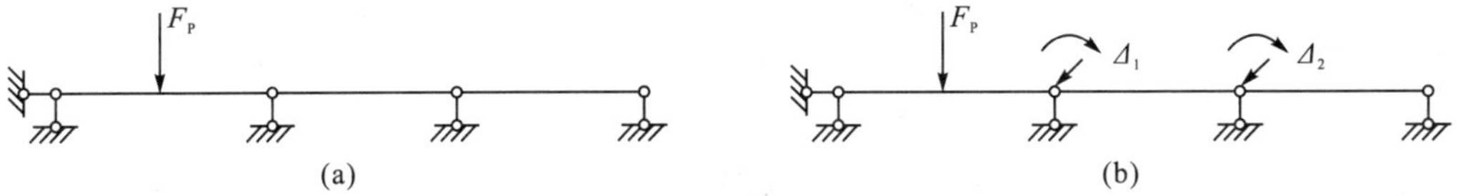

图 1.29　超静定结构及其位移法基本结构

(2)用基本结构的结点平衡条件建立基本方程。方程如下：

$$\begin{Bmatrix}F_1\\F_2\end{Bmatrix}=0 \tag{1.8}$$

(3)运用叠加原理写出力法方程。将未知结点位移Δ_1、Δ_2和荷载的影响分别计算，并将未知结点位移引起的附加约束内的约束力，用单位未知结点位移引起的附加约束力表示，得到

$$\begin{bmatrix}k_{11} & k_{12}\\k_{21} & k_{22}\end{bmatrix}\begin{Bmatrix}\Delta_1\\\Delta_2\end{Bmatrix}+\begin{Bmatrix}F_{1P}\\F_{2P}\end{Bmatrix}=0 \tag{1.9}$$

对多个未知数问题则有

$$\begin{bmatrix}k_{11} & k_{12} & \cdots & k_{1n}\\k_{21} & k_{22} & \cdots & k_{2n}\\\vdots & \vdots & \ddots & \vdots\\k_{n1} & k_{n2} & \cdots & k_{nn}\end{bmatrix}\begin{Bmatrix}\Delta_1\\\Delta_2\\\vdots\\\Delta_n\end{Bmatrix}+\begin{Bmatrix}F_{1P}\\F_{2P}\\\vdots\\F_{nP}\end{Bmatrix}=0 \tag{1.10}$$

式中，k_{ij}是位移法基本结构上在未知结点位移Δ_j方向发生单位位移时，在未知结点位移Δ_i方向所产生的附加约束力，称为刚度系数。F_{iP}是位移法基本结构上由荷载引起的Δ_i方向的附加约束力。

(4)求解式(1.9)，得到结点未知位移Δ。

(5)运用叠加法求出结构的内力与反力。

1.5 矩阵位移法和有限单元法

1.5.1 矩阵位移法思路

矩阵位移法是在经典位移法理论基础上发展起来的一种快速高效的计算方法。矩阵位移法运用位移法基本原理，将其用现代数值分析方法表示为向量与矩阵表达式形式，进而运用计算机编程进行求解。在求解过程中，大量的工作都由计算机自动完成，大大提高了计算的效率和解题的规模，为结构计算带来了革命性的改观。

矩阵位移法的基本思路如下。

第一步，将结构划分为一系列形状简单的单元(一般为单跨超静定梁)，进行单元分析。即用结构分析理论推导出用矩阵形式表达的单元结点力与位移之间的关系——单元刚度矩阵。

第二步，将所有单元再组集为原结构，进行整体分析。通过运用变形连续条件和平衡条件等建立整个结构的结点力与结点位移之间的关系——结构刚度方程。

第三步，再引入支座约束条件。通过数值分析方法求解结构刚度方程，得到结构的结点位移，从而求出结构的内力和其他力学参数。本书第 2 和第 3 章将由简入深地介绍矩阵位移法的基本原理与方法。

1.5.2 有限单元法

有限单元法将矩阵位移法从以求解杆系结构为主扩展到求解任意类型结构，是当前结构计算分析重要的实用方法。有限元法具有通用性，它已经成为解决各种问题的强有力和灵活通用的工具。

有限单元法以弹性理论为基础，是一个解场问题的近似方法。按照这个方法，将一个 V 域分割成有限数目的、互不重叠的子域 V_n，称为单元。首先，在每个单元内找一个近似解，并用一个有限数目的未知参数来描述单元的特征。当单元的尺寸变得越来越小时，这个场变量的离散化误差逐渐减小，就可逼近精确解。这些未知参数通常是场变量在有限个数的点(称为结点)上的值，结点可以在单元的边界上或单元的内部。近似解可以仅在每个单元内内插这些场变量求得。

用有限元法求解结构问题时，首先，用离散的单元代替原来结构；而后，对单元体，应用几何、物理和平衡三方面条件导出单元刚度矩阵，即单元结点力与单元结点位移的矩阵关系式；再应用单元间位移的连续性和结点的平衡条件，建立结构的总刚度方程，即结构的结点位移和结点荷载间的矩阵关系式；然后，根据结构的边界位移条件修改总刚度方程，由此方程求得结构结点位移值；最后，应用物理方程求出各个单元的应力。

有限元法程序是把有限元法理论和方法用计算机实施计算过程的载体，通常有三部分基本内容，如图 1.30 所示。

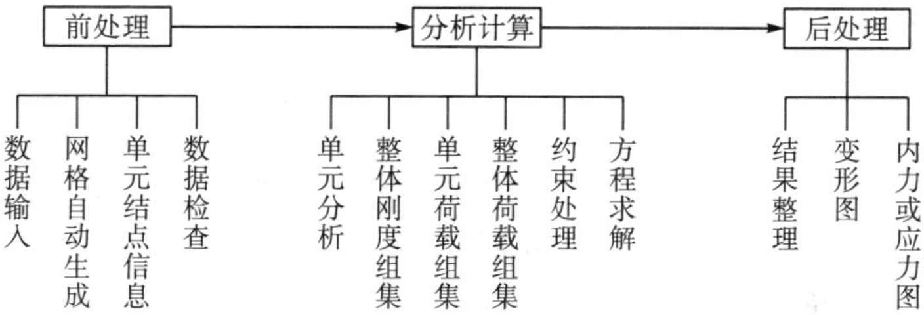

图 1.30　有限元程序内容

1. 有限单元法的基本过程

有限单元法的基本过程，主要通过以下几个步骤构成。

第一步，结构离散化(即网格划分)。结构的离散化是进行有限单元法分析的第一步。数学上，把无限自由度处理成有限自由度的过程称为离散化。有限单元法中的结构离散化过程，就是当结构的计算简图确定后，按有限单元法的定义将计算简图分成有限个小块体，这些块体称为单元，如图 1.31 所示。各单元的交点称为结点，单元之间仅在结点处相连，并以这些结点的位移作为基本未知量。有限单元法的整个过程就是针对这种单元的组合体进行的，以联立方程组的形式求出结点位移，即求出了整个结构的变形与位移。

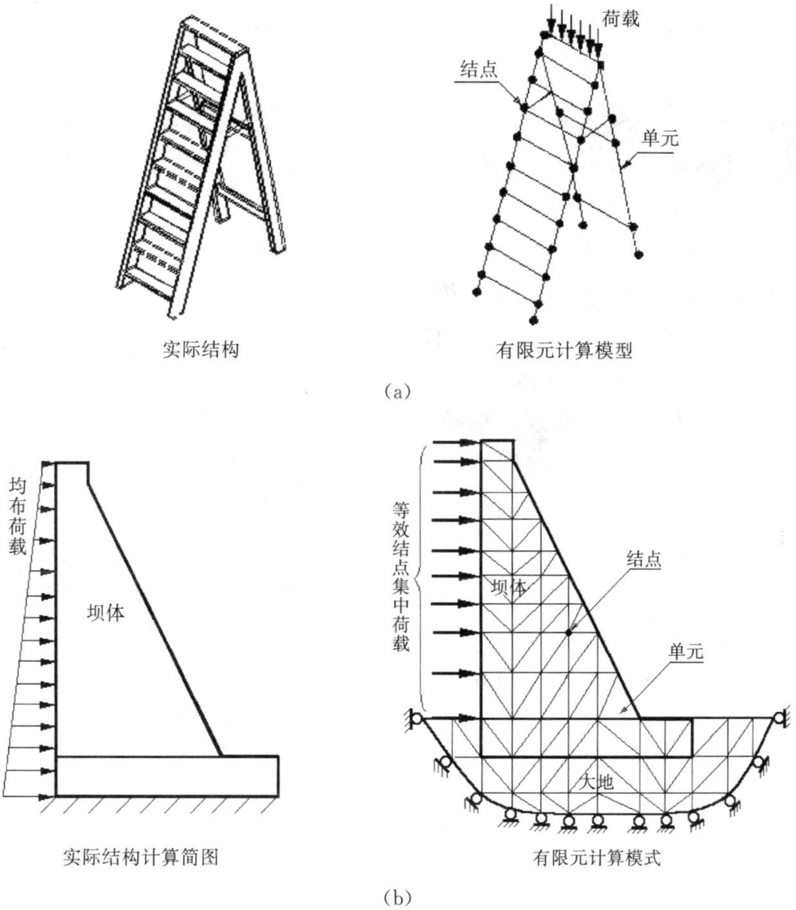

图 1.31　结构的离散化和单元形式

第二步，单元分析。单元分析是指从要研究的结构中取出一个具有代表性的单元，称为典型的单元。应用静力学方法、能量法(虚功法)建立单元杆端力与杆端位移的关系式；对于连续体，在较小的范围内建立典型单元的结点力和结点位移之间的关系式。这个力与位移的表达式，称为单元刚度方程。从单元刚度方程中得到力与位移的变换关系矩阵，这个关系矩阵称为单元刚度矩阵，这就是单元分析的目的。

第三步，整体分析。整体分析的任务，就是在单元分析的基础上，考虑各结点的几何条件和平衡条件，以建立求解结点位移的典型方程，在矩阵位移法中称为整体刚度方程。

第四步，等效结点荷载的计算。整体刚度方程是结点位移和结点荷载的关系表达式，而在实际结构中，荷载并不一定都作用在结点上，因此，必须把这些作用在非结点上的荷载，根据静力等效的原则全部移置到结点上，移置后的力称为等效结点荷载，如图 1.31 所示。而后，按单元集成结构刚度矩阵的方法，形成荷载列阵。

第五步，引入约束条件并求解结点位移。引入约束条件(即消除结构的刚体位移)，求解典型方程，得到各未知结点位移。

第六步，求单元杆端力。将结点位移代入单元刚度方程，得到单元杆端内力。

2. 结构分析有限元法分析程序介绍

近几十年来，有限单元法的计算软件得到了快速发展，采用各种成熟的单元编制了一系列结构分析程序大型通用的计算软件，并商业化。比较常用的有 SAP、ADINA、ANSYS、NASTRAN、MARC 和 ABAQUS 等。

SAP(structural analysis program)——集成化通用结构分析与设计程序。它由加州大学伯克利分校 Edwands Witson 创始的 structure analysis progran 系列程序发展而来的。该程序可处理空间桁架、刚架、平面应力、平面应变、轴对称、等参元、薄板、薄壳、三维固体、厚壳和管单元等问题。它的功能有结构静力分析、结构动力分析、结构屈曲分析、移动荷载和分段施工分析等。在桥梁、房屋、塔架和港航等土木工程领域有广泛应用。SAP2000 是新一代的 SAP 程序，具有完善、直观和灵活的用户界面，建模方便，荷载计算功能齐全。在 SAP2000 三维图形环境中提供了多种建模、分析和设计选项，而且完全在一个集成的图形界面内实现，是最具集成化、高效率和实用的结构分析软件。依赖直观的用户界面，不需要进行长时间的学习，利用内建强大的模板可以完成复杂的结构建模和网格划分，很快地设计出直观的结构模型，去完成所有的分析和设计工作。

ADINA(automatic dynamic incremental nonlinear analysis)——自动动力增量非线性分析有限元程序。它由美国麻省理工学院机械工程系研制，单元库中有梁、平面、板壳、三维块体、轴对称和厚板(壳)等单元。它可处理线性和非线性问题分析，以及静力和动力问题，具有热效应的弹塑性和蠕变分析、屈曲和后屈曲分析、静力和动力接触问题分析、随机振动分析、波传播和冲击波分析、结构振动和谐振分析、声流体结构干涉问题分析等功能，是一个可以求解多物理场问题的有限元系统。被广泛应用于各个行业的工程仿真分析中，包括土木建筑、机械制造、电子电器、材料加工、航空航天和能源等各个领域。

NASTRAN(NASA structural analysis)——NASA 结构分析程序。它由美国国家航空航天局研制，可供各种结构分析用。其功能包括热应力分析、瞬态荷载与随机激振的动态响应分析、实特征值与复特征值计算和稳定性分析，还有一定的非线性分析功能，可用于各种计算机系统。

ABAQUS(名称来自 abacus，为计算器、算盘之意)是 David Hibbitt 为首的开发组研制的，是一套功能强大的工程模拟的有限元软件。它具有几乎所有线性和非线性分析的功能，如静力、动力、热耦合、刚体动力性、力电耦合和隐式时间差分非线性动态响应分析，能够进行设计灵敏度分析，可以考虑波浪荷载、拖动和浮力以及模拟海洋石油平台管道和电缆系统。它还能够分析结构的疲劳寿命和疲劳强度储备因子，确定部件的疲劳寿命。在土木工程、机械制造和材料加工等众多领域有广泛应用。

ANSYS(analysis systems)。1970 年，John Swanson 成立了 Swanson Analysis System，Inc.，后来重组后改称 ANSYS 公司，总部在美国宾夕法尼亚州的匹兹堡。ANSYS 是一个通用性强大的大型有限元分析软件，融结构、流体、电磁场、声场和热场分析于一体，广泛用于土木、地质、机械、矿业、材料、仪器仪表、热工、电子、水利和生物医学等工程领域。

MIDAS(modeling integrated design&analysis software)，是一套有关土木工程设计的空间有限元分析软件，可适用于桥梁结构、地下结构、建筑工程和水利工程等结构的分析与设计。特别是针对国内的规范与习惯，在建模、分析、后处理和设计等方面提供很多的便利的功能。目前，已为各大公路、铁路部门的设计院所采用。

这些通用程序的编制和推广，给解决许多工程技术问题提供了极大的方便。

第 2 章　连续梁分析

2.1　连续梁传统分析方法

连续梁是工程中最常见的结构形式之一。在桥梁工程、建筑工程、矿业建筑中广泛应用。连续梁的分析是结构设计中一项非常重要的工作。计算求解连续梁可以采用力法，如三弯矩方程，也可用位移法和力矩分配法。位移法用矩阵表达发展成为矩阵位移法，并与计算机软件技术结合，可以使连续梁的计算更加快捷和精确。

2.1.1　用力法求解连续梁：三弯矩方程

用力法求解连续梁时，如果取连续梁支座处的弯矩作为多余未知力，这时基本结构由一系列的简支梁组成。根据基本结构的变形与原结构的变形形同，建立力法方程。因为基本结构上荷载和单位未知力作用下结构的弯矩图都是简支梁的弯矩图且仅在有荷载作用处有值，对于不相邻的多余未知力，柔度系数为零。这样，每个未知力仅与相邻的未知力相关，力法方程的形式变为

$$\delta_{i,i-1}X_{i-1}+\delta_{i,i}X_i+\delta_{i,i+1}X_{i+1}+\Delta_{iP}=0\quad(i=1,2,\cdots,n)\tag{2.1}$$

例如，如图 2.1(a)所示的连续梁用力法求解时，可取如图 2.1(b)所示的基本结构，以各支座处梁的弯矩作为基本未知数，得到的力法方程形式为式(2.2)，称为三弯矩方程。每一方程仅含有 3 个未知数，便于方程组求解。

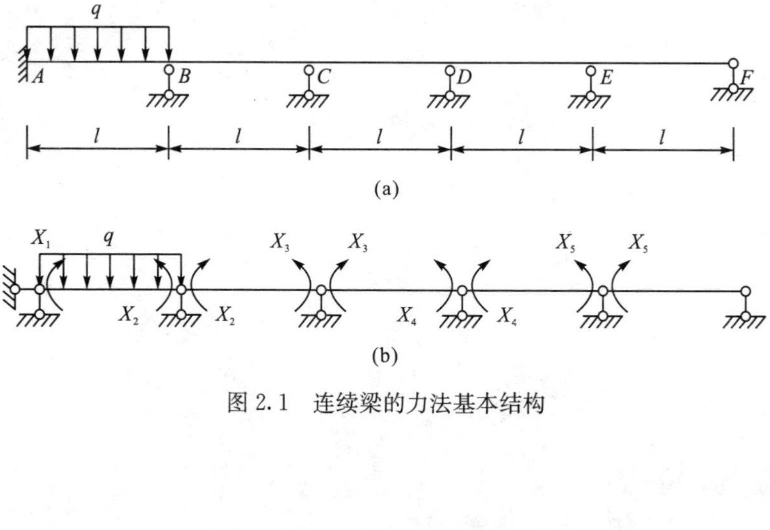

图 2.1　连续梁的力法基本结构

$$
\begin{pmatrix}
\delta_{11} & \delta_{12} & & 0 & \\
\delta_{21} & \delta_{22} & \delta_{23} & & \\
& \delta_{32} & \delta_{33} & \delta_{34} & \\
& & \delta_{43} & \delta_{44} & \delta_{45} \\
& 0 & & \delta_{54} & \delta_{55}
\end{pmatrix}
\begin{pmatrix} X_1 \\ X_2 \\ X_3 \\ X_4 \\ X_5 \end{pmatrix}
+
\begin{pmatrix} \Delta_{1P} \\ \Delta_{2P} \\ \Delta_{3P} \\ \Delta_{4P} \\ \Delta_{5P} \end{pmatrix}
= 0 \tag{2.2}
$$

2.1.2　用位移法求解连续梁

用位移法求解连续梁时，取支座处的转角作为未知量，利用原结构和基本结构受力相同，可以建立位移法基本方程。

例 2.1　用位移法求解如图 2.1(a)所示连续梁。设 EI 为常数。

解　用位移法求解该连续梁共有 4 个未知数，取支座处的转角作为未知量，得到如图 2.2所示的基本结构。根据转角位移方程可知：

$$
\begin{cases}
M_{BA} = \dfrac{ql^2}{12} + \dfrac{2EI}{l}\Delta_1, M_{BA} = \dfrac{ql^2}{12} + \dfrac{4EI}{l}\Delta_1 \\
M_{BC} = \dfrac{4EI}{l}\Delta_1 + \dfrac{2EI}{l}\Delta_2, M_{CB} = \dfrac{2EI}{l}\Delta_1 + \dfrac{4EI}{l}\Delta_2 \\
M_{CD} = \dfrac{4EI}{l}\Delta_2 + \dfrac{2EI}{l}\Delta_3, M_{DC} = \dfrac{2EI}{l}\Delta_2 + \dfrac{4EI}{l}\Delta_3 \\
M_{DE} = \dfrac{4EI}{l}\Delta_3 + \dfrac{2EI}{l}\Delta_4, M_{ED} = \dfrac{2EI}{l}\Delta_3 + \dfrac{4EI}{l}\Delta_4 \\
M_{EF} = \dfrac{3EI}{l}\Delta_4
\end{cases} \tag{2.3}
$$

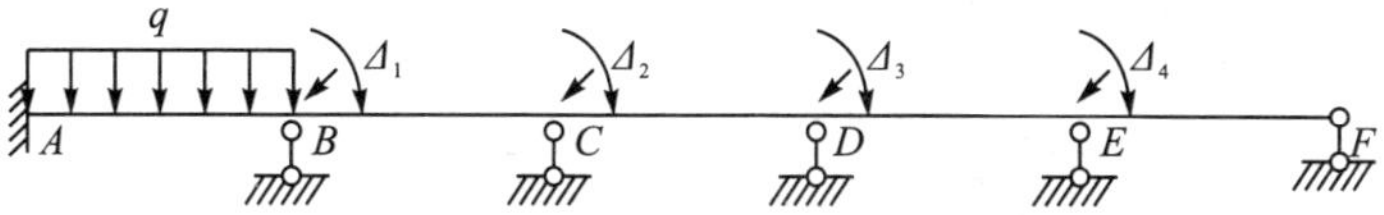

图 2.2　连续梁的位移法基本结构

根据结点平衡条件可以得到

$$
\begin{cases}
\dfrac{8EI}{l}\Delta_1 + \dfrac{2EI}{l}\Delta_2 + \dfrac{ql^2}{12} = 0 \\
\dfrac{2EI}{l}\Delta_1 + \dfrac{8EI}{l}\Delta_2 + \dfrac{2EI}{l}\Delta_3 = 0 \\
\dfrac{2EI}{l}\Delta_2 + \dfrac{8EI}{l}\Delta_3 + \dfrac{2EI}{l}\Delta_4 = 0 \\
\dfrac{2EI}{l}\Delta_3 + \dfrac{7EI}{l}\Delta_4 = 0
\end{cases} \tag{2.4}
$$

可解得

$$\begin{cases} \Delta_1 = -\dfrac{97ql^3}{8688EI} \\ \Delta_2 = \dfrac{26ql^3}{8688EI} \\ \Delta_3 = -\dfrac{7ql^3}{8688EI} \\ \Delta_4 = \dfrac{2ql^3}{8688EI} \end{cases} \tag{2.5}$$

代入式(2.3)得到各杆杆端弯矩为

$$\begin{cases} M_{AB} = -\dfrac{918ql^2}{8688}, M_{BA} = \dfrac{336ql^2}{8688} \\ M_{BC} = \dfrac{-336ql^2}{8688}, M_{CB} = \dfrac{-90ql^2}{8688} \\ M_{CD} = \dfrac{90ql^2}{8688}, M_{DC} = \dfrac{24ql^2}{8688} \\ M_{DE} = \dfrac{-24ql^2}{8688}, M_{ED} = \dfrac{-6ql^2}{8688} \\ M_{EF} = \dfrac{6ql^2}{8688} \end{cases} \tag{2.6}$$

结构弯矩图如图 2.3 所示。

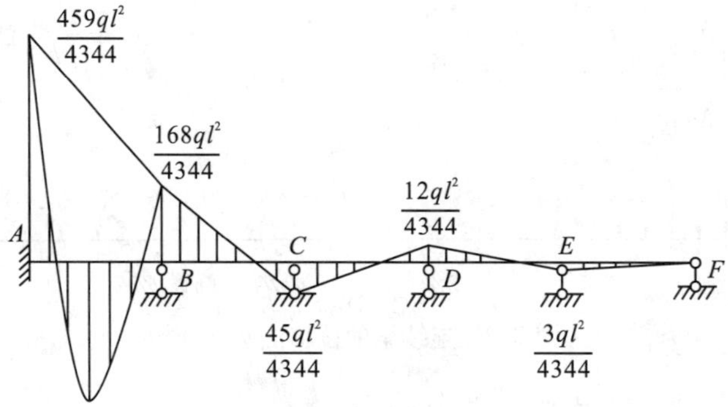

图 2.3 连续梁的弯矩图

2.2 用矩阵位移法分析连续梁

矩阵位移法的基本原理与经典的位移法理论相同。矩阵位移法在表达形式上采用了矩阵和向量。为了适应计算机自动进行计算，减少人为因素影响，矩阵位移法更强调求解过程的规范统一，减少手工求解的灵活性。

连续梁是土木工程各领域中常见的结构形式，其结构形式相对简单。本节以连续梁为例，介绍矩阵位移法的基本思路。

2.2.1　数据准备

为了使用计算机对结构进行数值分析，需要将拟计算分析的结构参数化，形成结构计算数据。结构计算所需的数据主要包括几何模型数据、材料模型数据和荷载工况数据等。

1. 几何模型数据

(1)单元编号。为便于计算机顺序对各单元进行分析，需要将结构按单元类型离散成一系列单元，并对单元逐一进行编号。例如，如图 2.4 所示的连续梁被离散成为三个梁单元，并按顺序编号。通常情况下，单元编号只是为了方便计算机以某一顺序进行分析，所以对编号方式没有特别要求。

(2) 单元参数。单元参数包括杆单元类型、空间位置(长度与倾角)、断面尺寸和单元的材料类型等。单元的空间位置参数可以通过单元的结点坐标求得。

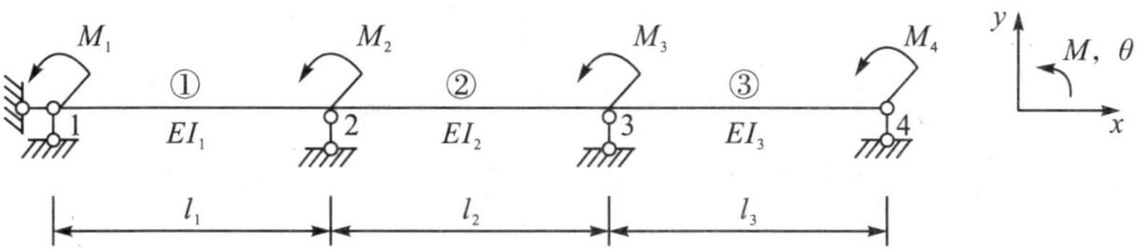

图 2.4　连续梁编号

(3)结点编号。为了给计算机提供准确的几何信息，需要输入单元的空间位置参数，如长度、方向等。结点编号方式只是为了方便结点数据输入，无其他特殊要求。结点坐标可以按结点编号逐一输入。

(4)结点位移编号。结点位移是结构计算的重要数据，需对各结点位移逐一进行编号，以便在计算中使用和输出结点位移计算结果。结点位移编号与形成的结构刚度矩阵有关，当采用不同的数据存储方式时，位移编号对于存储量有较大影响，一般不可以随意编号，通常可以采用同一单元内的结点位移编号差值尽量小的原则进行编号。

(5)支座约束。结构计算需要引入支座条件，应根据支座处结点和位移编号逐一指定支座约束情况。

2. 材料模型数据

结构计算前应当对结构材料参数进行整理分类，并按类型编号，在进行单元刚度矩阵分析和单元的内力变形计算时，都需要用到结构的材料特性参数。材料特性参数主要包括弹性模量、泊松比和密度等。

3. 荷载工况数据

结构上的荷载一般可分成一系列的工况，每个工况只对应某一个或几个简单的荷载类型，而结构可能受到的荷载则可以由不同工况组合而成。

2.2.2 单元分析

单元分析的目的是要得到单元杆端力和杆端位移之间的关系。

对于如图 2.4 所示的结构，暂不考虑其上荷载情况，只讨论结构本身，结构被分成了三个单元。取其中任一单元(记为单元 e)，如图 2.5 所示，单元两端的杆端力记为

$$\boldsymbol{f}^{(e)} = \begin{Bmatrix} f_1^{(e)} \\ f_2^{(e)} \end{Bmatrix} \tag{2.7}$$

该单元的杆端位移对应地记为

$$\boldsymbol{\delta}^{(e)} = \begin{Bmatrix} \delta_1^{(e)} \\ \delta_2^{(e)} \end{Bmatrix} \tag{2.8}$$

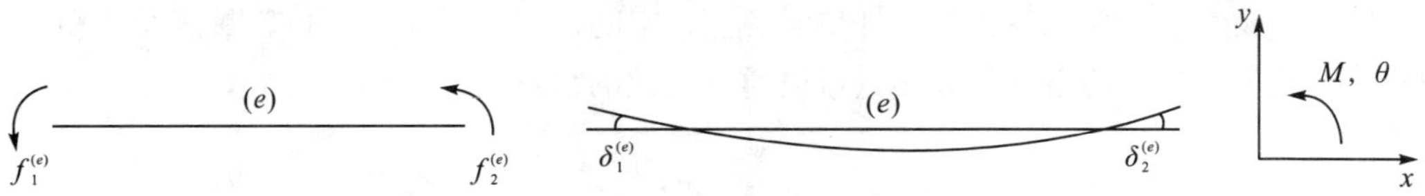

图 2.5 一般梁单元杆端力与杆端位移

对于如图 2.6 所示的每个具体结构的单元杆端力、单元杆端位移分别记为

$$\boldsymbol{f}^{(1)} = \begin{Bmatrix} f_1^{(1)} \\ f_2^{(1)} \end{Bmatrix}, \quad \boldsymbol{f}^{(2)} = \begin{Bmatrix} f_1^{(2)} \\ f_2^{(2)} \end{Bmatrix}, \quad \boldsymbol{f}^{(3)} = \begin{Bmatrix} f_1^{(3)} \\ f_2^{(3)} \end{Bmatrix}$$

$$\boldsymbol{\delta}^{(1)} = \begin{Bmatrix} \delta_1^{(1)} \\ \delta_2^{(1)} \end{Bmatrix}, \quad \boldsymbol{\delta}^{(2)} = \begin{Bmatrix} \delta_1^{(2)} \\ \delta_2^{(2)} \end{Bmatrix}, \quad \boldsymbol{\delta}^{(3)} = \begin{Bmatrix} \delta_1^{(3)} \\ \delta_2^{(3)} \end{Bmatrix}$$

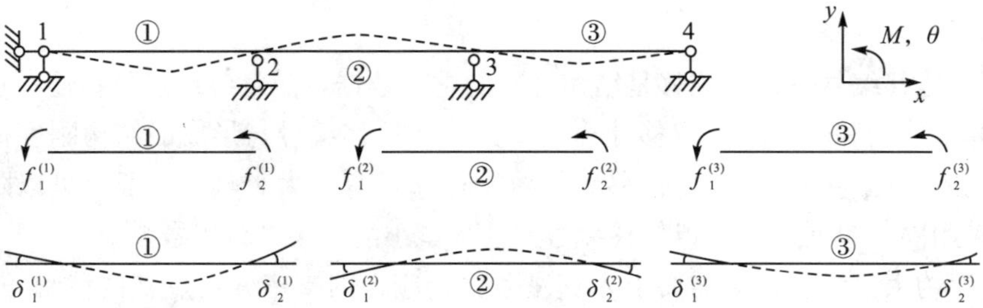

图 2.6 具体结构单元杆端力与杆端位移示意

按位移法转角位移方程，有

$$\begin{cases} f_1^{(e)} = \dfrac{4EI}{l}\delta_1^{(e)} + \dfrac{2EI}{l}\delta_2^{(e)} \\ f_2^{(e)} = \dfrac{2EI}{l}\delta_1^{(e)} + \dfrac{4EI}{l}\delta_2^{(e)} \end{cases}$$

或写为

$$\boldsymbol{f}^{(e)} = \boldsymbol{k}^{(e)}\boldsymbol{\delta}^{(e)} \tag{2.9}$$

式中，$\boldsymbol{f}^{(e)}=(f_1^{(e)}, f_2^{(e)})^{\mathrm{T}}$称为单元杆端力向量；$\boldsymbol{\delta}^{(e)}=(\delta_1^{(e)}, \delta_2^{(e)})^{\mathrm{T}}$称为单元杆端位移向量；$\boldsymbol{k}^{(e)}$称为单元刚度矩阵，即

$$\boldsymbol{k}^{(e)}=\begin{pmatrix}\dfrac{4EI}{l} & \dfrac{2EI}{l}\\[2mm] \dfrac{2EI}{l} & \dfrac{4EI}{l}\end{pmatrix} \tag{2.10}$$

对于具体的梁单元，只要将该单元的刚度 EI 和长度 l 代入式(2.10)，就可得到相应的单元刚度矩阵。

2.2.3　整体分析

整体分析的任务就是建立整个结构的结点力和结点位移之间的关系，即结构刚度矩阵。单元分析得到了单元的杆端力和杆端位移的关系。对结构利用几何连续条件和各结点的平衡条件，可以得到整个结构的结点力和结点位移之间的关系。

在图 2.7 中，分别取出结点 1、结点 2、结点 3、结点 4 作为隔离体(图 2.7)，建立平衡条件。

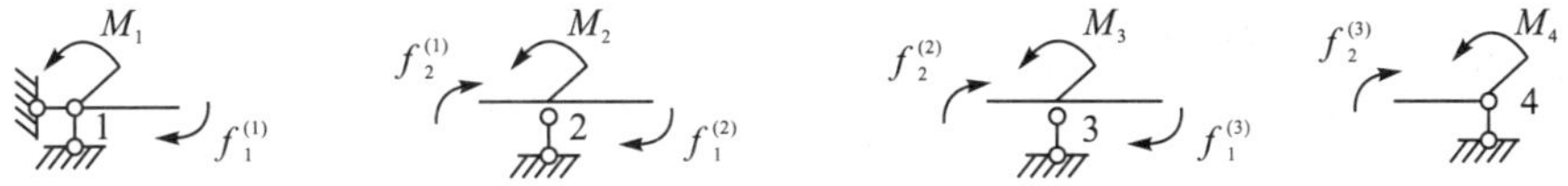

图 2.7　结点隔离体图

$$\begin{cases}M_1=f_1^{(1)}=\dfrac{4EI_1}{l_1}\delta_1^{(1)}+\dfrac{2EI_1}{l_1}\delta_2^{(1)}\\[2mm] M_2=f_2^{(1)}+f_1^{(2)}=\dfrac{2EI_1}{l_1}\delta_1^{(1)}+\dfrac{4EI_1}{l_1}\delta_2^{(1)}+\dfrac{4EI_2}{l_2}\delta_1^{(2)}+\dfrac{2EI_2}{l_2}\delta_2^{(2)}\\[2mm] M_2=f_2^{(2)}+f_1^{(3)}=\dfrac{2EI_2}{l_2}\delta_1^{(2)}+\dfrac{4EI_2}{l_2}\delta_2^{(2)}+\dfrac{4EI_3}{l_3}\delta_1^{(3)}+\dfrac{2EI_3}{l_3}\delta_2^{(3)}\\[2mm] M_2=f_2^{(3)}=\dfrac{2EI_3}{l_3}\delta_1^{(3)}+\dfrac{4EI_3}{l_3}\delta_2^{(3)}\end{cases} \tag{2.11}$$

根据结构在各结点处的连续性，有

$$\begin{cases}\delta_1^{(1)}=\delta_1\\ \delta_2^{(1)}=\delta_1^{(2)}=\delta_2\\ \delta_2^{(2)}=\delta_1^{(3)}=\delta_3\\ \delta_2^{(3)}=\delta_4\end{cases}$$

式(2.11)可写为

$$\begin{cases}M_1=\dfrac{4EI_1}{l_1}\delta_1+\dfrac{2EI_1}{l_1}\delta_2\\[2mm] M_2=\dfrac{2EI_1}{l_1}\delta_1+\left(\dfrac{4EI_1}{l_1}+\dfrac{4EI_2}{l_2}\right)\delta_2+\dfrac{2EI_2}{l_2}\delta_3\\[2mm] M_3=\dfrac{2EI_2}{l_2}\delta_2+\left(\dfrac{4EI_2}{l_2}+\dfrac{4EI_3}{l_3}\right)\delta_3+\dfrac{2EI_3}{l_3}\delta_4\\[2mm] M_4=\dfrac{2EI_3}{l_3}\delta_3+\dfrac{4EI_3}{l_3}\delta_4\end{cases}$$

或写为

$$\boldsymbol{F}=\boldsymbol{K}\boldsymbol{\Delta} \tag{2.12}$$

式中，$\boldsymbol{F}=(M_1,M_2,M_3,M_4)^{\mathrm{T}}$称为结点荷载向量；$\boldsymbol{\Delta}=(\delta_1,\delta_2,\delta_3,\delta_4)^{\mathrm{T}}$称为结点位移向量；$K$ 称为该连续梁的结构刚度矩阵，即

$$\boldsymbol{K}=\begin{bmatrix} \frac{4EI_1}{l_1} & \frac{2EI_1}{l_1} & 0 & 0 \\ \frac{2EI_1}{l_1} & \frac{4EI_1}{l_1}+\frac{4EI_2}{l_2} & \frac{2EI_2}{l_2} & 0 \\ 0 & \frac{2EI_2}{l_2} & \frac{4EI_2}{l_2}+\frac{4EI_3}{l_3} & \frac{2EI_3}{l_3} \\ 0 & 0 & \frac{2EI_3}{l_3} & \frac{4EI_3}{l_3} \end{bmatrix} \tag{2.13}$$

2.2.4 结构刚度矩阵的形成方法

在结构平衡方程式(2.12)中，如何得到结构刚度矩阵 $\boldsymbol{K}$ 是结构分析的核心问题。在式(2.13)中可以看到，结构刚度矩阵的元素是由各单元刚度矩阵 $\boldsymbol{k}^{(e)}$ 的元素组合而成的。下面讨论如何通过单元刚度矩阵组成结构刚度矩阵的方法。

在前面的分析中，通过隔离体平衡建立了式(2.11)。在式(2.11)中，结点力等于各单元杆端力的杆端力之和。首先将各单元刚度矩阵扩阶如下：

$$\begin{Bmatrix} f_1^{(1)} \\ f_2^{(1)} \\ 0 \\ 0 \end{Bmatrix}=\begin{bmatrix} \frac{4EI_1}{l_1} & \frac{2EI_1}{l_1} & 0 & 0 \\ \frac{2EI_1}{l_1} & \frac{4EI_1}{l_1} & 0 & 0 \\ 0 & 0 & 0 & 0 \\ 0 & 0 & 0 & 0 \end{bmatrix}\begin{Bmatrix} \delta_1^{(1)} \\ \delta_2^{(1)} \\ 0 \\ 0 \end{Bmatrix}=\begin{bmatrix} \frac{4EI_1}{l_1} & \frac{2EI_1}{l_1} & 0 & 0 \\ \frac{2EI_1}{l_1} & \frac{4EI_1}{l_1} & 0 & 0 \\ 0 & 0 & 0 & 0 \\ 0 & 0 & 0 & 0 \end{bmatrix}\begin{Bmatrix} \delta_1 \\ \delta_2 \\ \delta_3 \\ \delta_4 \end{Bmatrix}$$

$$\begin{Bmatrix} 0 \\ f_1^{(2)} \\ f_2^{(2)} \\ 0 \end{Bmatrix}=\begin{bmatrix} 0 & 0 & 0 & 0 \\ 0 & \frac{4EI_2}{l_2} & \frac{2EI_2}{l_2} & 0 \\ 0 & \frac{2EI_2}{l_2} & \frac{4EI_2}{l_2} & 0 \\ 0 & 0 & 0 & 0 \end{bmatrix}\begin{Bmatrix} 0 \\ \delta_1^{(2)} \\ \delta_2^{(2)} \\ 0 \end{Bmatrix}=\begin{bmatrix} 0 & 0 & 0 & 0 \\ 0 & \frac{4EI_2}{l_2} & \frac{2EI_2}{l_2} & 0 \\ 0 & \frac{2EI_2}{l_2} & \frac{4EI_2}{l_2} & 0 \\ 0 & 0 & 0 & 0 \end{bmatrix}\begin{Bmatrix} \delta_1 \\ \delta_2 \\ \delta_3 \\ \delta_4 \end{Bmatrix}$$

$$\begin{Bmatrix} 0 \\ 0 \\ f_1^{(3)} \\ f_2^{(3)} \end{Bmatrix}=\begin{bmatrix} 0 & 0 & 0 & 0 \\ 0 & 0 & 0 & 0 \\ 0 & 0 & \frac{4EI_3}{l_3} & \frac{2EI_3}{l_3} \\ 0 & 0 & \frac{2EI_3}{l_3} & \frac{4EI_3}{l_3} \end{bmatrix}\begin{Bmatrix} 0 \\ 0 \\ \delta_1^{(3)} \\ \delta_2^{(3)} \end{Bmatrix}=\begin{bmatrix} 0 & 0 & 0 & 0 \\ 0 & 0 & 0 & 0 \\ 0 & 0 & \frac{4EI_3}{l_3} & \frac{2EI_3}{l_3} \\ 0 & 0 & \frac{2EI_3}{l_3} & \frac{4EI_3}{l_3} \end{bmatrix}\begin{Bmatrix} \delta_1 \\ \delta_2 \\ \delta_3 \\ \delta_4 \end{Bmatrix}$$

可以看到，结构刚度矩阵 $\boldsymbol{K}$ 就是以上扩阶后的各单元刚度矩阵对应元素相加而成的。在矩阵位移法中，这个过程由确定定位向量和组集总刚两步完成。

第一步，确定定位向量 $\boldsymbol{\lambda}$，相当于上述扩阶过程。对于任一单元，局部编码是相同的，对连续梁均可以用$(i,j)^{\mathrm{T}}$(i 表示单元的起点，j 表示终点)表示，或简单表示为

$(1, 2)^{\mathrm{T}}$(1 表示单元的起点，2 表示终点)。结构上与局部编码对应的结点位移编号(整体编码)用 $\boldsymbol{\lambda}$ 表示，成为该单元的定位向量。例如，图 2.4 中三个单元局部编码和整体编码的对应关系为

单元 1　　整体　1　2　　局部　1　2

$$\boldsymbol{k}^{(1)}=\begin{bmatrix}\dfrac{4EI_1}{l_1} & \dfrac{2EI_1}{l_1}\\ \dfrac{2EI_1}{l_1} & \dfrac{4EI_1}{l_1}\end{bmatrix}\begin{matrix}\text{局部} & \text{整体}\\ 1 & 1\\ 2 & 2\end{matrix}$$

单元 2　　整体　2　3　　局部　1　2

$$\boldsymbol{k}^{(2)}=\begin{bmatrix}\dfrac{4EI_2}{l_2} & \dfrac{2EI_2}{l_2}\\ \dfrac{2EI_2}{l_2} & \dfrac{4EI_2}{l_2}\end{bmatrix}\begin{matrix}\text{局部} & \text{整体}\\ 1 & 2\\ 2 & 3\end{matrix}$$

单元 3　　整体　3　4　　局部　1　2

$$\boldsymbol{k}^{(3)}=\begin{bmatrix}\dfrac{4EI_3}{l_3} & \dfrac{2EI_3}{l_3}\\ \dfrac{2EI_3}{l_3} & \dfrac{4EI_3}{l_3}\end{bmatrix}\begin{matrix}\text{局部} & \text{整体}\\ 1 & 3\\ 2 & 4\end{matrix}$$

所以这三个单元的定位向量分别表示为

$$\boldsymbol{\lambda}^{(1)}=\begin{pmatrix}1\\2\end{pmatrix};\quad \boldsymbol{\lambda}^{(2)}=\begin{pmatrix}2\\3\end{pmatrix};\quad \boldsymbol{\lambda}^{(3)}=\begin{pmatrix}3\\4\end{pmatrix}$$

第二步，组集总刚，即形成结构刚度矩阵 $\boldsymbol{K}$，相当于利用各结点隔离体平衡建立方程。将各单元刚度矩阵中的元素，按定位向量中整体编码的位置叠加到结构刚度矩阵中相应的位置上。例如，单元 2 刚度矩阵中的元素 $k_{12}^{(2)}=\dfrac{2EI_2}{l_2}$，按第二单元的定位向量 $\boldsymbol{\lambda}^{(2)}$，应当放到结构刚度矩阵 $\boldsymbol{K}$ 的位置(2，3)上；单元 3 刚度矩阵中的元素 $k_{21}^{(3)}=\dfrac{2EI_3}{l_3}$，按第三单元的定位向量 $\boldsymbol{\lambda}^{(3)}$，应当放到结构刚度矩阵 $\boldsymbol{K}$ 的位置(4，3)上。

2.2.5　连续梁分析示例

例 2.2　试用矩阵位移法分析图 2.8(a)所示的连续梁，并作弯矩图。

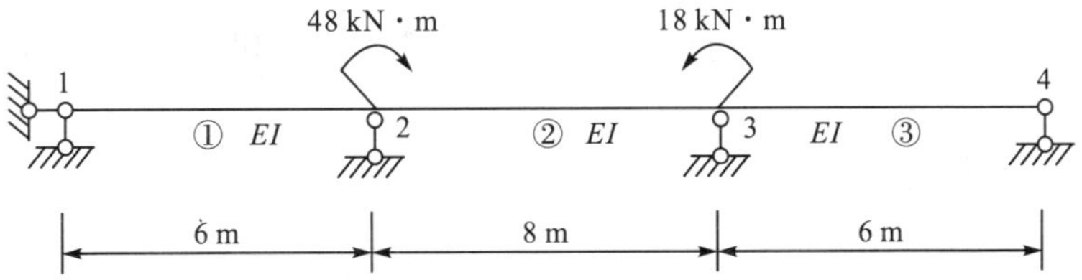

(a)

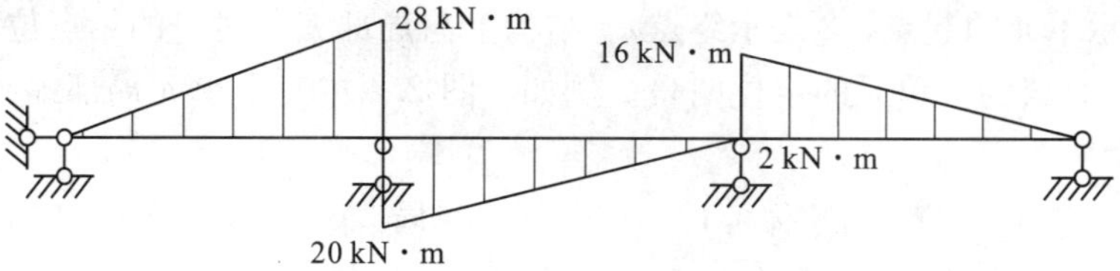

(b)

图 2.8 三跨连续梁计算

解 首先对该结构进行结点编号和单元编号，因为连续梁每个结点只有一个角位移变量，位移编号采用与结点编号一致。

将例 2.2 中数据代入式(2.10)得到单元刚度矩阵和各单元定位向量为

$$\boldsymbol{\lambda}^{(1)}\ \ 1\ \ 2 \qquad \boldsymbol{\lambda}^{(2)}\ \ 2\ \ 3 \qquad \boldsymbol{\lambda}^{(3)}\ \ 3\ \ 4$$

$$\boldsymbol{k}^{(1)} = \frac{EI}{6\text{m}}\begin{pmatrix}4 & 2\\2 & 4\end{pmatrix}\begin{matrix}1\\2\end{matrix} \quad \boldsymbol{k}^{(2)} = \frac{EI}{8\text{m}}\begin{pmatrix}4 & 2\\2 & 4\end{pmatrix}\begin{matrix}2\\3\end{matrix} \quad \boldsymbol{k}^{(3)} = \frac{EI}{6\text{m}}\begin{pmatrix}4 & 2\\2 & 4\end{pmatrix}\begin{matrix}3\\4\end{matrix}$$

组集得到

$$\boldsymbol{K} = \frac{EI}{12\text{m}}\begin{bmatrix}8 & 4 & 0 & 0\\4 & 14 & 3 & 0\\0 & 3 & 14 & 4\\0 & 0 & 4 & 8\end{bmatrix}$$

荷载列阵按位移编号组集而成 $\boldsymbol{F}=(0,-48\ \text{kN}\cdot\text{m},18\ \text{kN}\cdot\text{m},\ 0)^{\text{T}}$，代入式(2.12)，解得结构结点位移$\Delta=\dfrac{4\ \text{kN}\cdot\text{m}^2}{EI}(7,\ -14,\ 8,\ -4)^{\text{T}}$。从结构的结点位移向量中，按单元定位向量可以得到各单元的杆端位移，代入式 2.9 可以计算出各单元的杆端力。

$$\boldsymbol{f}^{(1)} = \boldsymbol{k}^{(1)}\boldsymbol{\delta}^{(1)} = \frac{EI}{6\text{m}}\begin{pmatrix}4 & 2\\2 & 4\end{pmatrix}\frac{4\text{kN}\cdot\text{m}^2}{EI}\begin{pmatrix}7\\-14\end{pmatrix} = \begin{pmatrix}0\\-28\ \text{kN}\cdot\text{m}\end{pmatrix}$$

$$\boldsymbol{f}^{(2)} = \boldsymbol{k}^{(2)}\boldsymbol{\delta}^{(2)} = \frac{EI}{8\text{m}}\begin{pmatrix}4 & 2\\2 & 4\end{pmatrix}\frac{4\text{kN}\cdot\text{m}^2}{EI}\begin{pmatrix}-14\\8\end{pmatrix} = \begin{pmatrix}-20\ \text{kN}\cdot\text{m}\\2\ \text{kN}\cdot\text{m}\end{pmatrix}$$

$$\boldsymbol{f}^{(3)} = \boldsymbol{k}^{(3)}\boldsymbol{\delta}^{(3)} = \frac{EI}{6\text{m}}\begin{pmatrix}4 & 2\\2 & 4\end{pmatrix}\frac{4\text{kN}\cdot\text{m}^2}{EI}\begin{pmatrix}8\\-4\end{pmatrix} = \begin{pmatrix}16\text{kN}\cdot\text{m}\\0\end{pmatrix}$$

从而绘制出该连续梁的弯矩图如图 2.8(b)所示。

2.3 结构分析程序使用简介

本节简要介绍利用 SAP2000 有限元程序分析连续梁的方法。

SAP2000 是 SAP 系列程序，是一个功能强大、集成化、高效率的三维静、动力结构分析软件。模型的创建和修改、执行分析、校核、设计优化和输出结果都在一个视窗中实现。

SAP2000 计算模型的创建，是一个最具特色的建模方法。它设计了一个各类结构典型要素的模板，利用该模板建立一个计算模型，只需要很少几个控制数据确定即得到所需的计算模型。该模型不仅是几何图形，而且具备了可实施计算分析的物理(或称为有限元)模型。是一个“在屏幕画出图形，即可得到结构内力图”的可视化结构设计、分析计算软件。

SAP2000 计算分析包括静力(线性和非线性)分析、动力地震分析和静力(Pushover)分析、移动荷载作用下的分析、弹性屈曲分析等。

2.3.1　SAP2000 有限元分析程序的界面

利用 SAP2000 对结构分析过程中的计算模型的建立、材料定义、单元截面特性定义、约束和荷载的施加、方程组的求解、内力的显示和输出等功能均是在同一视窗进行的，因此，首先认识该图形窗口的基本工作环境。

如图 2.9 所示的 SAP2000 图形用户界面包括主窗口、主标题栏、显示标题栏、菜单栏、工具栏、显示窗口、状态栏、鼠标指针位置坐标和当前单位。下面逐一介绍这些条目。

(1)主窗口。可以使用标准 Windows 系统操作，进行移动、调整大小、最大化、最小化或关闭该窗口。

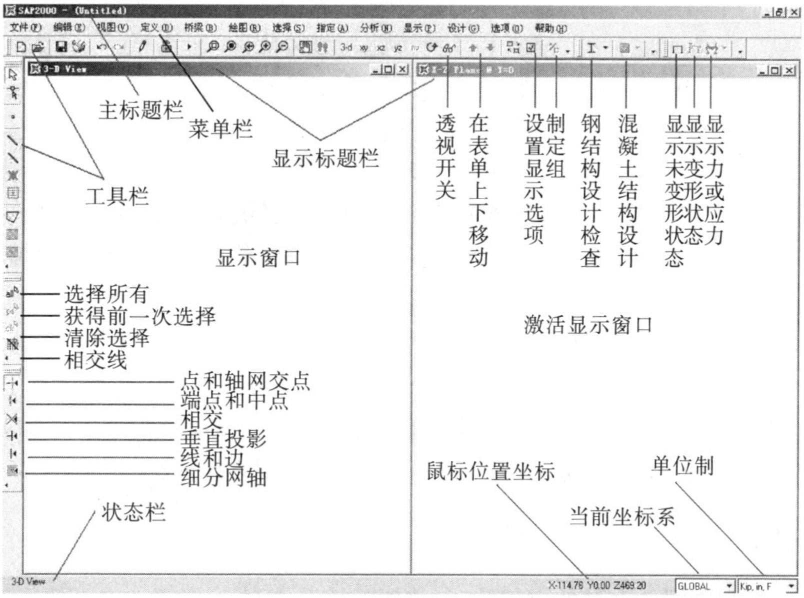

图 2.9　SAP2000 图形用户界面

(2)主标题栏。主标题栏包括程序和模型名称。当程序在使用中时，将高亮显示主标题栏。通过在主标题栏上单击鼠标左键并按住拖曳窗口，可在屏幕上移动主窗口。

(3)工具栏和按钮。工具栏由按钮组成。这些按钮提供了访问常用命令的快捷方式。把鼠标指针移动到一个工具栏命令上(不用单击或按下任何鼠标按钮)，几秒钟后就会在一个较小的文本框中，显示该按钮功能的简短描述。

(4)显示窗口。显示窗口显示该模型的几何图形，还可以显示属性、荷载和分析或设计结果。一次最多可以显示 4 个窗口。

(5)显示标题栏。显示标题栏位于显示窗口的顶部。当某个显示窗口处于激活状态时，将高亮显示该显示标题栏。显示标题栏中的文本一般包括相关显示窗口中的视图类型和位置。

(6)状态栏。状态栏位于主窗口的底部。在状态栏的左侧显示了描述程序当前状态的文本。

(7)鼠标位置坐标。鼠标指针位置坐标显示在状态栏的右侧。窗口不需要处于激活状态，就可显示其鼠标指针位置的坐标，只要鼠标指针在该窗口中即可。在二维平面或立面视图中，始终显示鼠标指针位置坐标。在三维视图中，仅当鼠标指针捕捉到一个点或轴线交叉点时，才显示鼠标指针位置坐标。

(8)当前单位。当前单位位于状态栏最右侧的下拉框中，可以在模型生成过程中随时改变当前单位。

1. 菜单栏

菜单栏位于屏幕顶部的第二行，其内容如图 2.9 所示。它包含了一系列命令和选项，用鼠标选用菜单条上的菜单项，可以弹出该项目的下拉菜单，进而在下拉菜单框内单击选中的条目，即可触发相应操作命令。

菜单名的排列顺序(从左到右)，标志了 SAP2000 执行步骤。从左到右使用各菜单项，其内容即为建立模型→定义单元材料和几何特性、定义荷载工况和分析工况→将材料、几何特性、荷载指定给单元→分析与计算→显示计算结果→结构设计的过程。也就是，从左到右依次执行完各个菜单，也就完成了所应进行的结构分析的步骤。

该菜单内容可划分为前处理、分析计算和后处理等部分。

(1)前处理部分。前处理部分包含的菜单项为文件、编辑、视图、定义、绘图、选择和指定共 6 条。它们完成几何模型和有限元模型的建立、修改、添加和显示等。

(2)分析计算部分(即分析菜单)。在前处理阶段完成建模后，用户在求解阶段通过求解器获得分析结果。在该部分用户可以设置分析选项、结点自由度选取、设置运行的分析工况和运行分析。

(3)后处理部分(即显示菜单)。该部分通过友好的用户界面获得求解过程的计算结果，这些结果包括位移、内力等，输出形式有图形显示和数据列表两种。

2. 工具栏

标准工具条位于图形窗口的上部第三行(图 2.9)。标准工具条包含了 Microsoft Office 的一些标准操作和 AutoCAD 经常使用的基本操作，以及 SAP2000 的一些指定操作按钮。详细说明如图 2.10 所示。

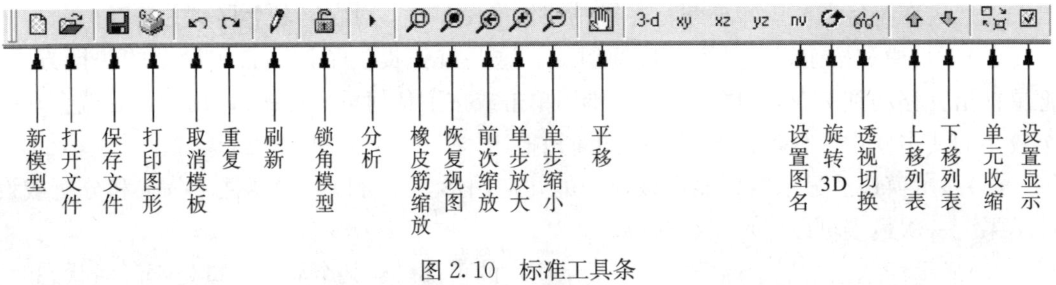

图 2.10 标准工具条

3. 绘制和编辑工具条

位于图 2.9 左侧并列的是绘图和编辑工具条。工具条上布置了各种图标式按钮，用鼠标单击某个按钮就可执行相应的命令。详细说明如图 2.11 所示。

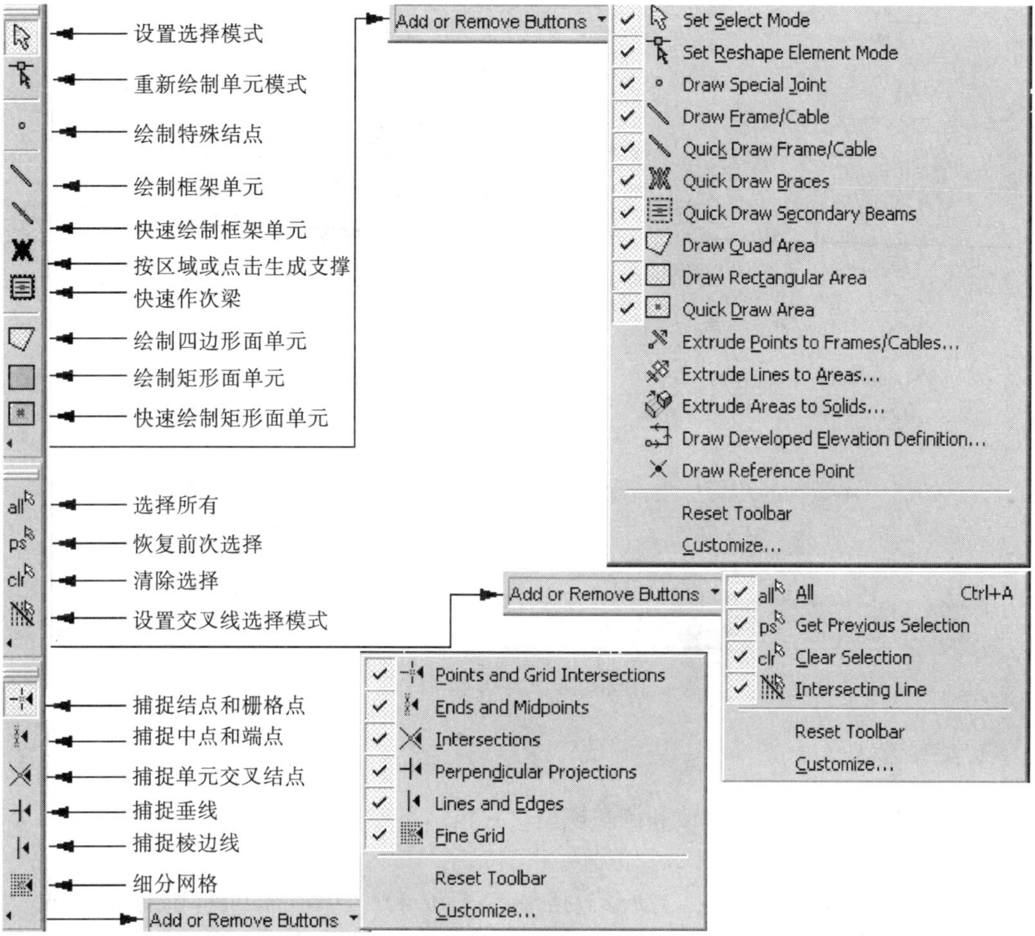

图 2.11 绘制和编辑工具条

2.3.2 SAP2000 有限元分析程序的菜单功能简介

1. 文件菜单

文件菜单(File)项主要用于文件管理，如新建、打开、保存文件等。文件菜单的功能如图 2.12 所示。

(1)建立新模型(New Modal)命令，打开新模型对话框，建立一个新模型。

(2)Open 是打开一已存在的库文件，其扩展名为“.SDB”的二进制格式。

(3)Save 及 Save As…是指保存为扩展名为“.SDB”的数据文件。

(4)导入(Import)和导出(Export)是指图 2.12 右边所示的几类文件。

(5)Show Input/Output Text Files 为用户提供了一个查看与 SAP 相关输入和输出文本文件的方式。输入文件包括“.$et”和“.e2k”为扩展名的文本文件和正在使用的时程或反应谱文本文件。输出文件包括已经打印输出到一个文件而不是打印机的文件。这些文件一般都具有“.txt”扩展名。

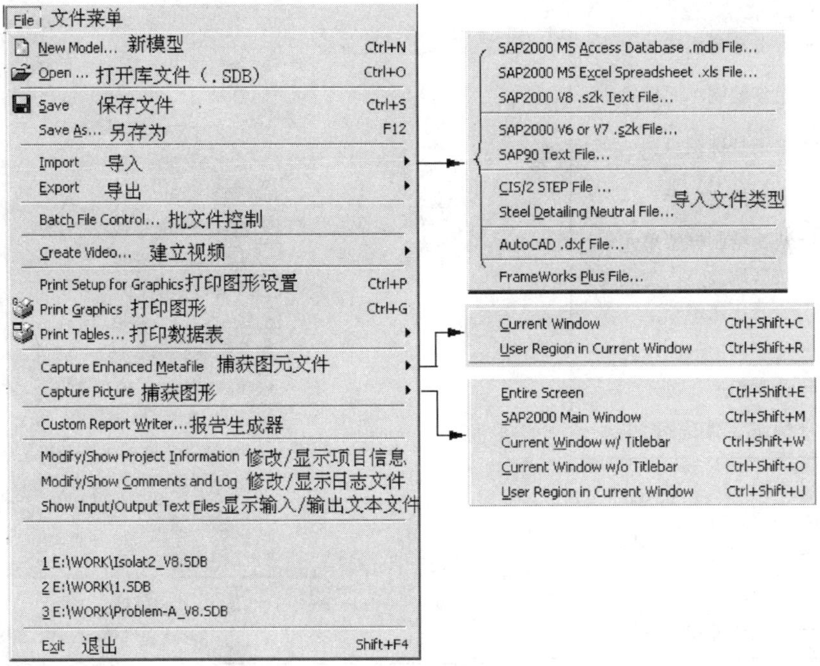

图 2.12 文件菜单的功能

2. 编辑菜单

使用编辑(Edit)命令来修改和调整模型。它包括了撤销、重复、剪切、复制、粘贴和拉伸等。编辑菜单功能，如图 2.13 所示。

(1)带属性复制(Replicate...)命令包括平移(Linear)、转动(Radial)和镜像(Minor)复制对象。当单元和/或结点呈线性或径向分布或关于一个面对称时，带属性复制是从小模型生成大模型的另一种非常有效的方法。当带属性复制单元或结点时，单元和结点上的指定也可被复制(如单元截面指定、单元荷载、结点荷载和结点约束)。这是使用带属性复制命令比剪切(Cut)、复制(Copy)和粘贴(Paste)命令最主要的好处。剪切、复制和粘贴命令只能复制线、面和结点本身。

(2)拉伸(Extrude)命令用来将点拉伸成框架/索、线拉伸成面、面拉伸成实体，且将线转换为面、面转化为实体。

(3)分割框架单元(Divide Frames...)命令对选取的单元进行再细分为指定段数的操作，或在选择的框架和结点相交处打断一个框架单元。

(4)断开(Disconnect...)。所有相互连接的单元共有一个结点，断开连接命令将单元从结点断开，在这些单元中都加上重复的结点。

(5)连接(Connect...)命令用来连接所有选择的单元。这些单元彼此断开或连接到独立的结点。当对象重新连接时，独立结点合并为一个所有复合对象共有的结点。

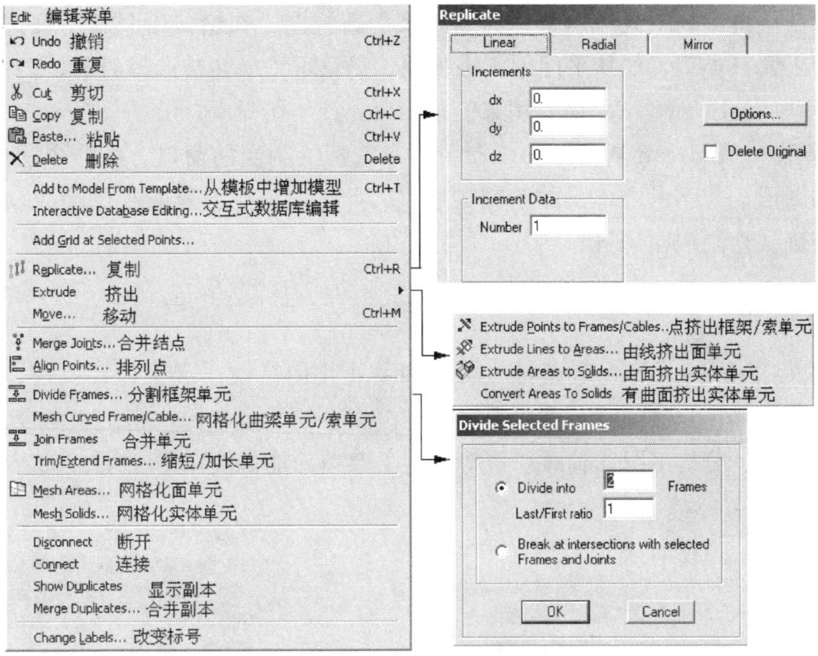

图 2.13　编辑菜单的功能

3. 视图菜单

视图(View)菜单项包含了显示控制、视区管理等命令。视图菜单功能如图 2.14 所示。

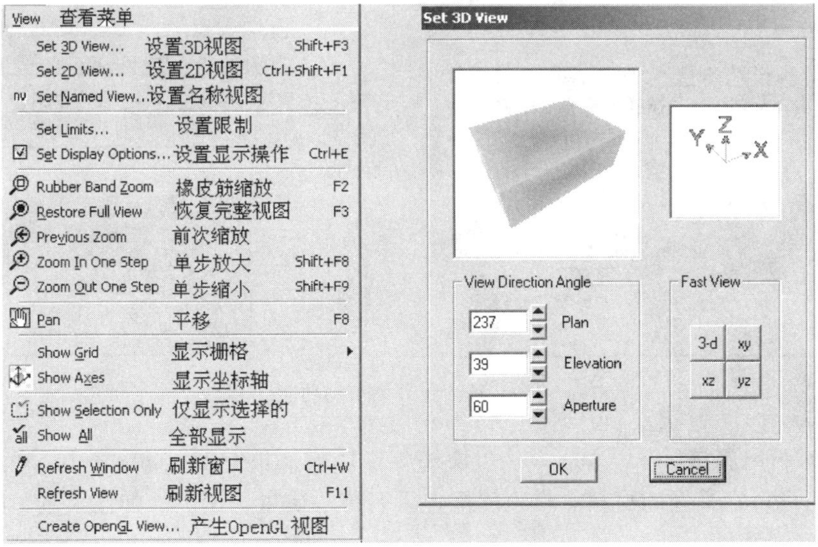

图 2.14　视图菜单的功能

(1)设置显示选项(Set Display Options...)。命令打开活动窗口显示选项对话框，用来有选择地显示对象的不同特性。使用此方法有选择地显示不同对象类型、对象标签和某些对象指定。另外，使用对话框来控制对象如何显示(只显示边或三维有阴影的图形等)。有一个选项可用来将对象从其结点收缩开来，以更方便地查看模型的连接。

(2)只显示选择对象(Show Selection Only)。若视图中的对象太多，选择用户要查看的对象，并使用视图的“只显示选择命令”来更新视图，在窗口中只显示被选择的对象。若用户改变了窗口类型，如从平面到三维视图，仍只可见最初被选择对象。

(3)显示轴网(Show Grid)命令用来使轴网可见或不可见。

(4)刷新窗口(Refresh Window)，命令用来重新绘制当前窗口。此命令简单重新绘制最后查看的图形，并不考虑单元的绘制顺序。因此，此命令比刷新视图命令(在重新绘制当前窗口时确认绘制顺序)要快。

4. 定义菜单

使用定义(Define)菜单来定义材料属性和单元几何特性；定义连接属性、结点约束、铰属性和广义位移；定义静力荷载工况，指定模型中的质量来源，指定组命令，指定结点样式、响应函数、分析工况、荷载组合等。定义菜单功能如图 2.15 所示。

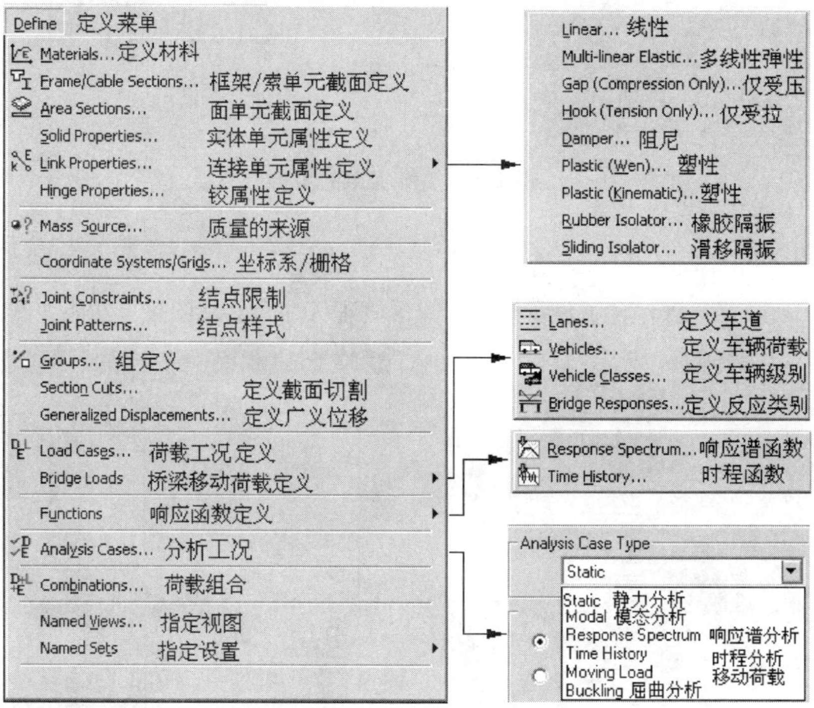

图 2.15 定义菜单的功能

(1)定义材料属性(Materials...)，可使用程序已设定的材料，如 steel、concrete、aluminum 等，也可定义新的材料。材料属性包括名称、质量、密度、弹性模量、泊松比和热膨胀系数等。

(2)定久截面属性(Frame/Cable Section...)，可定义框架截面属性、钢束截面属性、索截面属性和实体属性。

框架截面包括截面名称、截面材料、截面几何参数、截面面积和惯性矩等参数。

铰属性(Minger Properties)用来定义非线性力－位移或弯矩－转角行为，可以沿框架(线)长度指定给离散的位置。这些非线性铰只用于非线性静力(Pushover)分析。对其他分析类型，铰为刚性，对结构的线性行为没有影响。

(3)质量源(Mass Source...)命令打开定义质量源对话框，指定 SAP2000 计算模型的质量来源。质量可来自对象、附加质量和荷载及其组合。在 SAP2000 中，质量和重量有不同的功能。质量用于计算动力分析时的惯性和内置的加速度荷载。重量是用户在一个或多个荷载工况中定义和指定的一种荷载。这些荷载工况会施加于一个或多个分析工况。

(4)荷载模式(Load Patterns...)。定义荷载的类型，包括荷载名称、类型可以是 DEAD、LIVE、QUAKE、WIND 等类型。

(5)荷载工况(Load Cases...)。一个工况根据计算分类可以包括一种荷载或几种荷载不同权重的组合。可以定义任意个数、任意类型的已命名的分析工况。

(6)工况组合(Load Combinations...)，根据计算问题需要可设定不同工况进行不同权重的组合，组合方式可以设定为 Linear Add、Envelope、Abosolute Add 和 SRSS 等方式。

(7)结点限制(Joint Constraints...)是对结点自由度的限制，使其单元具有特殊的性质，如刚性楼板、弯曲刚度无限大等。

(8)结点式样(Joint Patterns...)命令来指定一个结点样式的名称。结点样式是结点处定义的一组标量。当将温度或压力荷载施加于对象上时，可引用这些已命名的结点样式。该功能可以描述结构上复杂的温度和压力分布。结点样式本身不在结构上产生荷载。

(9)组(Groups...)的概念，是 SAP2000 中某些强有力工具的基础。组指定了一个特有名称的对象集合。在 SAP2000 中，组可以用来实现多种目的。每个对象都可以成为多个组中的一部分。所有的对象都是名为“ALL”内置组的一部分。

(10)截面切割(Section Cuts...)命令，可获得作用于模型中截面切割的合力。

5. 绘制菜单

SAP2000 在显示窗口中鼠标具有两种模式：绘制模式和选择模式(模板)。使用绘制(Draw)菜单中的命令来绘制框架、索、面、点和连接等。绘制菜单功能如图 2.16 所示。

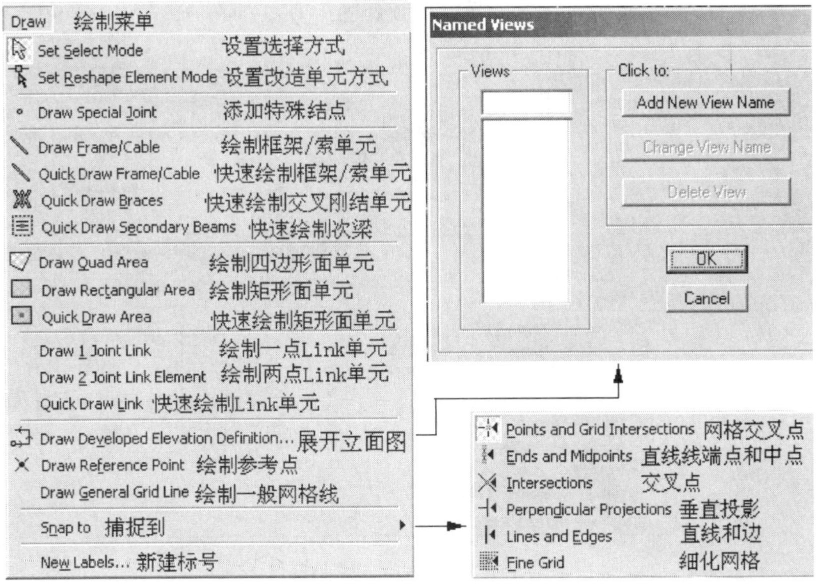

图 2.16　绘制菜单的功能

6. 选择菜单

SAP2000 采用“对象－动作”的观念，首先作选择再对这些对象进行某些操作，因此要作另外的操作前必须再选对象，如编辑(Editing)、指定(Assign)、打印和显示等操作。选择(Select)菜单的功能如图 2.17 所示。

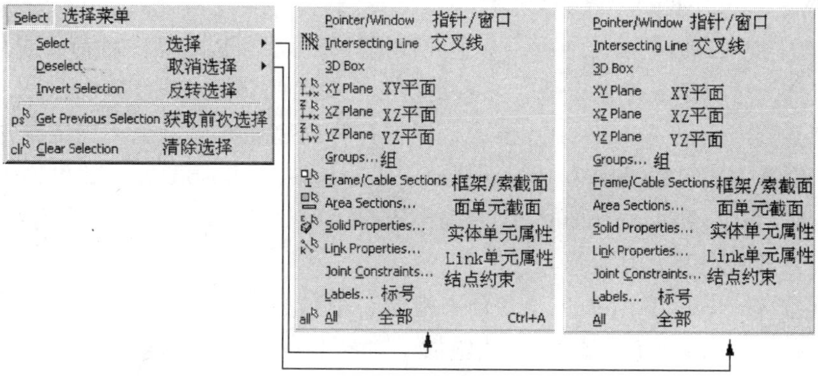

图 2.17　选择菜单的功能

7. 指定菜单

使用指定(Assign)菜单命令来指定支座特性单元的几何属性、指定结点和单元荷载以及自由度释放和约束施加等，菜单功能如图 2.18 所示。

1)结点(Joint)中可给结点指定支座约束(Restrains)、强制约束(Constraints)、弹簧约束(Springs)、结点质量(Masses)、局部坐标(Local Axes)和刚性域(Panel Zone)等。

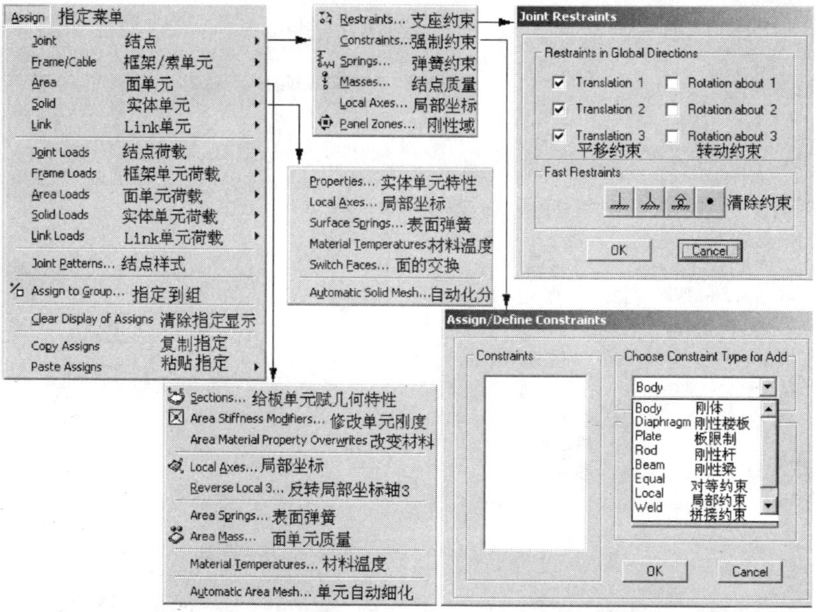

(a)

图 2.18　指定菜单的功能

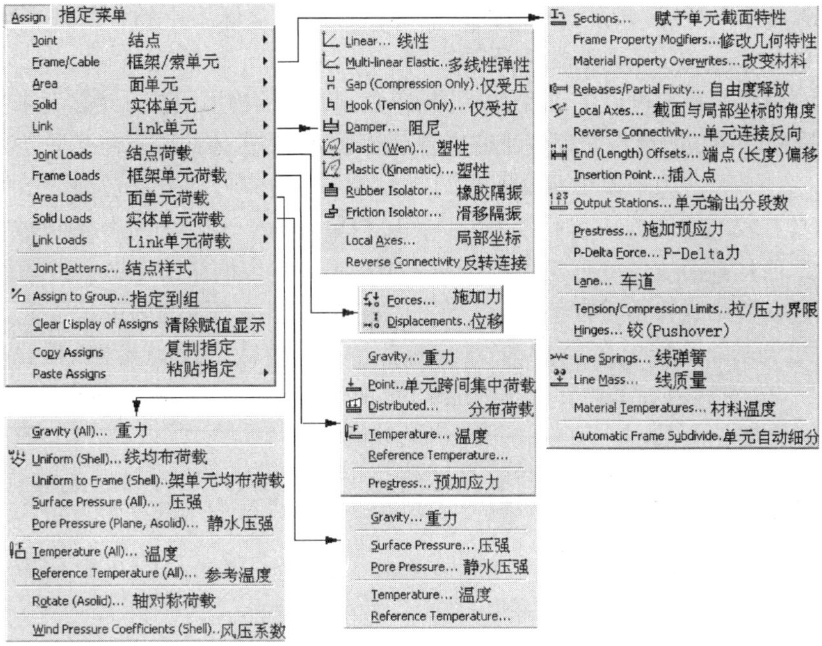

(b)

图 2.18　续

(1)支座约束(Restraints)指支座约束，可以设定约束平移或转动，它是与地面的刚性连接。

(2)强制约束(Constraints)指结构中一组相连的结点强制(或限制)约束。当把一个约束指定到一个结点上时，该结点将成为约束的一部分，并和约束中的其他结点相连。结点强制约束可分为以下类型。

①Body(刚体限制)。将其所有自由度按照一个三维刚体一起运动。

②Diaphragm(刚性楼板)。隔板限制将其所有约束结点按一个具有膜变形限制的平面隔板一起运动。所有受限结点通过一个面内刚性的连接与其他结点连接在一起，但是不影响平面外变形。

③Plate(板限制)。将其所有约束结点按一个具有板变形限制的平面隔板一起运动。所有受限结点通过一个板面外抗弯刚性的连接与其他结点连接在一起，但是不影响平面内变形(相当四周固定约束)。

④Rod(杆限制)。将其所有约束结点按一个具有轴线变形限制的直杆一起运动。所有受限结点在平行于杆轴的方向保持固定长度，但是所有垂直于轴的平动和所有的转动不受影响。

⑤Beam(梁限制)。将其所有约束结点按一个具有弯曲变形限制的直梁一起运动。所有受限结点通过一个具有轴外弯曲刚性的连接进行连接，但是所有垂直于轴的平动和所有的转动不受影响($EI\to\infty$的梁)。

⑥Equal(对等限制)。导致其所有的结点在限制局部坐标系中的各所选自由度上按同一个或相反的位移运动。其他自由度不受影响。对等限制是不同结点的各自由度相同。它一般用于连接和对称情况。

⑦Local(局部限制)。导致其所有的结点在结点局部坐标系中的各所选自由度上按同一个或相反的位移运动。其他自由度不受影响。

⑧Weld(拼接限制)。可以用于将使用不同单独剖分的结构模型部分连接起来。拼接不是一个独立的限制，而是一组点，程序通过这组点自动生成多重体约束来连接重合的结点。

⑨Line(线约束)。用于模拟两个不协调单元在一个边界处相交的情况。例如，位于线一侧的单元具有较细的剖分，其尺寸为另一侧较粗单元的一半。线约束在模型中不强制施加刚性行为。而且，沿线的变形是由两个网格中较粗的一个网格决定的。线限制将一个结点自由度通过其他结点自由度插值得到。它们一般用于连接不协调的单元。

2)框架(Frame)可指定单元截面(Sections...)、调整截面属性参数(Frame Property Modifiers...)、改变材料(Material Property Overwrites...)和进行自由度释放(Releases/Partial Fixity...)等。

3)结点荷载(Joint Load)可按荷载类型给指定点施加力(Forces...)或结点位移(Displotements...)。

4)框架单元荷载(Frame Load)可按荷载类型给指定单元跨间集中荷载[集中荷载(Point...)、分布荷载(Distributed...)和温度等(Temperature...)]。

8. 分析菜单

使用分析(Analyze)菜单，设置结构类型(Set Analysis oprions...)、设置将运行的工况(Set Load Cases to Run...)和运行分析(Run Analysis)。分析完成后，在分析窗口滚动文本来查看任何可能分析失效的警告或错误信息。分析菜单的功能如图 2.19 所示。

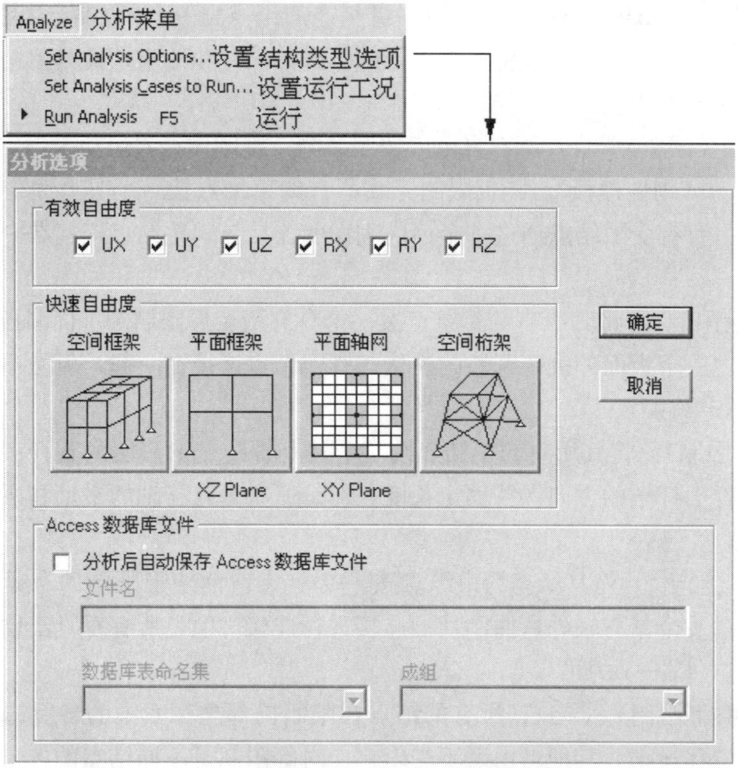

图 2.19 分析菜单的功能

(1)有效自由度。勾选有效自由度(Available DOFs)旁的复选框来确定模型中各结点的可动自由度。如果为可动自由度(复选框被选中)，则所有的结点将可能具有该方向的位移。某结点位移的出现取决于结构、荷载和该结点处的约束条件。如果不是可动自由度(复选框未被选中)，则所有结点在该方向上将不可能出现位移。这种情况与所有结点在该方向被约束的情况等效。

(2)快速自由度(Fast DOFs)。单击这些按钮中的一个，可以将 6 个自由度按常见结构类型进行快速设定。

(3)分析后自动保存 Access 数据库文件。选中该复选框，可使程序在运行分析之后自动生成一个 Access 数据库文件。

9. 显示菜单

使用显示(Display)菜单显示分析结果，如显示变形形状(Show Deformed Shape...)、显示单元力/应力(Show Forces/Stresses...)、显示指定荷载(Show Load Assigns...)、显示影响线(Show Influence Lines...)、显示时程曲线(Show Plot Functions...)和显示静力 Pushover 曲线(Show Static Pushover Curve...)等。显示菜单的功能如图 2.20 所示。

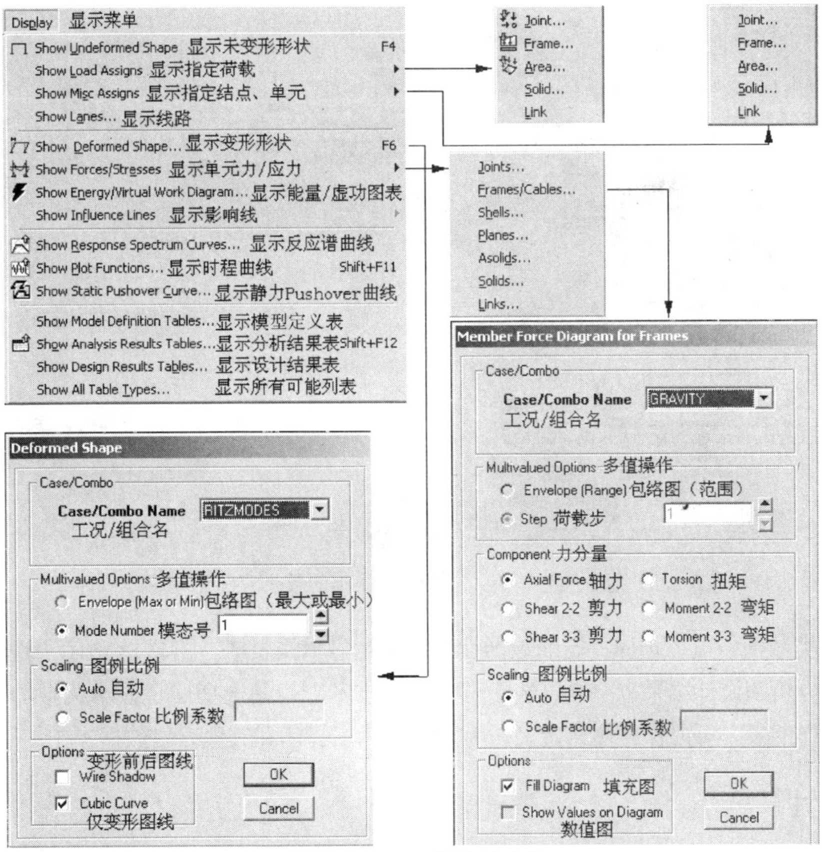

图 2.20　显示菜单的功能

(1)显示变形形状(Show Deformed Shape...)，显示某一工况结构的变形情况。选择荷载类型或工况，确定显示比例系数即可显示结构变形图或振型图。

(2)显示单元力和应力(Show Forces/Stresses...)，显示某一工况结构的受力情况。选择 Joint 可显示结点约束力。选择 Frames/Cables 可显示单元的各个内力分量。

(3)显示影响线(Show Influence Lines)。在结构中定义的桥梁车道上对结点、框架、壳、平面、轴对称、固体、连接上施加单位力，可以对不同位移、反力、力、弯矩、剪力、扭矩、轴力显示影响线。

(4)显示反应谱曲线(Show Response Spectrun Curves)命令可以显示反应谱生成对话框。这个对话框内容包括6项：定义、坐标轴、方向、选项、周期和阻尼。单击任意一个都可以加亮显示它。单击相应的选项卡并且使用不同的选项可以显示反应谱的曲线。

(5)显示时程曲线(Show Plot Functions)命令用来显示绘图函数曲线，使用这个对话框来指定要进行显示的分析工况和函数。

(6)在使用 SAP2000 图形界面的任何时候，均可以用表格形式显示有效的数据。在显示表格命令项中，可以选择是否显示模型定义、分析结果、设计结果或组合的三类数据。图 2.21 是一个显示表格例子。

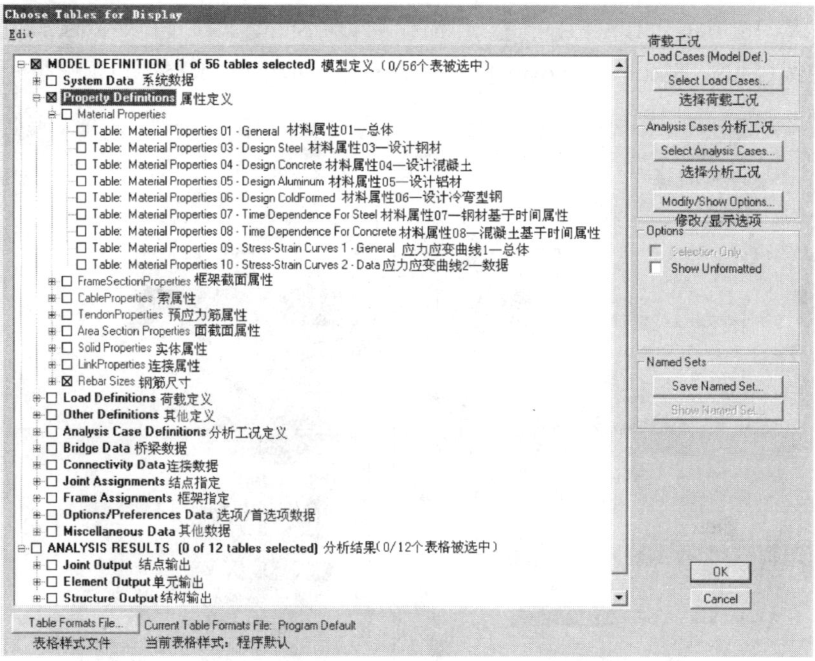

图 2.21 用于选择显示、打印或输出的数据类型的对话框

对于每类数据，可以选择特定的数据，确定实际显示的表格。图 2.21 显示了选定模型定义的表。对于分析和设计结果也一样。选中对应一个或多个表的选择框将显示选中的数据。如果重复选择同样的表，可以保存命名定义，为以后显示、打印和其他表格数据操作使用。

10. 设计菜单

使用设计(Design)菜单中的命令，可运行一个或多个 SAP2000 设计后处理器，对用户模型进行设计。它包括钢框架设计过程、混凝土框架设计过程和铝框架设计过程。

设计菜单项按规范检查单元的应力比是否满足，若不满足则进行截面修改，使之满足设计要求。设计菜单功能如图 2.22 所示。

图 2.22　设计菜单的功能

11. 选项菜单

选项(Options)菜单主要对有关参数进行设定。选项菜单的功能如图 2.23 所示。

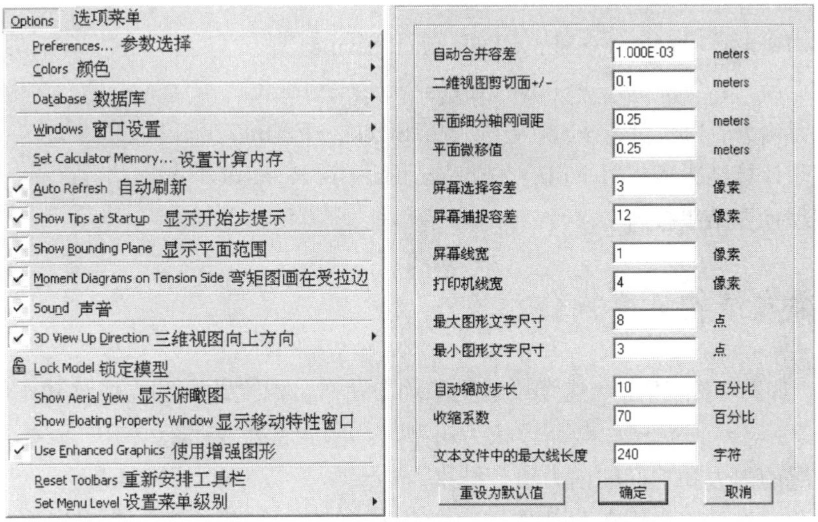

图 2.23　选项菜单的功能

2.4　连续梁计算示例

2.4.1　SAP2000 结构静力分析的步骤

(1)确定结构的计算简图。

(2)选择计算量纲(即单位)。

(3)建立几何计算模型。图形界面操作为“File→New Model→单击相近图例”。使用编辑(Edit)、绘图(Draw)和选择(Select)菜单中命令项进行修改和添加。

(4)定义单元的材料特性组。操作步骤为“Define→Materials→选取材料。”

(5)定义单元截面特性组。操作步骤为“Define→Frame Sections。”

(6)定义结构荷载类型。操作步骤为“Define→Load Patterns。”

(7)定义结构荷载工况。操作步骤为“Define→Load Cases。”

(8)通过指定(Assign)菜单施加和删除结点约束。操作步骤为“Assign→Joint→Restrains。”

(9)选定单元并指定单元截面组名。操作步骤为“Assign→Frame/Cable/Tendon→Frame Sections。”

(10)选定单元并施加单元荷载(非结点荷载)。操作步骤为“Assign→Frame/Cable/Tendon Loads→荷载类型。”

(11)选定结点，施加结点荷载。操作步骤为“Assign→Joint Loads→Forces(Displacements)。”

(12)结构分析，求结点位移。

设置结构类型和相应的结点自由度的操作：“Analyze→Set Analysis Options。”

运行程序。组集结构刚度矩阵和荷载列阵，解方程：“Analyze→Run Analysis。”

(13)显示计算结果。

显示结构变形：“Display→Show Deformed Shape。”

显示结点反力：“Display→Show Forces/Stress→Joint。”

显示单元内力：“Display→Show Forces/Stress→Frames/Cables。”

(14)打印计算结果表。“Display→Show Analysis Results Tables。”

(15)整理计算结果报告。

2.4.2 梁式结构计算操作示例

例 2.3 如图 2.24 所示，连续梁承受了均布荷载、温度改变和支座移动作用。已知弹性模量 $E=2.1\times10^{8}$ kN/m²，截面形状为箱型，热膨胀系数 $\alpha=1.0\times10^{-5}$。要求：分别计算出三种情况的内力和它们的内力组合结果。

解 设荷载类型 1 为均布荷载作用，命名为 GKQ；荷载类型 2 为温度作用，命名为 GKT；荷载类型 3 为支座移动，命名为 GKC。组合工况名为 COMB1。

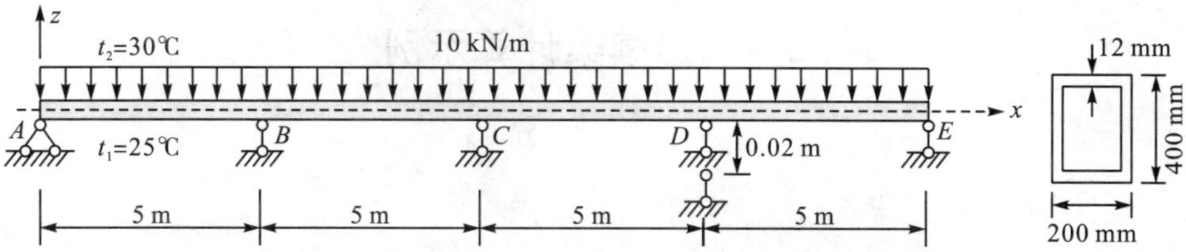

图 2.24 四跨连续梁计算简图

(1)选择计算量纲，建立几何计算模型，按图 2.25 所示步骤进行。

①选择计算量纲。

②建立新计算模型。

③从初始化模型中选择梁。

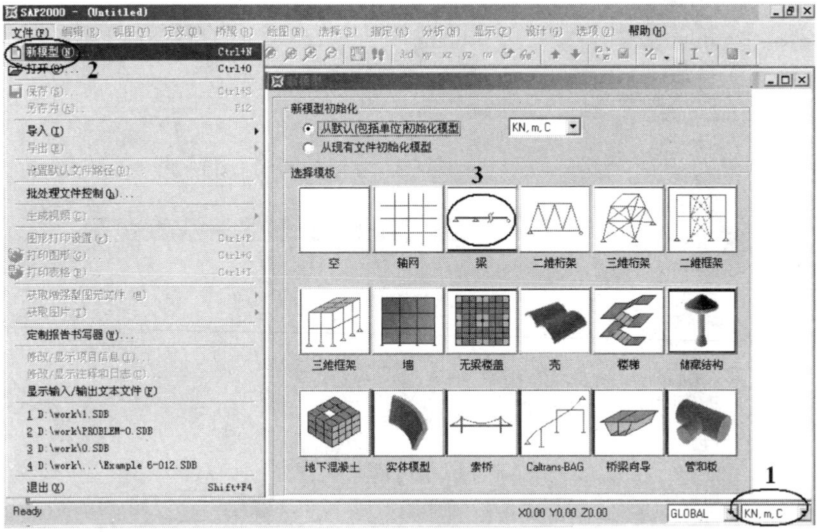

图 2.25　设定量纲和初始化模型

④在梁对话框中输入跨数(图 2.26)

⑤输入跨长。当跨长不相同时，可以通过编辑轴网进行调整。

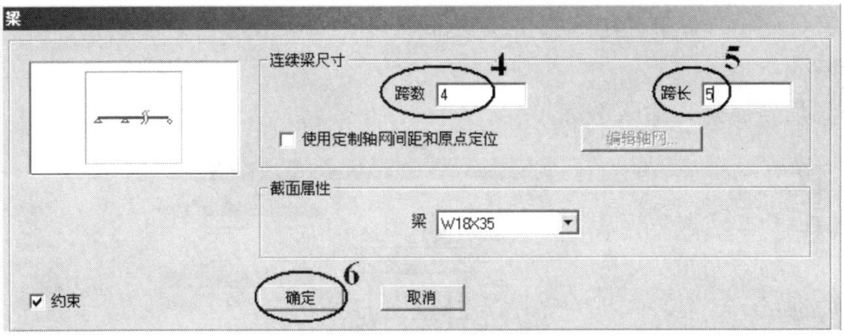

图 2.26　设定梁模型的几何参数

此时，在 SAP2000 图形窗口绘出了 3-D 视图和 x-z 平面两个图形。关闭 3-D 视图窗口，仅显示 x-z 平面图形，如图 2.27 所示。

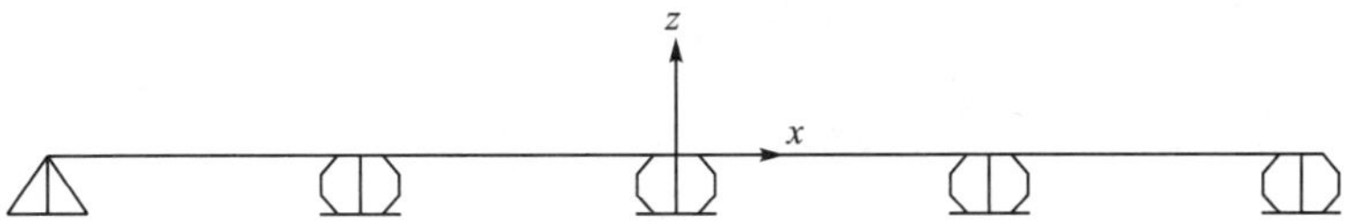

图 2.27　$x-z$ 平面视图

(2)定义单元的材料特性组。

①从定义(Define)菜单栏中选择材料(Materials)。

②按程序设定选取材料，或按如图 2.28 所示的步骤定义新材料的弹性模量和热膨胀系数等参数。

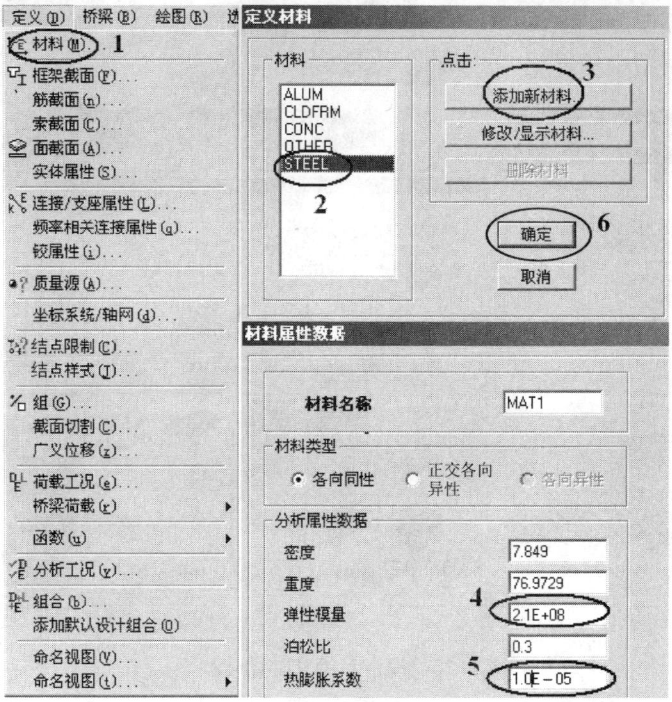

图 2.28 材料属性定义

(3)定义单元截面特性(图 2.29)。

①从定义(Define)菜单栏中选择框架截面(Frame Sections)。

②选择断面类型。

③选择添加新属性，输入截面尺寸。

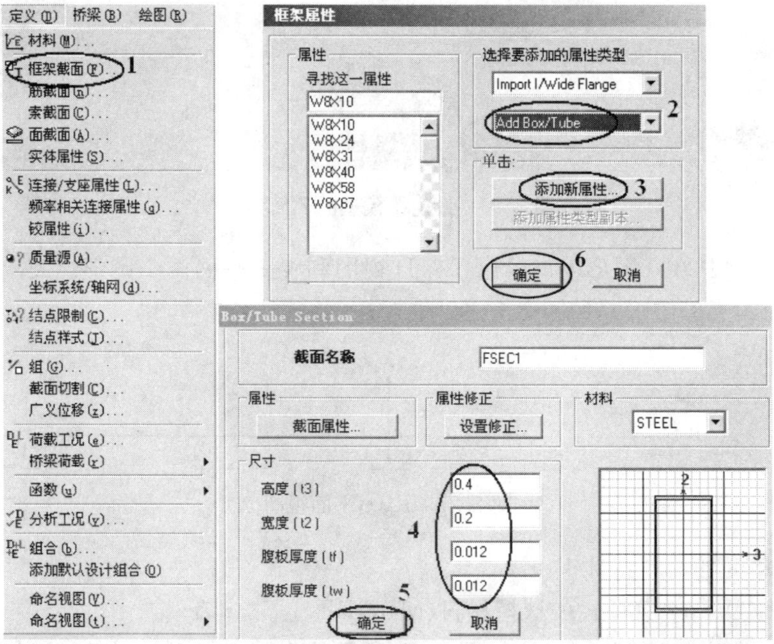

图 2.29 定义截面类型和尺寸

(4)定义结构静力荷载(图 2.30)。

①从定义(Define)菜单栏中选择荷载类型(Load Patterns)

②在对话框中输入荷载名称、类型，然后添加该工况数据。

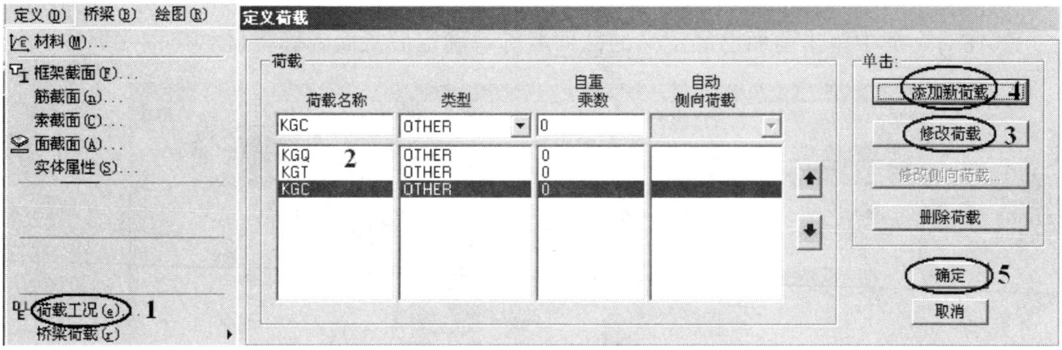

图 2.30　定义静力荷载工况

(5)定义荷载工况组合(图 2.31)。

①从定义(Define)菜单栏的选择组合(Combinations)。

②在对话框中选择添加新组合。

③在对话框中输入新组合名称和组合类型，注意添加该组合所含的工况、类型和比例系数。定义完一种新组合后，可以继续定义不同的荷载组合。

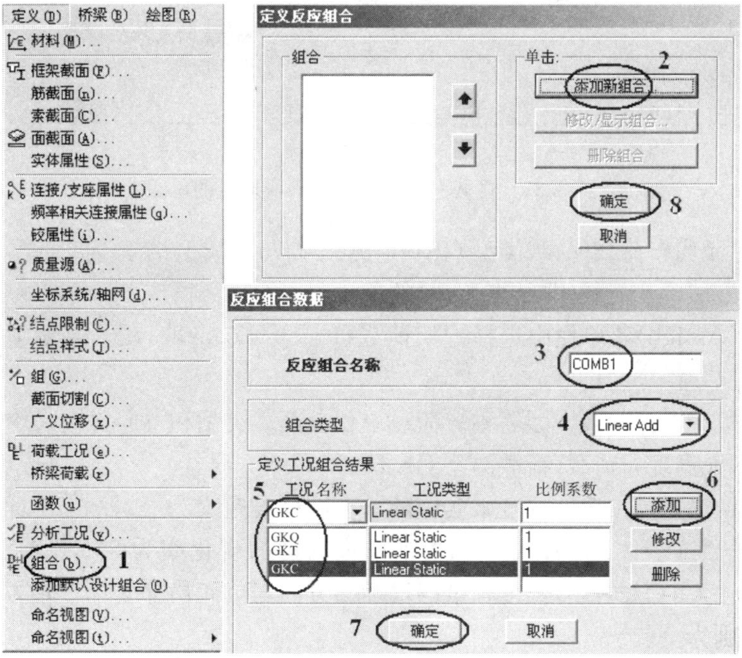

图 2.31　定义静力荷载工况组合

(6)定义结构分析类型。

从定义(Define)菜单栏中选择分析工况(Analysis Cases)，本例题三个工况均为线性静力分析。SAP2000 对线性静力分析工况为默认状态，一般不需要进行选项的修改工作。

(7)选定单元并指定单元截面组名(图 2.32)。

①选定拟指定截面的单元。

②从指定(Assign)菜单栏中选择框架/筋/索(Frame/Cable/Tendon),在子菜单中选择框架截面(Frame Sections)。

③在对话框中单击前面已经定义的截面名称,确定后截面名称将显示在单元上。

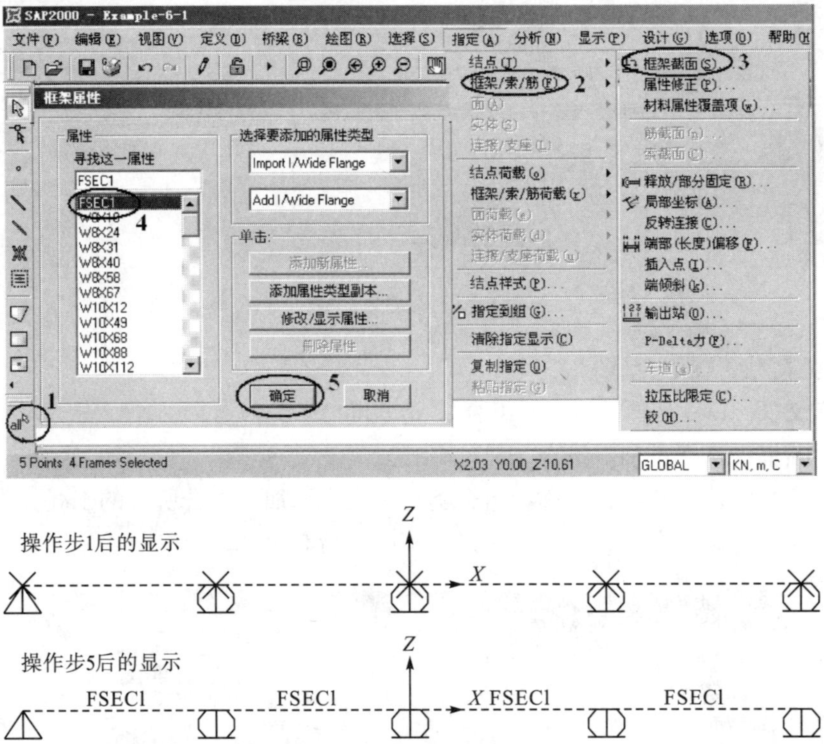

图 2.32 将截面组指定(赋予)所选定的单元

(8)施加单元均布荷载(荷载类型 GKQ,见图 2.33)。

①选定拟施加单元荷载(非结点荷载)的单元。

②从指定(Assign)菜单栏中选择框架荷载(Frame Loads),在子菜单中选择分布荷载(Distributed)。

③在对话框中选择荷载类型名称、荷载单位、荷载类型和方向,输入均布荷载大小。

(9)施加单元温度布荷载(荷载类型 GKT)。

单元两侧的温差是按温度梯度来实施的,温度梯度定义为 $\Delta t/h$ 。因此,首先计算温差:$\Delta t=30℃-25℃=5℃$,$h=0.4$ m,则单位高度的变化率为 5℃/0.4 m=12.5℃/m。确定温度梯度输入的方向:若温度梯度的增加率方向与单元局部坐标 2 轴方向一致,则输入为正值,否则为负。

①首先需要显示各单元的局部坐标系,确定 2 轴的方向。其步骤为:选定待输入温度梯度的单元,执行“Assign→Frame→Local Axes”命令,如图 2.34 所示。

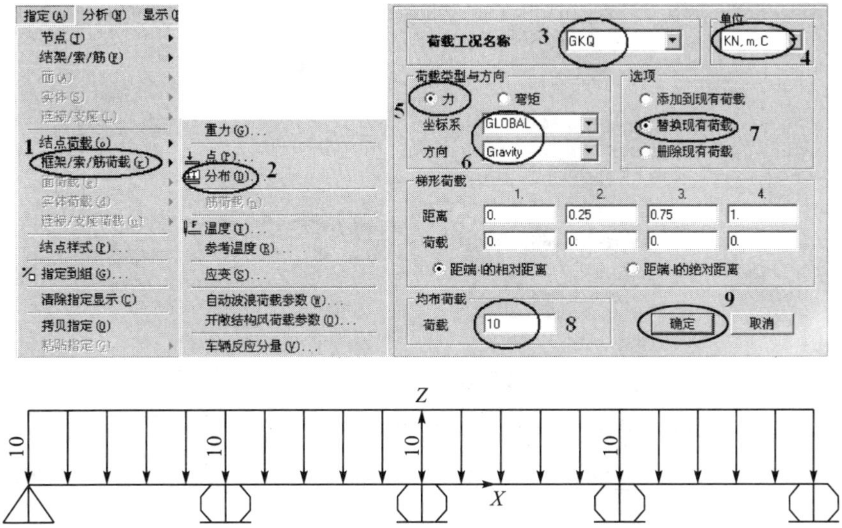

图 2.33　均布荷载的施加

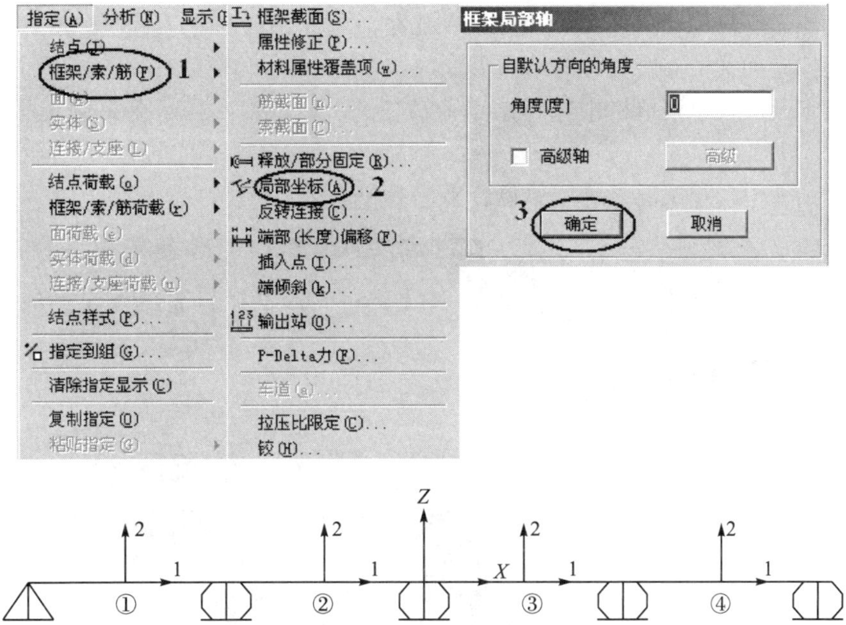

图 2.34　单元局部坐标系显示的操作

②选定单元拟指定截面的单元。

③从指定(Assign)菜单栏中选择框架荷载(Frame Loads)，在子菜单中选择温度(Temperature)，如图 2.35 所示。

④在对话框中选择工况名称，2-2 温度梯度，指定温度梯度值。

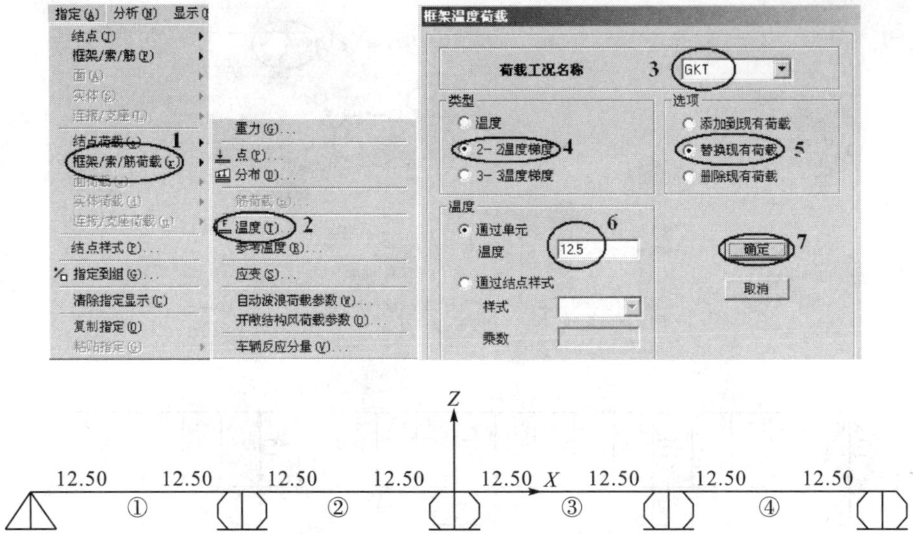

图 2.35 单元温度荷载的施加

(10)施加支座位移(荷载类型 GKC，见图 2.36)。

①选定拟施加选中支座位移的结点 D。

②从指定(Assign)菜单栏中选择结点荷载(Joint Loads)，在子菜单中选择位移(Displacement)。

③在对话框中选择工况名称、单位、坐标系和位移大小。

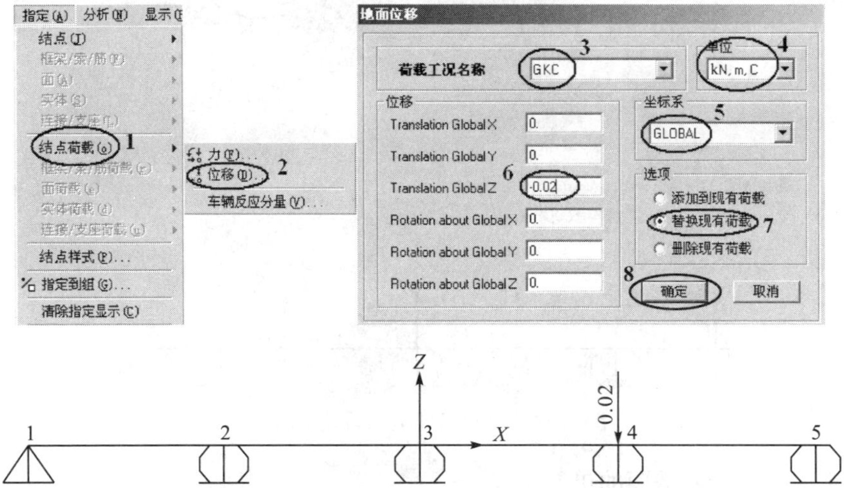

图 2.36 支座位移的施加

(11)设置结构分析类型和相应的结点自由度(图 2.37)。

从执行菜单(Analyze)选择分析选项(Set Analysis Options)命令，在对话框中选择平面框架。

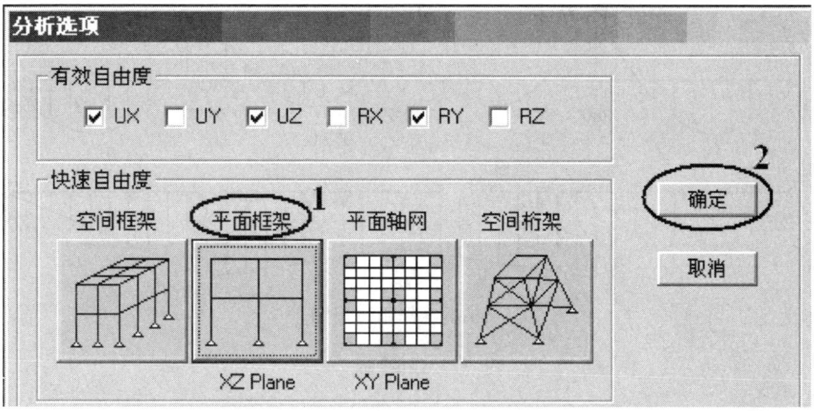

图 2.37　设置结构分析类型和相应的结点自由度的操作

(12)执行分析(图 2.38)。

从执行菜单(Analyze)选择运行(Run Analysis)，确定需要执行和不需要执行的荷载的工况，开始运行计算。

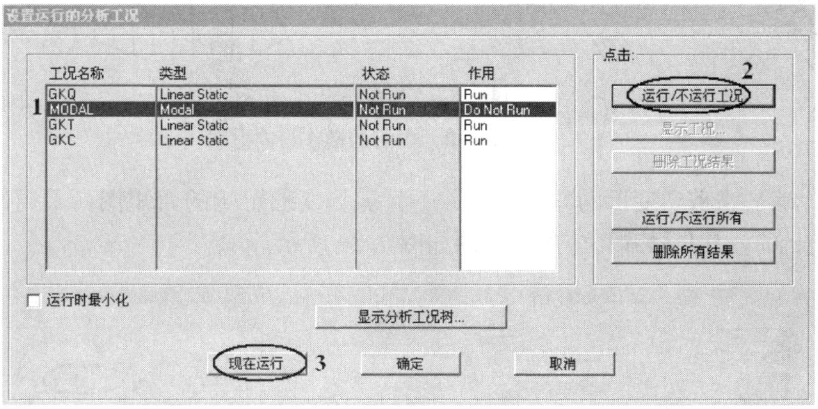

图 2.38　执行需要计算的荷载工况

(13)显示单元内力(图 2.39)。

计算完成后，可以从现实菜单中显示计算结果。

①从显示(Display)菜单栏中选择显示力应力(Show Forces/Stress)。

②在子菜单中选择框架(Frames/Cables)。

③在对话框中选择需显示的工况、内力分量等选项。

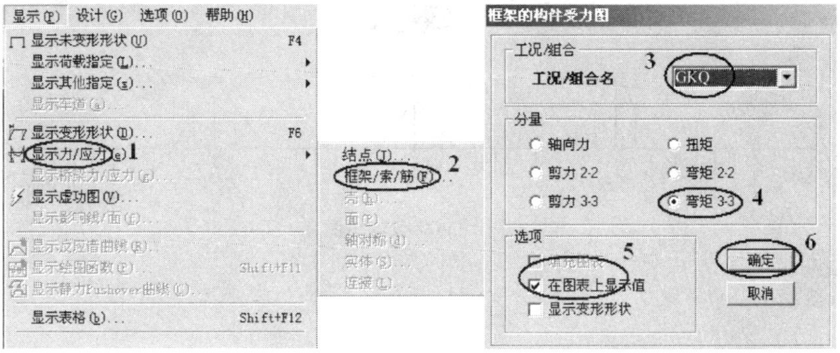

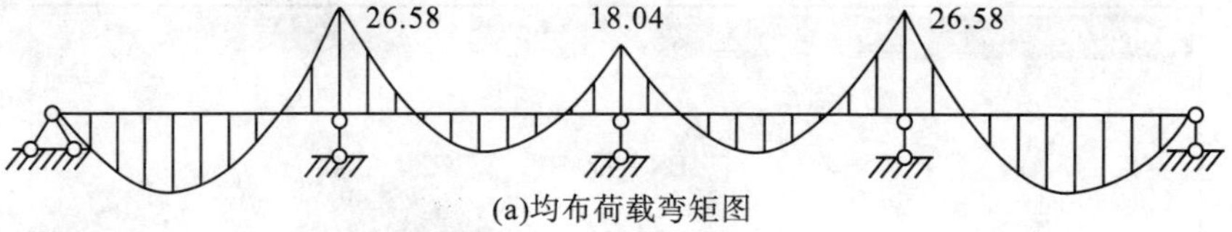

(a)均布荷载弯矩图

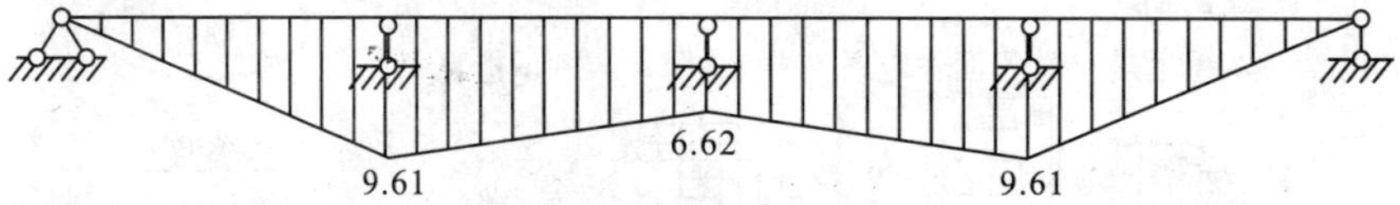

(b)温度作用弯矩图

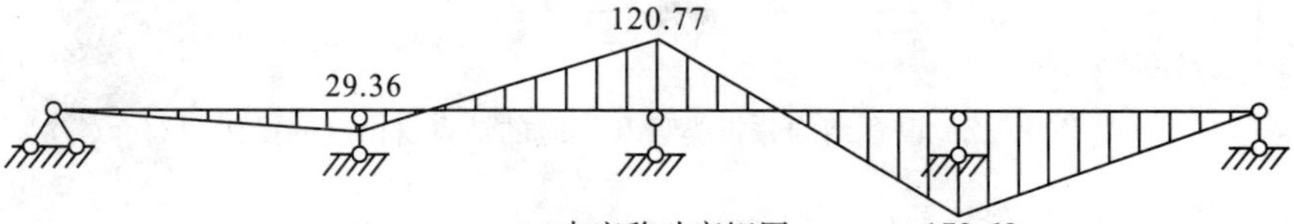

(c)支座移动弯矩图

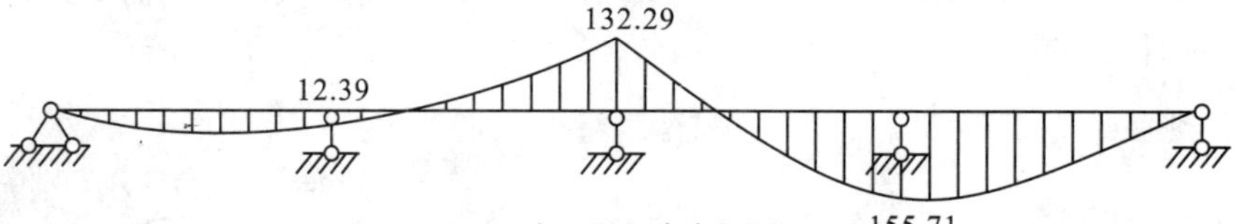

(d)3个工况组合弯矩图

图 2.39　显示单元内力的操作与内力图

图 2.39 为考虑剪切变形的弯矩图。若不计剪切变形影响的弯矩图，采用修改刚度系数来达到此目的，其步骤和相应的弯矩图如图 2.40 所示。

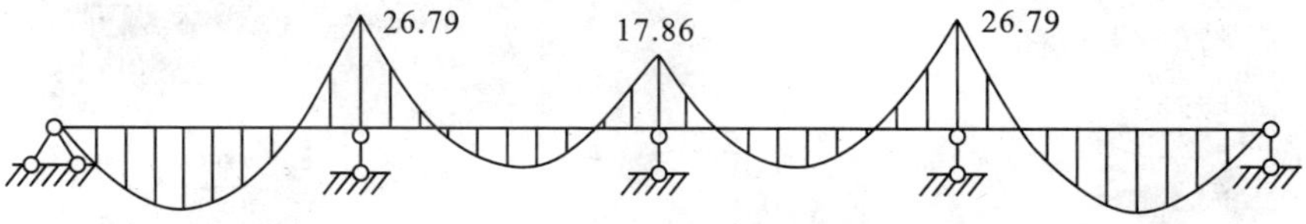

(a)均布荷载弯矩图

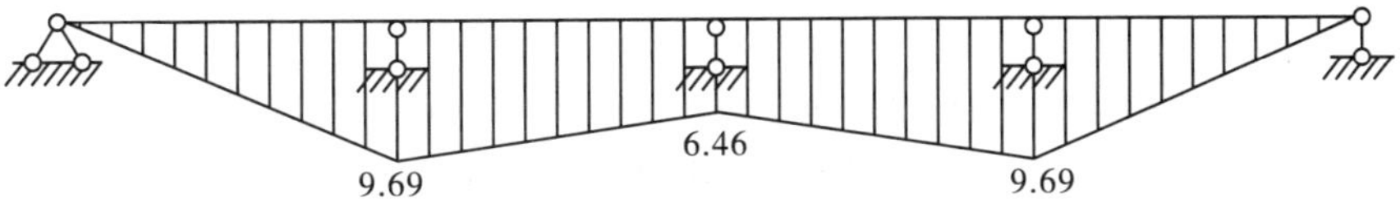

(b)温度作用弯矩图

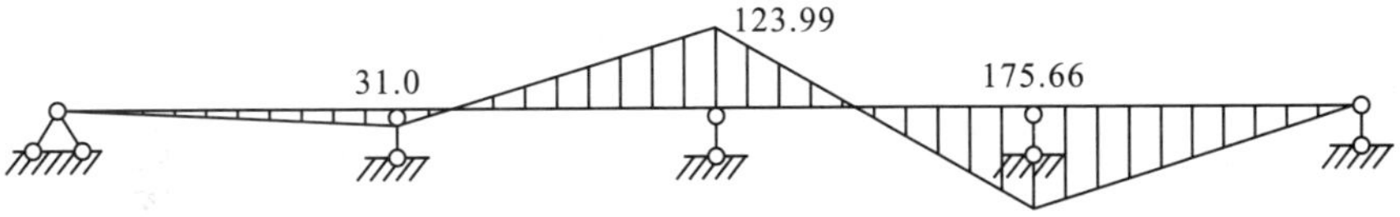

(c)支座移动弯矩图

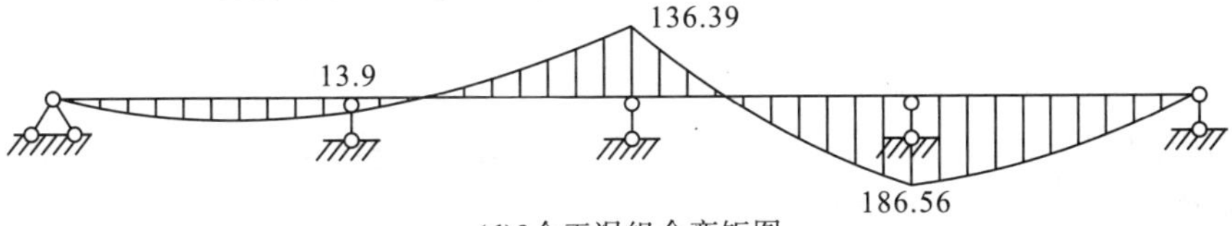

(d)3个工况组合弯矩图

图 2.40　不计剪切变形影响的弯矩图

本例题计算有以下特点：

(1)由图 2.39 与图 2.40 的比较可知，当考虑剪切变形影响时，其内力值较不考虑剪切变形影响时的值要小。在本例题中二者的差值约为 2%，这是因为截面高跨比满足 1/16～1/8 一般设计规定的。而当梁的高跨比较大时(也称为深梁)，剪切对挠度的影响就不能忽略，这时必须考虑剪切变形的影响。

(2)对于静定结构，温度变化将使其产生变形和位移，但不引起内力。对于超静定结构，当温度变化时，梁的变形受到两端支座的限制，因此必将引起支座反力，同时产生内力，且使温度低的一边受拉。

(3)超静定结构由于支座移动也要产生内力。把没有荷载作用而在结构中引起的内力状态称为自内力状态。由此可知，“没有荷载，就没有内力”这个结论只适用于静定结构，而不适用于超静定结构。

练　习　题

2.1　如习题图 2.1 所示的连续梁，设 $q=20$ kN/m，$F_P=50$ kN，$l_1=4$ m，$l_2=6$ m，$EI_2=2EI_1$。试求：①结构刚度矩阵；②用矩阵位移法求解该连续梁。

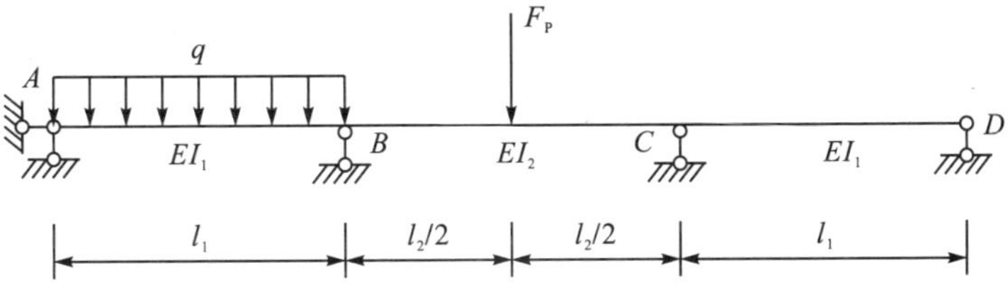

习题图 2.1

2.2　用结构分析有限元程序计算如图 2.8(a)所示连续梁，并比较考虑剪切变形对结构内力的影响。设 $E=3\times10^7$ kN/m^2，截面形状为矩形，尺寸为 250 mm×500 mm，热膨

胀系数 $\alpha = 1.0 \times 10^{-5}$ 。

2.3 用结构分析有限元程序计算如习题图 2.2 所示的连续梁。设 $E = 3 \times 10^{7}$ kN/m²，截面形状为矩形，尺寸为 250mm×600mm，热膨胀系数 $\alpha = 1.0 \times 10^{-5}$ 。要求分别计算出均布荷载和集中力单独作用时的内力，并计算两者同时作用的组合内力。

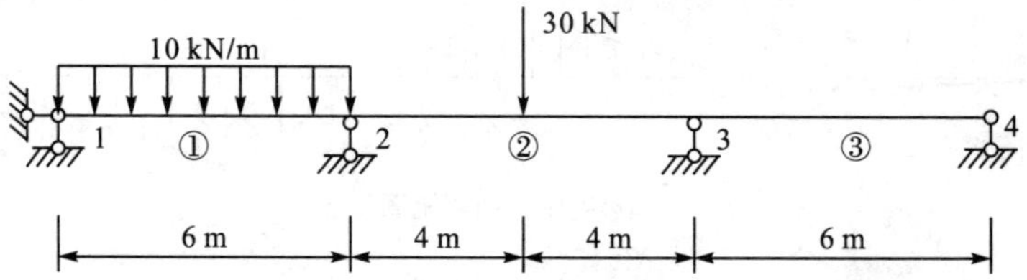

习题图 2.2

2.4 用结构分析有限元程序作如习题图 2.3 所示的连续梁 M_A、M_B、M_K、$F_{QB左}$、F_{QK} 的影响线，不计剪切变形影响。

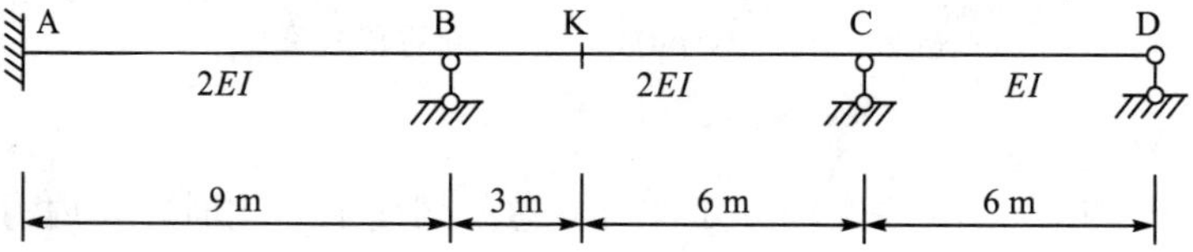

习题图 2.3

第 3 章　结构分析的矩阵位移法

矩阵位移法以经典结构力学理论为基础，并用矩阵形式表达各种物理量之间的关系，运用电子计算机作为计算工具，是现代杆系结构最有效的计算方法之一。矩阵位移法把结构离散成有限数目的直杆(单元)。首先逐个对单元进行分析，建立杆端力与杆端位移之间的关系。然后根据连续条件、平衡条件再合成为原结构。主要步骤包括单元分析、整体分析、荷载分析、支座条件引入、结构计算和单元内力计算等。

3.1　局部坐标系下的单元刚度矩阵

单元分析的任务，在于建立杆端力与杆端位移之间的关系。原型是经典位移法中的转角位移方程，用矩阵形式表达。对于一般杆单元，要考虑轴向变形的影响。因此，对于平面杆件，一般情况下两端各有三个杆端力分量，即轴力、剪力和弯矩。

3.1.1　整体坐标与局部坐标系

矩阵位移法用矩阵的形式表示杆端力、杆端位移和平衡方程表达关系式。分析过程要用坐标系来定义各种物理量，如计算简图的结点坐标、单元连接信息、单元材料与截面特性、约束信息、荷载条件等。因此有必要对坐标系作如下规定。

(1)整体坐标系。对整个结构确定一个统一的坐标系，它适用于这个结构，称为整体坐标系 OXY(或 $OXYZ$)，如图 3.1(a)所示。

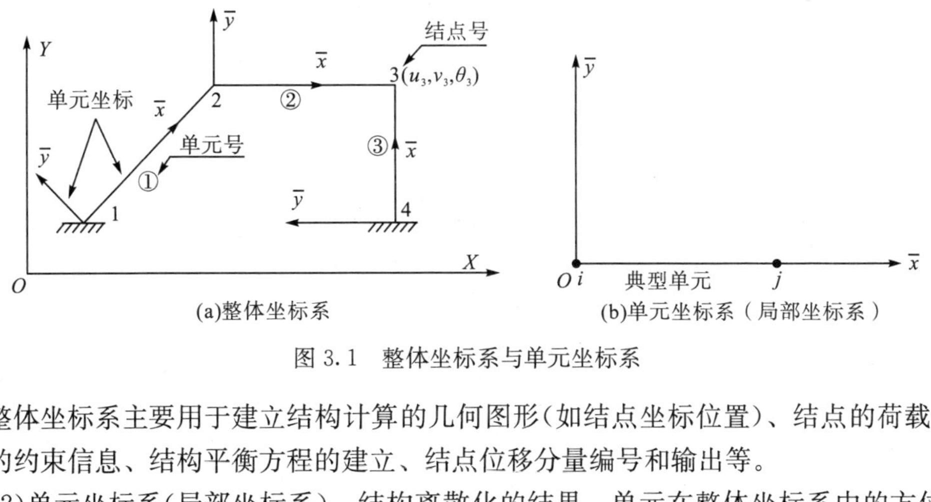

图 3.1　整体坐标系与单元坐标系

整体坐标系主要用于建立结构计算的几何图形(如结点坐标位置)、结点的荷载信息、结点的约束信息、结构平衡方程的建立、结点位移分量编号和输出等。

(2)单元坐标系(局部坐标系)。结构离散化的结果，单元在整体坐标系中的方位一般不会相同，为统一各单元的表达形式，对任一单元均选择以杆轴为 $\bar{x}$ 方向、只用于本单元

的局部坐标系 $o\overline{xy}$，如图 3.1(b)所示。

局部坐标系规定是：以起点 i 指向终点 j 的方向为局部坐标系 $\bar{x}$ 轴的正方向，并以 $\bar{x}$ 轴的正向逆时针转 90°为 $\bar{y}$ 轴的正向，即右手坐标系。转角以逆时针方向为正。这样的坐标系称为单元的局部坐标系。i 和 j 称为单元的始端和末端，如图 3.1(b)所示。

(3)位移编码。对各结点位移应进行统一编码，称为整体位移编码。对于任一单元，如果按整体位移编码来描述单元杆端位移，表达式将比较复杂。为简化表达式，每一单元按局部坐标系，从起点 i 到终点 j 的顺序将杆端位移分量进行排序。这一位移编号称为单元局部位移码。对于同一类型单元的局部位移编码是完全相同的。平面一般杆单元，单元局部位移码通常按 $\bar{x}$、$\bar{y}$ 和转角 θ 的顺序进行编号。

3.1.2　局部坐标系下的平面刚架单元的单元刚度矩阵

从平面刚架中取出一个典型等截面直杆单元分析。单元局部位移码通常按 $\bar{x}$、$\bar{y}$ 和转角 θ 的顺序进行编号。单元的两端位移、杆端力、正负号规定和它们的排列顺序，如图 3.2 (a)所示。

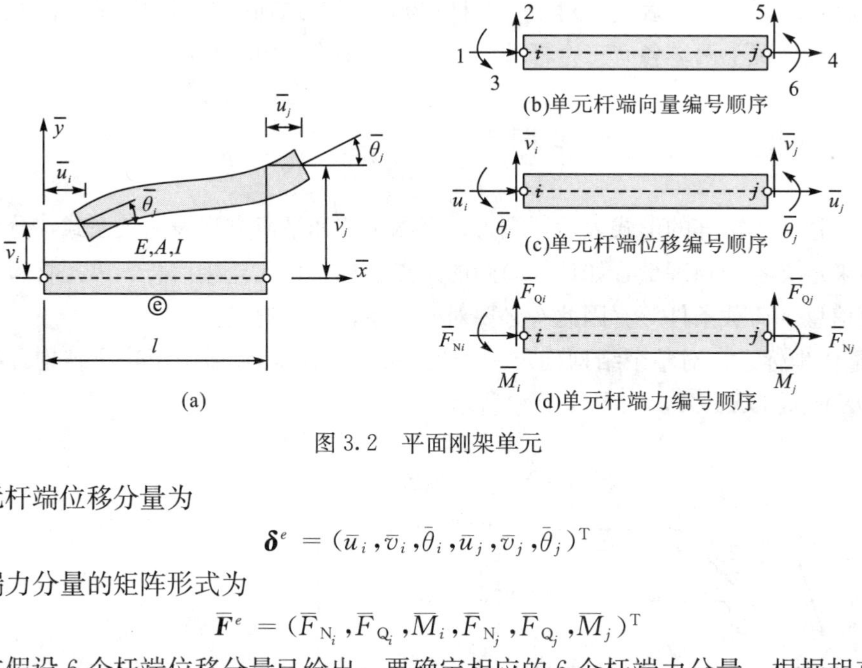

图 3.2　平面刚架单元

单元杆端位移分量为

$$\boldsymbol{\delta}^e = (\bar{u}_i, \bar{v}_i, \bar{\theta}_i, \bar{u}_j, \bar{v}_j, \bar{\theta}_j)^{\mathrm{T}} \tag{3.1}$$

杆端力分量的矩阵形式为

$$\overline{\boldsymbol{F}}^e = (\overline{F}_{\mathrm{N}_i}, \overline{F}_{\mathrm{Q}_i}, \overline{M}_i, \overline{F}_{\mathrm{N}_j}, \overline{F}_{\mathrm{Q}_j}, \overline{M}_j)^{\mathrm{T}} \tag{3.2}$$

现在假设 6 个杆端位移分量已给出，要确定相应的 6 个杆端力分量。根据胡克定律和位移法中“等截面直杆的杆端位移和杆端力”(参见结构力学教材)表中的计算结果，补充轴向变形影响，按图 3.2(b)规定的杆端位移和杆端力的编排顺序，由刚度系数的定义和叠加原理，则平面一般(刚架)单元刚度方程为

$$\begin{Bmatrix} \overline{F}_{Ni} \\ \overline{F}_{Qi} \\ \overline{M}_i \\ \overline{F}_{Nj} \\ \overline{F}_{Qj} \\ \overline{M}_j \end{Bmatrix} = \begin{bmatrix} \frac{EA}{l} & 0 & 0 & -\frac{EA}{l} & 0 & 0 \\ 0 & \frac{12EI}{l^3} & \frac{6EI}{l^2} & 0 & -\frac{12EI}{l^3} & \frac{6EI}{l^2} \\ 0 & \frac{6EI}{l^2} & \frac{4EI}{l} & 0 & -\frac{6EI}{l^2} & \frac{2EI}{l} \\ -\frac{EA}{l} & 0 & 0 & \frac{EA}{l} & 0 & 0 \\ 0 & -\frac{12EI}{l^3} & -\frac{6EI}{l^2} & 0 & \frac{12EI}{l^3} & -\frac{6EI}{l^2} \\ 0 & \frac{6EI}{l^2} & \frac{2EI}{l} & 0 & -\frac{6EI}{l^2} & \frac{4EI}{l} \end{bmatrix} \begin{Bmatrix} \bar{u}_i \\ \bar{v}_i \\ \bar{\theta}_i \\ \bar{u}_j \\ \bar{v}_j \\ \bar{\theta}_j \end{Bmatrix} \tag{3.3}$$

简写为

$$\overline{\boldsymbol{F}}^e = \bar{\boldsymbol{k}}^e \bar{\boldsymbol{\delta}}^e \tag{3.4}$$

式中，$\bar{\boldsymbol{k}}^e$称为局部坐标系下的单元刚度矩阵：

$$\bar{\boldsymbol{k}}^e = \begin{bmatrix} \frac{EA}{l} & 0 & 0 & -\frac{EA}{l} & 0 & 0 \\ 0 & \frac{12EI}{l^3} & \frac{6EI}{l^2} & 0 & -\frac{12EI}{l^3} & \frac{6EI}{l^2} \\ 0 & \frac{6EI}{l^2} & \frac{4EI}{l} & 0 & -\frac{6EI}{l^2} & \frac{2EI}{l} \\ -\frac{EA}{l} & 0 & 0 & \frac{EA}{l} & 0 & 0 \\ 0 & -\frac{12EI}{l^3} & -\frac{6EI}{l^2} & 0 & \frac{12EI}{l^3} & -\frac{6EI}{l^2} \\ 0 & \frac{6EI}{l^2} & \frac{2EI}{l} & 0 & -\frac{6EI}{l^2} & \frac{4EI}{l} \end{bmatrix} \tag{3.5}$$

局部坐标系下单元刚度矩阵具有如下性质。

(1)单刚为方阵。因为它的行数等于杆端力列向量数，而列数等于杆端位移数，杆端力与杆端位移总是相等的，所以为方阵。

(2)j 列向量的物理意义为：k_{ij}是当$\bar{\delta}_j=1$ 其余均为零时所引起各个方向的力或力矩。

(3)杆端力和杆端位移分量，必须按从 i 端到 j 端顺序一一对应排列。

(4)单元刚度矩阵 $\bar{\boldsymbol{k}}^e$ 为对称矩阵。

(5)单元刚度矩阵 $\bar{\boldsymbol{k}}^e$ 为奇异矩阵。

3.1.3　考虑剪切变形的单元刚度矩阵

式(3.5)适用于细长的梁。而当梁的高跨相对比较大时(也称为深梁)，剪切对挠度的影响就不能忽略，这时必须考虑剪切变形的影响。其单元刚度矩阵为

$$
\bar{\boldsymbol{k}}^e = \begin{bmatrix}
\frac{EA}{l} & 0 & 0 & -\frac{EA}{l} & 0 & 0 \\
0 & \frac{12EI}{(1+\Phi)l^3} & \frac{6EI}{(1+\Phi)l^2} & 0 & -\frac{12EI}{(1+\Phi)l^3} & \frac{6EI}{(1+\Phi)l^2} \\
0 & \frac{6EI}{(1+\Phi)l^2} & \frac{(4+\Phi)EI}{(1+\Phi)l} & 0 & -\frac{6EI}{(1+\Phi)l^2} & \frac{(2-\Phi)EI}{(1+\Phi)l} \\
-\frac{EA}{l} & 0 & 0 & \frac{EA}{l} & 0 & 0 \\
0 & -\frac{12EI}{(1+\Phi)l^3} & -\frac{6EI}{(1+\Phi)l^2} & 0 & \frac{12EI}{(1+\Phi)l^3} & -\frac{6EI}{(1+\Phi)l^2} \\
0 & \frac{6EI}{(1+\Phi)l^2} & \frac{(1-\Phi)EI}{(1+\Phi)l} & 0 & -\frac{6EI}{(1+\Phi)l^2} & \frac{(4+\Phi)EI}{(1+\Phi)l}
\end{bmatrix}^e \tag{3.6}
$$

式中，$\Phi = \frac{12\beta EI}{GAl^2} = \frac{12\beta E}{G}\left(\frac{r}{l}\right)^2$；$r$ 为横截面的回转半径（$I = Ar^2$）；β 为截面修正系数（如矩形截面 $\beta = 5/6$，实心圆形截面 $\beta = 9/10$ 等）。

3.1.4 空间刚架的单元刚度矩阵

空间刚架结构典型单元每一个杆端有三个自由度，即三个线位移和三个角位移。作用于每个杆端的有三个力和三个力矩，如图 3.3 所示。

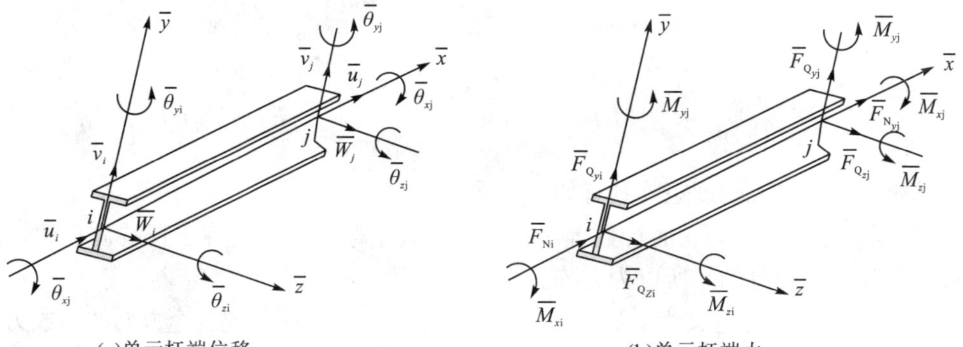

图 3.3 空间刚架单元

由图 3.3 可得空间单元刚度方程的矩阵表达式仍然为式(3.4)，即

$$\bar{\boldsymbol{F}}^e = \bar{\boldsymbol{k}}^e \bar{\boldsymbol{\delta}}^e$$

单元杆端位移列阵为

$$\bar{\boldsymbol{\delta}}^e = (\bar{u}_i, \bar{v}_i, \bar{w}_i, \bar{\theta}_{xi}, \bar{\theta}_{yi}, \bar{\theta}_{zi}, \bar{u}_j, \bar{v}_j, \bar{w}_j, \bar{\theta}_{xj}, \bar{\theta}_{yj}, \bar{\theta}_{zj})^{\mathrm{T}} \tag{3.7}$$

单元杆端力列阵为

$$\bar{\boldsymbol{F}}^e = (\bar{F}_{\mathrm{N}i}, \bar{F}_{\mathrm{Q}_{yi}}, \bar{F}_{\mathrm{Q}_{zi}}, \bar{M}_{xi}, \bar{M}_{yi}, \bar{M}_{zi}, \bar{F}_{\mathrm{N}j}, \bar{F}_{\mathrm{Q}_{yj}}, \bar{F}_{\mathrm{Q}_{zj}}, \bar{M}_{xj}, \bar{M}_{yj}, \bar{M}_{zj})^{\mathrm{T}} \tag{3.8}$$

梁单元刚度矩阵是 12×12 阶的。把单元坐标(局部坐标)的原点放在结点 i，将梁单元的形心轴作为 $\bar{x}$ 轴，并使 $\overline{xy}$ 平面和 $\overline{xz}$ 平面与横截面的主轴一致，因为只有这样，两个平面内的弯曲和剪切才是独立的。否则，$\overline{xy}$ 平面内的弯矩和剪力，将不仅依赖于它们的对

应位移，还依赖于$\overline{xz}$平面的力系对应的位移。

由于将梁的形心轴作为 $\bar{x}$ 轴，并使$\overline{xy}$平面和$\overline{xz}$平面与横截面的主轴一致，梁单元的全部力可以分离彼此独立的 4 组，即轴向力、扭矩、$\overline{xy}$平面内的弯曲和剪切及$\overline{xz}$平面弯曲和剪切。单元刚度矩阵为

$$\bar{\boldsymbol{K}}^e = \begin{bmatrix} \frac{EA}{l} & 0 & 0 & 0 & 0 & 0 & -\frac{EA}{l} & 0 & 0 & 0 & 0 & 0 \\ 0 & \frac{12EI_z}{l^3} & 0 & 0 & 0 & \frac{6EI_z}{l^2} & -\frac{12EI_z}{l^3} & 0 & 0 & 0 & \frac{6EI_z}{l^2} & \\ 0 & 0 & \frac{12EI_y}{l^3} & 0 & -\frac{6EI_y}{l^2} & 0 & 0 & 0 & -\frac{12EI_y}{l^3} & 0 & -\frac{6EI_y}{ll^2} & 0 \\ 0 & 0 & 0 & \frac{GI_x}{l} & 0 & 0 & 0 & 0 & 0 & -\frac{GI_x}{l} & 0 & 0 \\ 0 & 0 & -\frac{6EI_y}{l^2} & 0 & \frac{4EI_y}{l} & 0 & 0 & 0 & \frac{6EI_y}{l^2} & 0 & \frac{2EI_y}{l} & 0 \\ 0 & \frac{6EI_z}{l^2} & 0 & 0 & 0 & \frac{4EI_z}{l} & 0 & -\frac{6EI_z}{l^2} & 0 & 0 & 0 & \frac{2EI_z}{l} \\ -\frac{EA}{l} & 0 & 0 & 0 & 0 & 0 & \frac{EA}{l} & 0 & 0 & 0 & 0 & 0 \\ 0 & -\frac{12EI_z}{l^3} & 0 & 0 & 0 & -\frac{6EI_z}{l^2} & 0 & \frac{12EI_z}{l^3} & 0 & 0 & 0 & -\frac{6EI_z}{l^2} \\ 0 & 0 & -\frac{12EI_y}{l^3} & 0 & \frac{6EI_y}{l^2} & 0 & 0 & 0 & \frac{12EI_y}{l^3} & 0 & \frac{6EI_y}{l^2} & 0 \\ 0 & 0 & 0 & -\frac{GI_x}{l} & 0 & 0 & 0 & 0 & 0 & \frac{GI_x}{l} & 0 & 0 \\ 0 & 0 & -\frac{6EI_y}{l^2} & 0 & \frac{2EI_y}{l} & 0 & 0 & 0 & \frac{6EI_y}{l^2} & 0 & \frac{4EI_y}{l} & 0 \\ 0 & \frac{6EI_z}{l^2} & 0 & 0 & 0 & \frac{2EI_z}{l} & 0 & -\frac{6EI_z}{l^2} & 0 & 0 & 0 & \frac{4EI_z}{l} \end{bmatrix} \tag{3.9}$$

3.1.5 其他单元刚度矩阵

1. 桁架单元的单元刚度矩阵

平面桁架单元只有轴力和轴向变形，为方便建立平衡方程，仍然按照沿轴向和垂直于轴向来建立杆端力分量和杆端位移分量，如图 3.4 所示。

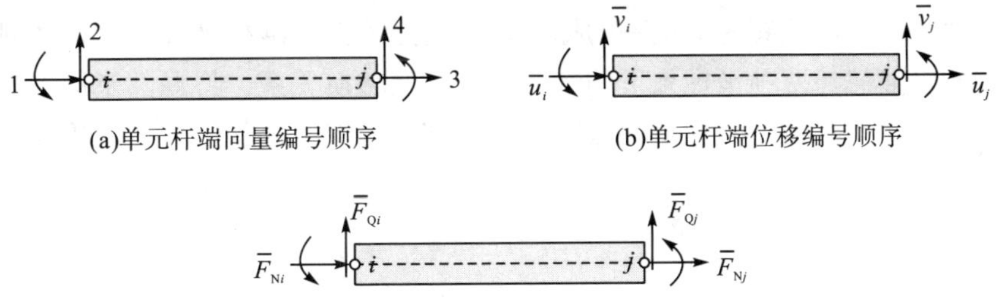

(a)单元杆端向量编号顺序　(b)单元杆端位移编号顺序

(c)单元杆端力编号顺序

图 3.4　平面桁架单元

单元杆端位移分量为

$$\bar{\boldsymbol{\delta}}^e = (\bar{u}_i, \bar{v}_i, \bar{u}_j, \bar{v}_j)^{\mathrm{T}} \tag{3.10}$$

杆端力分量的矩阵形式为

$$\overline{\boldsymbol{F}}^e=(\overline{F}_{\mathrm{N}i},\overline{F}_{\mathrm{Q}i},\overline{F}_{\mathrm{N}j},\overline{F}_{\mathrm{Q}j})^{\mathrm{T}} \tag{3.11}$$

平面桁架单元的单元刚度矩阵为

$$\overline{\boldsymbol{k}}^e=\begin{pmatrix}\frac{EA}{l} & 0 & -\frac{EA}{l} & 0\\ 0 & 0 & 0 & 0\\ -\frac{EA}{l} & 0 & \frac{EA}{l} & 0\\ 0 & 0 & 0 & 0\end{pmatrix} \tag{3.12}$$

空间桁架单元与平面桁架单元一样只有轴力和轴向变形，为方便建立平衡方程，单元刚度矩阵扩大为 6×6：

$$\overline{\boldsymbol{k}}^e=\begin{pmatrix}\frac{EA}{l} & 0 & 0 & -\frac{EA}{l} & 0 & 0\\ 0 & 0 & 0 & 0 & 0 & 0\\ 0 & 0 & 0 & 0 & 0 & 0\\ -\frac{EA}{l} & 0 & 0 & \frac{EA}{l} & 0 & 0\\ 0 & 0 & 0 & 0 & 0 & 0\\ 0 & 0 & 0 & 0 & 0 & 0\end{pmatrix} \tag{3.13}$$

2. 梁单元的单元刚度矩阵

梁单元是一类特殊的单元。梁的两端没有线位移，只有角位移，每一杆端只有一个转角位移和杆端弯矩。单元刚度矩阵在第 2 章已经得到为

$$\boldsymbol{k}^e=\frac{EI}{l}\begin{pmatrix}4 & 2\\ 2 & 4\end{pmatrix}$$

3.2 整体坐标系下的单元刚度矩阵

结构离散化时，建立了两种坐标系——结构坐标系和局部坐标系。在单元分析中，位移、力都是对局部坐标系定义的。而实际结构中的每个杆件方位各不相同，要考虑结点位移协调和受力平衡，应该有一个统一的标准，因而必须引入结构坐标系，以便对各单元进行集成和装配。显然，两种坐标系下的量存在着相互转换关系，将局部坐标下的量转换成结构坐标下的量，或将结构坐标下的量转换成局部坐标下的量，称为坐标转换。

3.2.1 坐标转换

(1)平面刚架单元杆端位移、杆端力的坐标转换。

平面刚架单元在两个坐标系下的杆端位移和杆端力，如图 3.5 所示。在局部坐标系 $\bar{x}i\bar{y}$ 中，以 $\overline{\boldsymbol{F}}^e$、$\overline{\boldsymbol{\delta}}^e$分别表示杆端力列向量和杆端位移列向量，而在整体坐标系 XOY 中，则以 $\boldsymbol{F}^e$、$\boldsymbol{\delta}^e$分别表示杆端力列向量和杆端位移列向量(因为在整体坐标系中的单元杆端

力，是沿其整体坐标的力分量，非杆件的轴力或剪力。为方便，在以下两种坐标系中，均采用 δ 和 F 表示杆端位移和杆端力分量，仍沿用字符上有无“－”区别整体量与局部量)，即

$$\boldsymbol{\delta}^e=(\delta_1,\delta_2,\delta_3,\delta_4,\delta_5,\delta_6)^{\mathrm{T}} \tag{3.14}$$

$$\boldsymbol{F}^e=(F_1,F_2,F_3,F_4,F_5,F_6)^{\mathrm{T}} \tag{3.15}$$

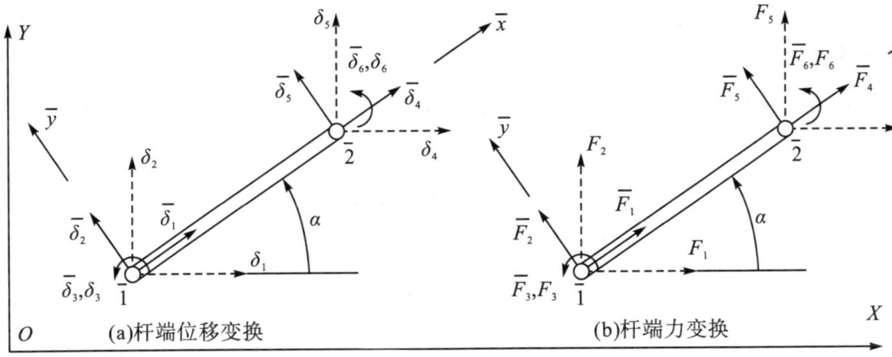

图 3.5　杆端力和杆端位移的坐标转换

由图 3.5(a)可知，局部坐标的杆端位移可以用整体坐标的杆端位移表示为

$$\begin{Bmatrix}\bar{\delta}_1\\\bar{\delta}_2\\\bar{\delta}_3\\\bar{\delta}_4\\\bar{\delta}_5\\\bar{\delta}_6\end{Bmatrix}^e=\begin{bmatrix}\cos\alpha & \sin\alpha & 0 & 0 & 0 & 0\\-\sin\alpha & \cos\alpha & 0 & 0 & 0 & 0\\0 & 0 & 1 & 0 & 0 & 0\\0 & 0 & 0 & \cos\alpha & \sin\alpha & 0\\0 & 0 & 0 & -\sin\alpha & \cos\alpha & 0\\0 & 0 & 0 & 0 & 0 & 1\end{bmatrix}^e\begin{Bmatrix}\delta_1\\\delta_2\\\delta_3\\\delta_4\\\delta_5\\\delta_6\end{Bmatrix}^e$$

或写为

$$\bar{\boldsymbol{\delta}}^e=\boldsymbol{T}\boldsymbol{\delta}^e \tag{3.16}$$

由图 3.5(b)可知，局部坐标的杆端力可以用整体坐标杆端力表示为

$$\begin{Bmatrix}\bar{F}_1\\\bar{F}_2\\\bar{F}_3\\\bar{F}_4\\\bar{F}_5\\\bar{F}_6\end{Bmatrix}^e=\begin{bmatrix}\cos\alpha & \sin\alpha & 0 & 0 & 0 & 0\\-\sin\alpha & \cos\alpha & 0 & 0 & 0 & 0\\0 & 0 & 1 & 0 & 0 & 0\\0 & 0 & 0 & \cos\alpha & \sin\alpha & 0\\0 & 0 & 0 & -\sin\alpha & \cos\alpha & 0\\0 & 0 & 0 & 0 & 0 & 1\end{bmatrix}^e\begin{Bmatrix}F_1\\F_2\\F_3\\F_4\\F_5\\F_6\end{Bmatrix}^e$$

或写为

$$\bar{\boldsymbol{F}}^e=\boldsymbol{T}\boldsymbol{F}^e \tag{3.17}$$

式中，

$$
\boldsymbol{T}=\begin{pmatrix}\cos\alpha & \sin\alpha & 0 & 0 & 0 & 0\\ -\sin\alpha & \cos\alpha & 0 & 0 & 0 & 0\\ 0 & 0 & 1 & 0 & 0 & 0\\ 0 & 0 & 0 & \cos\alpha & \sin\alpha & 0\\ 0 & 0 & 0 & -\sin\alpha & \cos\alpha & 0\\ 0 & 0 & 0 & 0 & 0 & 1\end{pmatrix}^e \tag{3.18}
$$

称为单元坐标转换矩阵。

(2)对于空间刚架单元的坐标转换，单元坐标转换矩阵为

$$
\boldsymbol{T}=\begin{pmatrix}[\lambda] & [0] & [0] & [0]\\ [0] & [\lambda] & [0] & [0]\\ [0] & [0] & [\lambda] & [0]\\ [0] & [0] & [0] & [\lambda]\end{pmatrix}_{12\times12}
$$

式中，

$$
\boldsymbol{\lambda}=\begin{pmatrix}\cos(\bar{x},x) & \cos(\bar{x},y) & \cos(\bar{x},z)\\ \cos(\bar{y},x) & \cos(\bar{y},y) & \cos(\bar{y},z)\\ \cos(\bar{z},x) & \cos(\bar{z},y) & \cos(\bar{z},z)\end{pmatrix}
$$

(3)坐标变换矩阵 $\boldsymbol{T}$ 是正交矩阵，因而有

$$
\boldsymbol{T}^{-1}=\boldsymbol{T}^{\mathrm{T}} \tag{3.19}
$$

3.2.2 刚架单元的刚度矩阵

将式(3.16)和式(3.17)代入局部坐标下的单元刚度方程式(3.4)，即 $\bar{\boldsymbol{F}}^e=\bar{\boldsymbol{k}}^e\bar{\boldsymbol{\delta}}^e$ 则有 $\boldsymbol{T}\boldsymbol{F}^e=\bar{\boldsymbol{k}}^e\boldsymbol{T}\boldsymbol{\delta}^e$，前乘 $\boldsymbol{T}^{-1}$，得到整体坐标下的单元刚度方程为 $\boldsymbol{F}^e=\boldsymbol{T}^{\mathrm{T}}\bar{\boldsymbol{k}}^e\boldsymbol{T}\boldsymbol{\delta}^e$，写成与局部坐标下的单元刚度方程相同形式，有

$$
\boldsymbol{F}^e=\boldsymbol{k}^e\boldsymbol{\delta}^e \tag{3.20}
$$

式中，$\boldsymbol{k}^e$ 为整体坐标下的单元刚度矩阵，计算式为

$$
\boldsymbol{k}^e=\boldsymbol{T}^{\mathrm{T}}\bar{\boldsymbol{k}}^e\boldsymbol{T}
$$

例 3.1 求如图 3.6 所示的结构各单元在整体坐标系中的单元刚度矩阵。已知：$E=2\times10^8$ kN/m^2，$A=1\times10^{-2}$m^2，$I=32\times10^{-5}$m^4。

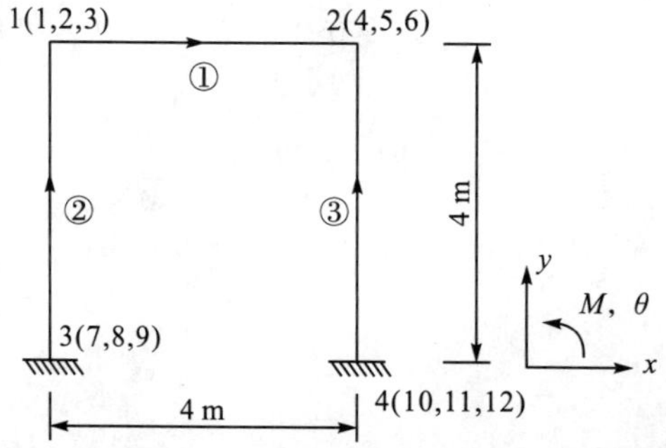

图 3.6 刚架单元刚度矩阵计算

解　计算局部坐标系下的单元刚度矩阵。

单元一：

$$\frac{EA}{l}=\frac{200\times10^{6}\text{kN/m}^{2}\times1\times10^{-2}\text{m}^{2}}{4\text{ m}}=500\times10^{3}\text{kN/m}$$

$$\frac{2EI}{l}=\frac{2\times200\times10^{6}\text{ kN/m}^{2}\times32\times10^{-5}\text{m}^{4}}{4\text{m}}=32\times10^{3}\text{kN}\cdot\text{m}$$

$$\frac{6EI}{l^{2}}=\frac{6\times200\times10^{6}\text{ kN/m}^{2}\times32\times10^{-5}\text{m}^{4}}{(4\text{m})^{2}}=24\times10^{5}\text{kN}$$

$$\frac{12EI}{l^{3}}=\frac{12\times200\times10^{6}\text{ kN/m}^{2}\times32\times10^{-5}\text{m}^{4}}{(4\text{m})^{3}}=12\times10^{3}\text{kN/m}$$

$$\bar{\boldsymbol{k}}^{(1)}=\bar{\boldsymbol{k}}^{(2)}=\bar{\boldsymbol{k}}^{(3)}$$

$$=10^{3}\times\begin{pmatrix}500\text{kN/m}&0&0&-500\text{kN/m}&0&0\\0&12\text{kN/m}&24\text{kN}&0&-12\text{kN/m}&24\text{kN}\\0&24\text{kN}&64\text{kN}\cdot\text{m}&0&-24\text{kN}&32\text{kN}\cdot\text{m}\\-500\text{kN/m}&0&0&500\text{kN/m}&0&0\\0&-12\text{kN/m}&-24\text{kN}&0&12\text{kN/m}&-24\text{kN}\\0&24\text{kN}&32\text{kN}\cdot\text{m}&0&-24\text{kN}&64\text{kN}\cdot\text{m}\end{pmatrix}$$

计算整体坐标系下的单元刚度矩阵。

对于单元①，$\alpha=0°$：

$$\boldsymbol{k}^{(1)}=\bar{\boldsymbol{k}}^{(1)}$$

对于单元②和③，$\alpha=90°$：

$$\boldsymbol{k}^{(2)}=\boldsymbol{k}^{(3)}=\boldsymbol{T}^{\mathrm{T}}\bar{\boldsymbol{k}}^{(2)}\boldsymbol{T}$$

$$=10^{3}\times\begin{pmatrix}12\text{kN/m}&0&-24\text{kN}&-12\text{kN/m}&0&-24\text{kN}\\0&500\text{kN/m}&0&0&-500\text{kN/m}&0\\-24\text{kN}&0&64\text{kN}\cdot\text{m}&24\text{kN}&0&32\text{kN}\cdot\text{m}\\-12\text{kN/m}&0&24\text{kN}&12\text{kN/m}&0&24\text{kN}\\0&-500\text{kN/m}&0&0&500\text{kN/m}&0\\-24\text{kN}&0&32\text{kN}\cdot\text{m}&24\text{kN}&0&64\text{kN}\cdot\text{m}\end{pmatrix}$$

3.3　结构原始刚度矩阵

在矩阵位移法中典型方程(整体刚度方程)是以位移为未知量建立的。通常采用单元集成法，其优点是便于实现计算过程的程序化。

在第 2 章中，已经讨论过连续梁结构刚度矩阵的形成方法。对于连续梁两端每一杆端，只有一个位移分量。对于一般单元，则可能有多个位移分量，如平面一般杆单元每一杆端有三个位移分量，空间杆单元每一杆端有 6 个位移分量。只要按每一杆端的位移分量个数将定位向量扩大，就可以用同样的方法组集结构刚度矩阵。

3.3.1　确定定位向量 $\boldsymbol{\lambda}$

每一单元的定位向量就是按顺序描述单元整体编码的一组数据。从起点 i 到终点 j，

按照 X 方向、Y 方向和转角的顺序将位移编号依次写到定位向量 $\boldsymbol{\lambda}$ 中，定位向量的元素个数就是单元两端位移分量(或杆端力分量的个数)。例如，如图 3.6 所示的结构，各单元的定位向量分别为

单元①：$\boldsymbol{\lambda}^{(1)}=\{1,2,3,4,5,6\}^{\mathrm{T}}$

单元②：$\boldsymbol{\lambda}^{(2)}=\{7,8,9,1,2,3\}^{\mathrm{T}}$

单元③：$\boldsymbol{\lambda}^{(3)}=\{10,\ 11,\ 12,\ 4,\ 5,\ 6\}^{\mathrm{T}}$

3.3.2 集成结构刚度矩阵 $\boldsymbol{K}$

集成结构刚度矩阵集成是一个对号入座的过程。通过坐标转换，已经得到各单元整体坐标系下的单刚矩阵，集成结构刚度矩阵，就是使单元结点同时满足变形协调和平衡条件。通过第 2 章对连续梁的介绍，已经知道，只需要将对应的刚度系数叠加即可。即按照各单元的定位向量，将单元刚度矩阵的元素逐一叠加到结构刚度矩阵相应的位置。例如，例 3.1 中单元①第 3 行第 5 列的元素 $k_{35}^{(1)}$，根据定位向量 $\boldsymbol{\lambda}^{(1)}$，应当叠加到结构刚度矩阵元素 K_{35} 中去；单元②第 3 行第 5 列的元素 $k_{35}^{(2)}$，根据定位向量 $\boldsymbol{\lambda}^{(2)}$，应当叠加到结构刚度矩阵元素 K_{92} 中去三个单之各素组集完成后，得到结构刚度矩陈 $\boldsymbol{K}$ 如下。

3.3.3 整体刚度矩阵的性质

(1)$\boldsymbol{K}$ 是对称矩阵，即 $\boldsymbol{K}_{ij}=\boldsymbol{K}_{ji}$。

(2)一般结构的 $\boldsymbol{K}$ 是奇异的，即 $\boldsymbol{K}$ 为无逆矩阵。但对于连续梁，因为已经设定了部分约束，连续梁的 $\boldsymbol{K}$ 是非奇异的。

(3)$\boldsymbol{K}$ 是稀疏矩阵和带状矩阵。

3.4 结构荷载列阵的形成

结构刚度方程式的一般表达式为

$$\boldsymbol{K\Delta}=\boldsymbol{F} \tag{3.22}$$

式中，$\boldsymbol{K}$ 为结构的刚度矩阵；$\boldsymbol{\Delta}$ 为结点位移列阵；$\boldsymbol{F}$ 为综合结点荷载列阵。结构可能承受结点荷载和非结点荷载，综合结点荷载列阵 $\boldsymbol{F}$ 是由直接作用在结点上的荷载 $\boldsymbol{F}_{\mathrm{D}}$(集中力和集中力偶)和非结点荷载的等效结点荷载 $\boldsymbol{F}_{\mathrm{E}}$ 两部分构成的，即

$$\boldsymbol{F}=\boldsymbol{F}_{\mathrm{D}}+\boldsymbol{F}_{\mathrm{E}} \tag{3.23}$$

3.4.1 结点荷载向量 $\boldsymbol{F}_{\mathrm{D}}$ 的形成

当结构上只受结点荷载作用时，根据隔离体平衡，可以直接按结构位移编号顺序逐个将各位移编号所对应的集中力按坐标系规定的正方向写入结点荷载向量 $\boldsymbol{F}_{\mathrm{D}}$ 中。例如，如图 3.7 所示的结构在结点 1 的 x 方向受集中力 8 kN，在 y 方向受集中力 2 kN，其结点荷载向量为 $\boldsymbol{F}_{\mathrm{D}}=(\ \mathrm{kN},\ 2\ \mathrm{kN},\ 0)^{\mathrm{T}}$。

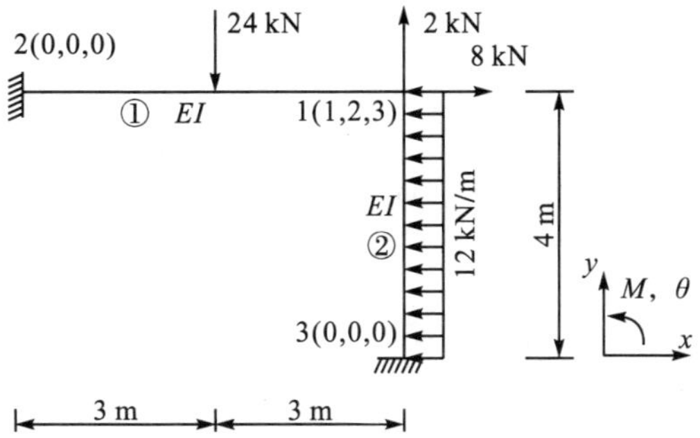

图 3.7　刚架结构的荷载

3.4.2　非结点荷载的等效结点荷载向量 $\boldsymbol{F}_{\mathrm{E}}$

1. 等效结点荷载概念

当荷载作用在单元上时，称为非结点荷载或单元荷载，如图 3.8(a)所示。矩阵位移法与经典位移法一样，是在结点荷载条件下，由结点平衡条件来建立位移法的基本方程的。当有非结点荷载存在时，先要将非结点荷载转化为等效点荷载，如图 3.8(c)所示。等效是指等效结点荷载引起的结点位移与原结构非结点荷载引起的结点位移相同。

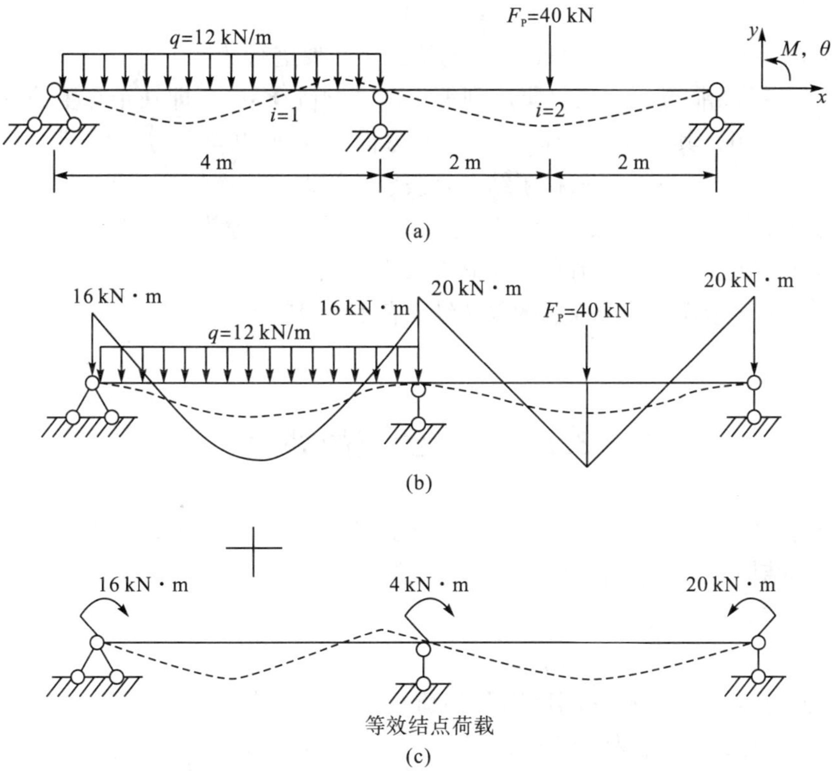

图 3.8　梁的等效结点荷载

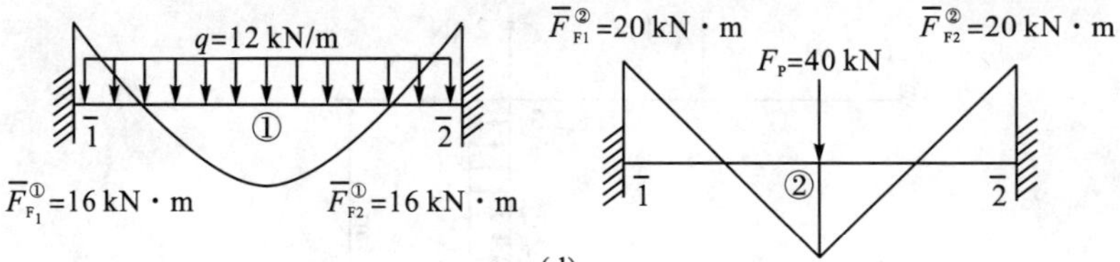

(d)

图 3.8 续

2. 等效结点荷载的计算

等效结点荷载的计算分如下三步进行。

第一步，求局部坐标系中非结点荷载所在单元两端的固端力向量。将受非结点荷载的单元两端固定，形成两端固定的单跨超静定梁，计算局部坐标系中的单元约束反力，称为固端力，按单元局部编码顺序依次写入固端力向量 $\overline{\boldsymbol{F}}_{\mathrm{F}}^{e}$。如图 3.8 所示的连续梁，按图 3.8(b)所示施加结点约束，计算出各单元的固端力，对于连续梁只考虑杆端弯矩，两个单元的固端力列阵为

$$\overline{\boldsymbol{F}}_{\mathbf{F}}{}^{(1)}=\begin{pmatrix}\overline{F}_{\mathrm{F1}}^{(1)}\\ \overline{F}_{\mathrm{F2}}^{(1)}\end{pmatrix}=\begin{pmatrix}16\mathrm{kN\cdot m}\\ -16\mathrm{kN\cdot m}\end{pmatrix},\quad \overline{\boldsymbol{F}}_{\mathbf{F}}{}^{(2)}=\begin{pmatrix}\overline{F}_{\mathrm{F1}}^{(2)}\\ \overline{F}_{\mathrm{F2}}^{(2)}\end{pmatrix}=\begin{pmatrix}20\mathrm{kN\cdot m}\\ -20\mathrm{kN\cdot m}\end{pmatrix}$$

第二步，求整体坐标系中非结点荷载所在单元两端的固端力向量。根据整体坐标系和局部坐标系下的力的转换关系式(3.17)，可以得到整体坐标系下固端力的表达式为

$$\boldsymbol{F}_{\mathrm{F}}^{e}=\boldsymbol{T}^{\mathrm{T}}\overline{\boldsymbol{F}}_{\mathrm{F}}^{e} \tag{3.24}$$

图 3.8 中的结构为连续梁，只计杆端弯矩，不需要进行转换。

第三步，将单元固端反力反号集成到等效荷载列阵 $\boldsymbol{F}_{\mathbf{E}}$ 中。即在结点上施加等效结点力和等效结点力矩，其大小等于固端力，但方向与单元的固端力和固端力矩相反，如图 3.8(c)所示。这样就相当于放松了结点处假想的约束。依次将第二步中得到的整体坐标系下的单元固端力向量 $\boldsymbol{F}_{\mathrm{F}}^{e}$，按单元定位向量 $\boldsymbol{\lambda}^{e}$ 顺序集成到等效荷载列阵 $\boldsymbol{F}_{\mathbf{E}}$ 中。

对结构所有单元的非结点荷载按上述三步处理完毕，即可得到结构的等效荷载列阵 $\boldsymbol{F}_{\mathbf{E}}$。对于图 3.8 所示连续梁所荷载的等效结点荷载为 $\boldsymbol{F}_{\mathrm{E}}=(-16\mathrm{kN\cdot m},-4\mathrm{kN\cdot m},20\mathrm{kN\cdot m})^{\mathrm{T}}$。

3.5 支座约束的处理

实际结构是固结于基础之上的。在结构与基础连接处支座的位移由基础确定，为已知条件，在求解结构平衡方程时，应保证支座处的位移条件。此项任务通过对结构平衡方程引入支座条件完成。

引入支座条件分为后处理和先处理两种。

(1)先处理法，在形成整体刚度矩阵和荷载列阵时，先对结构的支承条件进行处理。具体做法是：对已知支座位移为零的位移号上编号为零。而后在组集总刚度时，采用对号入座法遇零不送的规则来进行约束处理，形成的总刚和荷载列阵只与未知结点位移的对应。

(2)后处理法，在进行位移编号是不区分是否为支座位移时，按对号入座形成原始结

构刚度矩阵和原始结点荷载列阵，而后采用下面两种方法进行约束处理：

①“赋 1 置零法”即将整体刚度矩阵中与支承约束对应的行与列上的主对角线元素改为 1，该主之素对应的行列上的其它元素和荷载列阵中对应的之素改为 0；

②“赋大值法”将整体刚度矩阵中与支承对应的主元素赋予一个极大值，但要保证计算机运算不能溢出。

3.6　单元杆端力计算

经过整体分析并且引入支座条件后，求解结构刚度方程，可求得结构全部结点位移，再由结点位移计算单元的内力。通过各单元的定位向量 $\boldsymbol{\lambda}^e$，可以从所解得的结构结点位移向量$\boldsymbol{\Delta}$中，取得各单元的杆端位移向量 $\boldsymbol{\delta}^e$。单元杆端力 $\overline{\boldsymbol{F}}^e$ 包含两部分：其一为杆端位移引起的杆端力；另一为等效结点荷载或固端力引起的杆端力。可由下式计算：

$$\overline{\boldsymbol{F}}^e = \overline{\boldsymbol{k}}^e \boldsymbol{T} \boldsymbol{\delta}^e + \overline{\boldsymbol{F}}_{\mathrm{F}}^e \tag{3.25}$$

或

$$\overline{\boldsymbol{F}}^e = \boldsymbol{T} \boldsymbol{k}^e \boldsymbol{\delta}^e + \overline{\boldsymbol{F}_{\mathrm{F}}}^e \tag{3.26}$$

3.7　矩阵位移法计算步骤和示例

3.7.1　矩阵位移法计算步骤

第一步，确定计算简图并整理原始数据，结构离散化(结点、单元编号与位移)。

第二步，计算局部坐标系的单元刚度矩阵 $\overline{\boldsymbol{k}}^e$ 和整体坐标系的单元刚度矩阵 $\boldsymbol{k}^e$。

第三步，确定单元的定位向量 $\boldsymbol{\lambda}^e$。

第四步，按对号入座组集形成结构原始刚度矩阵 $\boldsymbol{K}$。

第五步，计算单元的等效结点荷载，形成荷载列阵 $\boldsymbol{F}$。

第六步，引入支座条件，得到修改后的结构刚度方程。

第七步，解结构刚度方程，计算结点位移$\boldsymbol{\Delta} = \boldsymbol{K}^{-1}\boldsymbol{F}$。

第八步，计算各单元杆端力 $\overline{\boldsymbol{F}}^e = \overline{\boldsymbol{k}}^e \boldsymbol{T} \boldsymbol{\delta}^e + \overline{\boldsymbol{F}}_{\mathrm{F}}{}^e$

计算机程序编制的流程，如图 3.9 所示。

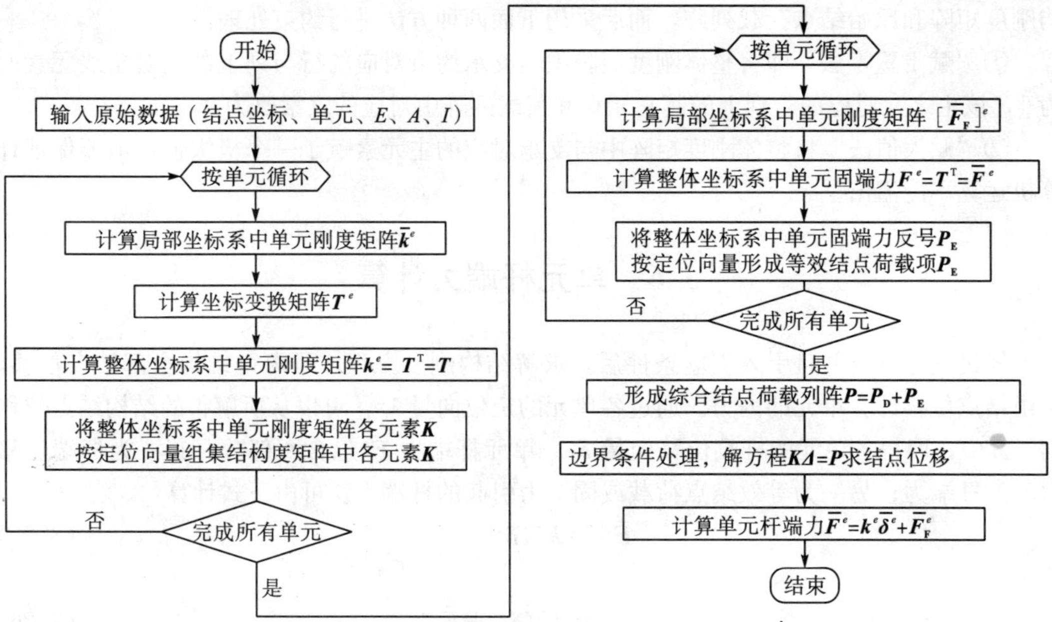

图 3.9 计算机程序编制的流程图

3.7.2 算例

例 3.2 用矩阵位移法计算如图 3.10(a)所示的平面刚架的结点位移和内力。结构几何尺寸和荷载如图所示，已知 $E=3\times10^7$ kN/m^2，$I=0.0128$ m^4，$A=0.24$m^2。

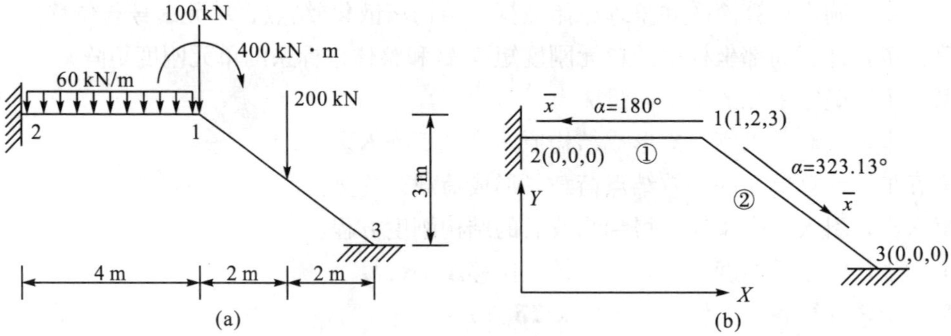

图 3.10 平面刚架计算例题

解

(1)结点、结点位移分量编号、单元编号、整体坐标系和局部坐标系，如图 3.10(b)所示。

(2)计算局部坐标系中的单元刚度矩阵。(为书写简便，以下计算力单位按 kN，长度单位按 m 确定量纲，不在式中标出。)

$$\bar{\boldsymbol{k}}^{(1)}=\begin{bmatrix} 0.18 & 0 & 0 & -0.18 & 0 & 0 \\ 0 & 0.0072 & 0.0144 & 0 & -0.0072 & 0.0144 \\ 0 & 0.0144 & 0.0384 & 0 & -0.0144 & 0.0192 \\ -0.18 & 0 & 0 & 0.18 & 0 & 0 \\ 0 & -0.0072 & -0.0144 & 0 & 0.0072 & -0.0144 \\ 0 & 0.0144 & 0.0192 & 0 & -0.0144 & 0.0384 \end{bmatrix}\times 10^7$$

$$\bar{\boldsymbol{k}}^{(2)}=\begin{bmatrix} 0.144 & 0 & 0 & -0.144 & 0 & 0 \\ 0 & 0.0037 & 0.0092 & 0 & -0.00369 & 0.0092 \\ 0 & 0.0092 & 0.0307 & 0 & -0.0092 & 0.0154 \\ -0.144 & 0 & 0 & 0.144 & 0 & 0 \\ 0 & -0.00369 & -0.0092 & 0 & 0.00369 & -0.0092 \\ 0 & 0.0092 & 0.0154 & 0 & -0.0092 & 0.0307 \end{bmatrix}\times 10^7$$

(3)计算整体坐标系中单元刚度矩阵。

计算坐标转换矩阵。单元①：$\alpha=180°$，$\sin\alpha=0$，$\cos\alpha=-1$，单元②：$\alpha=323.13°$，$\sin\alpha=-0.6$，$\cos\alpha=0.8$。

$$\boldsymbol{T}^{(1)}=\left[\begin{array}{ccc|ccc} -1 & 0 & 0 & & & \\ 0 & -1 & 0 & & 0 & \\ 0 & 0 & 1 & & & \\ \hline & & & -1 & 0 & 0 \\ & 0 & & 0 & -1 & 0 \\ & & & 0 & 0 & 1 \end{array}\right],\quad \boldsymbol{T}^{(2)}=\left[\begin{array}{ccc|ccc} 0.8 & -0.6 & 0 & & & \\ 0.6 & 0.8 & 0 & & 0 & \\ 0 & 0 & 1 & & & \\ \hline & & & 0.8 & -0.6 & 0 \\ & 0 & & 0.6 & 0.8 & 0 \\ & & & 0 & 0 & 1 \end{array}\right]$$

整体坐标系中单元刚度矩阵矩阵和定位向量为

$$\boldsymbol{k}^{(1)}=10^7\times\begin{array}{c} \begin{array}{cccccc} 1 & 2 & 3 & 0 & 0 & 0 \end{array} \\ \begin{bmatrix} 0.18 & 0 & 0 & -0.18 & 0 & 0 \\ 0 & 0.0072 & -0.0144 & 0 & -0.0072 & -0.0144 \\ 0 & -0.0144 & 0.038 & 0 & 0.0144 & 0.0192 \\ -0.18 & 0 & 0 & 0.18 & 0 & 0 \\ 0 & -0.072 & 0.0144 & 0 & 0.0072 & 0.0144 \\ 0 & -0.0144 & 0.0192 & 0 & 0.0144 & 0.0384 \end{bmatrix} \end{array}\begin{array}{c} 1 \\ 2 \\ 3 \\ 0 \\ 0 \\ 0 \end{array},\quad \boldsymbol{\lambda}^{(1)}=\begin{Bmatrix} 1 \\ 2 \\ 3 \\ 0 \\ 0 \\ 0 \end{Bmatrix}$$

$$\boldsymbol{k}^{(2)}=10^7\times\begin{array}{c} \begin{array}{cccccc} 1 & 2 & 3 & 0 & 0 & 0 \end{array} \\ \begin{bmatrix} 0.0935 & -0.0674 & 0.0055 & -0.0935 & 0.0674 & 0.0055 \\ -0.0674 & 0.0542 & 0.0074 & 0.0674 & -0.0542 & 0.0074 \\ 0.0055 & 0.0074 & 0.0307 & -0.0055 & -0.0074 & 0.0154 \\ -0.0935 & 0.0674 & -0.0055 & 0.0935 & -0.0674 & 0.0055 \\ 0.0674 & -0.0542 & -0.0074 & -0.0674 & 0.0542 & -0.0074 \\ 0.0055 & 0.0074 & 0.0154 & 0.0055 & -0.0074 & 0.0307 \end{bmatrix} \end{array}\begin{array}{c} 1 \\ 2 \\ 3 \\ 0 \\ 0 \\ 0 \end{array},\quad \boldsymbol{\lambda}^{(2)}=\begin{Bmatrix} 1 \\ 2 \\ 3 \\ 0 \\ 0 \\ 0 \end{Bmatrix}$$

(4)按对号入座法集成结构刚度矩阵。

$$\boldsymbol{K}=\begin{bmatrix}0.2735 & -0.0674 & 0.0055\\ -0.0674 & 0.0614 & -0.0072\\ 0.0055 & -0.0072 & 0.0691\end{bmatrix}\times 10^{7}$$

(5)形成综合结点荷载列阵。

$$\boldsymbol{F}_{\mathrm{D}}=\begin{bmatrix}0\\ -100\\ -400\end{bmatrix}$$

计算局部坐标系中单元固端力，如图 3.11 所示。

$$\overline{\boldsymbol{F}}_{\mathrm{F}}^{(1)}=\begin{bmatrix}0\\ -120\\ -80\\ 0\\ -120\\ 80\end{bmatrix},\quad \overline{\boldsymbol{F}}_{\mathrm{F}}^{(2)}=\begin{bmatrix}-60\\ 80\\ 100\\ -60\\ 80\\ -100\end{bmatrix}$$

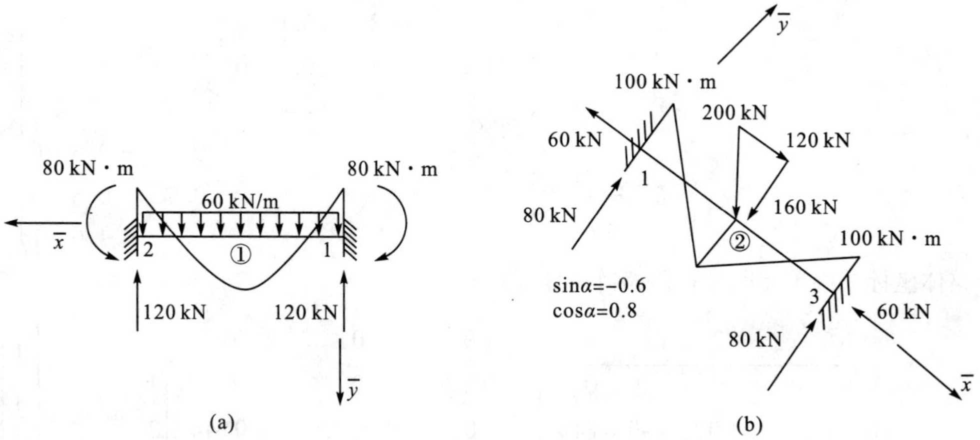

图 3.11

计算整体坐标系中的单元固端力：

$$\boldsymbol{F}_{\mathrm{F}}^{(1)}=\boldsymbol{T}^{\mathrm{T}}\overline{\boldsymbol{F}}_{\mathrm{F}}^{(1)}=\left[\begin{array}{ccc:ccc}-1 & 0 & 0 & & & \\ 0 & -1 & 0 & & 0 & \\ 0 & 0 & 1 & & & \\ \hdashline & & & -1 & 0 & 0\\ & 0 & & 0 & -1 & 0\\ & & & 0 & 0 & 1\end{array}\right]\begin{bmatrix}0\\ -120\\ -80\\ 0\\ -120\\ 80\end{bmatrix}=\begin{bmatrix}0\\ 120\\ -80\\ 0\\ 120\\ 80\end{bmatrix}\begin{matrix}1\\ 2\\ 3\\ 0\\ 0\\ 0\end{matrix}$$

$$\boldsymbol{F}_{\mathrm{F}}^{(2)}=\boldsymbol{T}^{\mathrm{T}}\overline{\boldsymbol{F}}_{\mathrm{F}}^{(2)}=\left[\begin{array}{ccc:ccc}0.8 & 0.6 & 0 & & & \\ -0.6 & 0.8 & 0 & & & \\ 0 & 0 & 1 & & & \\ \hdashline & & & 0.8 & 0.6 & 0\\ & 0 & & -0.6 & 0.8 & 0\\ & & & 0 & 0 & 1\end{array}\right]\begin{bmatrix}-60\\ 80\\ 100\\ -60\\ 80\\ -100\end{bmatrix}=\begin{bmatrix}0\\ 100\\ 100\\ 0\\ 100\\ -100\end{bmatrix}\begin{matrix}1\\ 2\\ 3\\ 0\\ 0\\ 0\end{matrix}$$

计算等效结点荷载列阵。按单元定位向量，将整体固端力反号送到等效荷载列阵位置。

$$\boldsymbol{P}_{\mathrm{E}}=\begin{Bmatrix}0\\-120\\80\end{Bmatrix}^{1}+\begin{Bmatrix}0\\-100\\-100\end{Bmatrix}^{2}=\begin{Bmatrix}0\\-220\\-20\end{Bmatrix}\begin{matrix}1\\2\\3\end{matrix}$$

将结点荷载列阵与等效结点荷载列阵叠加，得综合结点荷载列阵：

$$\boldsymbol{F}=\boldsymbol{F}_{\mathrm{D}}+\boldsymbol{F}_{\mathrm{E}}=\begin{Bmatrix}0\\-100\\-400\end{Bmatrix}+\begin{Bmatrix}0\\-220\\-20\end{Bmatrix}=\begin{Bmatrix}0\\-320\\-420\end{Bmatrix}$$

(6)解线性方程组，得结点位移。

$$\begin{bmatrix}0.2735&-0.0674&0.0055\\-0.0674&0.0614&0.0072\\0.0055&0.0072&0.0687\end{bmatrix}\times10^{7}\begin{Bmatrix}\Delta_1\\\Delta_2\\\Delta_3\end{Bmatrix}=\begin{Bmatrix}0\\-320\\-420\end{Bmatrix}$$

$$\begin{Bmatrix}\Delta_1\\\Delta_2\\\Delta_3\end{Bmatrix}=\begin{Bmatrix}-1.8344\\-7.9440\\-6.7419\end{Bmatrix}\times10^{-4}$$

(7)计算单元杆端力。

将整体结点位移转换为局部坐标系中的单元杆端位移：

$$\bar{\boldsymbol{\delta}}^{(1)}=\begin{bmatrix}-1&0&0&&&\\0&-1&0&&0&\\0&0&1&&&\\&&&-1&0&0\\&0&&0&-1&0\\&&&0&0&1\end{bmatrix}\begin{Bmatrix}-1.834\\-7.994\\-6.742\\0\\0\\0\end{Bmatrix}\times10^{-4}=\begin{Bmatrix}1.834\\7.994\\-6.742\\0\\0\\0\end{Bmatrix}\times10^{-4}$$

$$\bar{\boldsymbol{\delta}}^{(2)}=\begin{bmatrix}0.8&-0.6&0&&&\\0.6&0.8&0&&0&\\0&0&1&&&\\&&&0.8&-0.6&0\\&0&&0.6&0.8&0\\&&&0&0&1\end{bmatrix}\begin{Bmatrix}-1.834\\-7.994\\-6.742\\0\\0\\0\end{Bmatrix}\times10^{-4}=\begin{Bmatrix}3.329\\-7.496\\-6.742\\0\\0\\0\end{Bmatrix}\times10^{-4}$$

由 $\overline{\boldsymbol{F}}^{e}=\boldsymbol{T}\boldsymbol{k}^{e}\boldsymbol{\delta}^{e}+\overline{\boldsymbol{F}_{\mathrm{F}}}^{e}$ 计算单元杆端力。

$$\overline{\boldsymbol{F}}^{(1)}=\begin{bmatrix}0.18&0&0&-0.18&0&0\\0&0.0072&0.0144&0&-0.0072&0.0144\\0&0.0144&0.0384&0&-0.0144&0.0192\\-0.18&0&0&0.18&0&0\\0&-0.0072&-0.0144&0&0.0072&-0.0144\\0&0.0144&0.0192&0&-0.0144&0.0384\end{bmatrix}\begin{Bmatrix}1.834\\7.994\\-6.742\\0\\0\\0\end{Bmatrix}\times10^{3}$$

$$
+\begin{Bmatrix}0\\-120\\-80\\0\\-120\\80\end{Bmatrix}=\begin{Bmatrix}330\\-39.5\\-143.8\\-330\\39.5\\-14.3\end{Bmatrix}+\begin{Bmatrix}0\\-120\\-80\\0\\-120\\80\end{Bmatrix}=\begin{Bmatrix}330\\-159.5\\-223.8\\-330\\-80.5\\65.7\end{Bmatrix}\begin{matrix}(\text{kN})\\(\text{kN})\\(\text{kN}\cdot\text{m})\\(\text{kN})\\(\text{kN})\\(\text{kN}\cdot\text{m})\end{matrix}
$$

$$
\overline{\boldsymbol{F}}^{(2)}=\begin{bmatrix}0.144&0&0&-0.144&0&0\\0&0.0036864&0.009216&0&-0.0036864&0.009216\\0&0.009216&0.03072&0&-0.009216&0.01536\\-0.144&0&0&0.144&0&0\\0&-0.0036864&-0.009216&0&0.0036864&-0.009216\\0&0.009216&0.01536&0&-0.009216&0.03072\end{bmatrix}\begin{Bmatrix}3.329\\-7.496\\-6.742\\0\\0\\0\end{Bmatrix}
$$

$$
\times10^3+\begin{Bmatrix}-60\\80\\100\\-60\\80\\-100\end{Bmatrix}=\begin{Bmatrix}479.4\\-89.8\\-276.2\\-479.4\\89.8\\-172.6\end{Bmatrix}+\begin{Bmatrix}-60\\80\\100\\-60\\80\\-100\end{Bmatrix}=\begin{Bmatrix}419.4\\-9.8\\-176.2\\-539.4\\169.8\\-272.6\end{Bmatrix}\begin{matrix}(\text{kN})\\(\text{kN})\\(\text{kN}\cdot\text{m})\\(\text{kN})\\(\text{kN})\\(\text{kN}\cdot\text{m})\end{matrix}
$$

已知杆端力，再叠加上单元荷载所引起的内力，最后内力如图 3.12 所示。

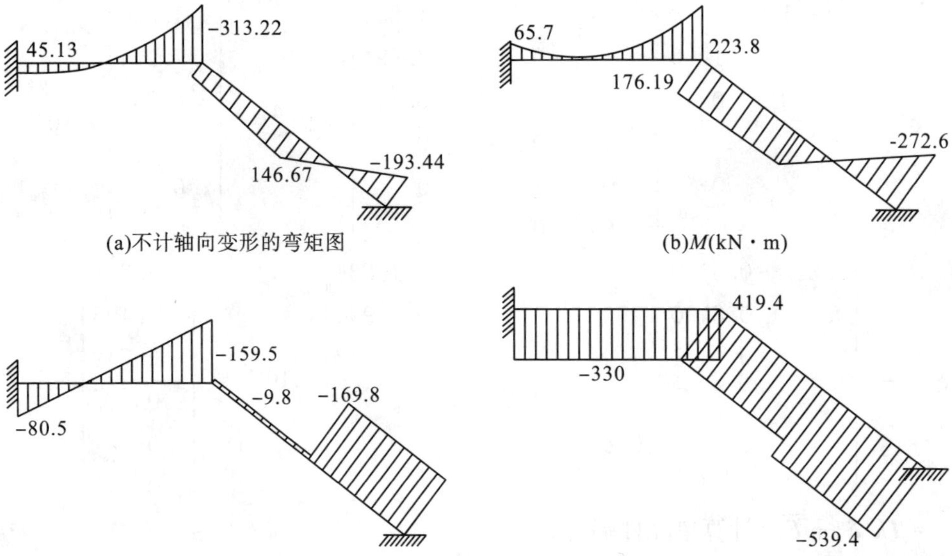

(a)不计轴向变形的弯矩图　(b)M(kN · m)

(c)F_Q(kN)　(d)F_N(kN)

图 3.12

在图 3.12 中，也给出了不计轴向变形影响的弯矩图。由此可知，二者的差异是比较大的，在结构设计中应分清各杆件的受力特点，选择适当的计算条件。

例 3.3　试采用矩阵位移法计算图 3.13(a)所示的桁架。设各杆 $EA=3.0\times10^5$ kN。

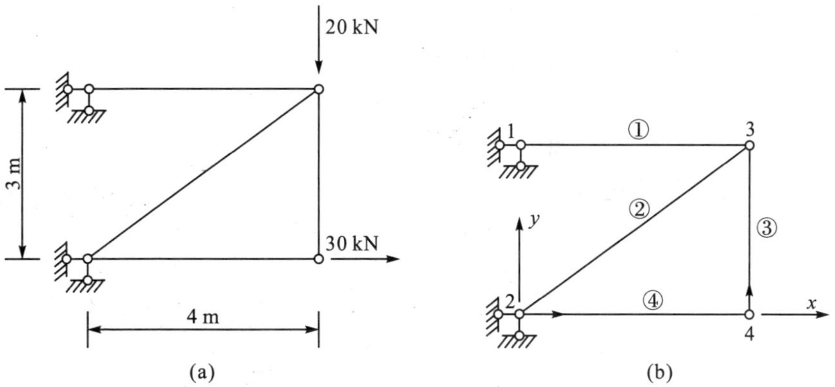

图 3.13

解　(1)对结点和单元进行编号，选定整体坐标系和局部坐标系。如图 3.13(b)所示。单元局部坐标系的选取在图中用杆上箭头表达，并列入表 3.1 的第二栏中，其中 i 为局部坐标系原点所在点，$i \to j$ 表示 i 轴的正方向。表 3.1 中还列出了各单元的基本几何参数。因①、④单元的局部坐标与结构坐标方向相同，有关量不需要进行坐标转换。

表 3.1　桁架单元参数表

单元	局部坐标系 $i \to j$	杆长/m	$\cos\alpha$	$\sin\alpha$
①	1→3	4	—	—
②	2→3	5	$\frac{4}{5}$	$\frac{3}{5}$
③	4→3	3	0	1
④	2→4	4	—	—

建立结点位移向量和结点力向量。

$$\boldsymbol{\Delta}^0 = \begin{pmatrix} \Delta_1 \\ \Delta_2 \\ \Delta_3 \\ \Delta_4 \end{pmatrix} = \begin{pmatrix} u_1 \\ v_1 \\ u_2 \\ v_2 \\ u_3 \\ v_3 \\ u_4 \\ v_4 \end{pmatrix}, \boldsymbol{F}^0 = \begin{pmatrix} F_1 \\ F_2 \\ F_3 \\ F_4 \end{pmatrix} = \begin{pmatrix} F_{x1} \\ F_{y1} \\ F_{x2} \\ F_{y2} \\ 0 \\ -20\text{kN} \\ 30\text{kN} \\ 0 \end{pmatrix}$$

(2)计算单元刚度矩阵。

$$\boldsymbol{k}^{①} = \begin{pmatrix} k_{11}^{①} & k_{13}^{①} \\ k_{31}^{①} & k_{33}^{①} \end{pmatrix} = \frac{3.0 \times 10^5}{4} \times \begin{pmatrix} 1 & 0 & -1 & 0 \\ 0 & 0 & 0 & 0 \\ -1 & 0 & 1 & 0 \\ 0 & 0 & 0 & 0 \end{pmatrix}\begin{matrix} 1 \\ \\ \\ 3 \end{matrix}$$

$$=200\times\left[\begin{array}{cc:cc}375 & 0 & -375 & 0\\ 0 & 0 & 0 & 0\\ \hdashline -375 & 0 & 375 & 0\\ 0 & 0 & 0 & 0\end{array}\right]\begin{matrix}1\\ \\ \\ 3\end{matrix}\ (\mathrm{kN/m})$$

这里，对单元刚度矩阵进行数字的转换是为了使各单元刚度矩阵具有相同的系数，便于集合生成总刚度矩阵。

$$\boldsymbol{k}^{②}=\left[\begin{array}{c:c}k_{22}^{②} & k_{23}^{②}\\ \hdashline k_{32}^{②} & k_{33}^{②}\end{array}\right]=\frac{3.0\times10^{5}}{5}\times\left[\begin{array}{cc:cc}\frac{16}{25} & \frac{12}{25} & -\frac{16}{25} & -\frac{12}{25}\\ \frac{12}{25} & \frac{9}{25} & -\frac{12}{25} & -\frac{9}{25}\\ \hdashline -\frac{16}{25} & -\frac{12}{25} & \frac{16}{25} & \frac{12}{25}\\ -\frac{12}{25} & -\frac{9}{25} & \frac{12}{25} & \frac{9}{25}\end{array}\right]\begin{matrix}2\\ \\ \\ 3\end{matrix}$$

$$=200\times\left[\begin{array}{cc:cc}192 & 144 & -192 & -144\\ 144 & 108 & -144 & -108\\ \hdashline -192 & -144 & 192 & 144\\ -144 & -108 & 144 & 108\end{array}\right]\begin{matrix}2\\ \\ \\ 3\end{matrix}\ (\mathrm{kN/m})$$

$$\boldsymbol{k}^{③}=\left[\begin{array}{c:c}k_{44}^{③} & k_{43}^{③}\\ \hdashline k_{34}^{③} & k_{33}^{①}\end{array}\right]=\frac{3.0\times10^{5}}{3}\times\left[\begin{array}{cc:cc}0 & 0 & 0 & 0\\ 0 & 1 & 0 & -1\\ \hdashline 0 & 0 & 0 & 0\\ 0 & -1 & 0 & 1\end{array}\right]\begin{matrix}4\\ \\ \\ 3\end{matrix}$$

$$=200\times\left[\begin{array}{cc:cc}0 & 0 & 0 & 0\\ 0 & 500 & 0 & -500\\ \hdashline 0 & 0 & 0 & 0\\ 0 & -500 & 0 & 500\end{array}\right]\begin{matrix}4\\ \\ \\ 3\end{matrix}\ (\mathrm{kN/m})$$

$$\boldsymbol{k}^{④}=\left[\begin{array}{c:c}k_{2}^{④}2 & k_{24}^{④}\\ \hdashline k_{42}^{④} & k_{44}^{④}\end{array}\right]=k^{①}=200\times\left[\begin{array}{cc:cc}375 & 0 & -375 & 0\\ 0 & 0 & 0 & 0\\ \hdashline -375 & 0 & 375 & 0\\ 0 & 0 & 0 & 0\end{array}\right]\begin{matrix}2\\ \\ \\ 4\end{matrix}\ (\mathrm{kN/m})$$

(3)形成结构原始刚度矩阵。

将上述各单元刚度矩阵的子块按下标对号入座，即可得桁架的总刚度矩阵为

$$\boldsymbol{K}^{0}=\begin{matrix} & 1 & 2 & 3 & 4 & \\ & \left[\begin{array}{c:c:c:c}k_{11}^{①} & 0 & k_{13}^{①} & 0\\ \hdashline 0 & k_{22}^{②}+k_{22}^{④} & k_{23}^{②} & k_{24}^{④}\\ \hdashline k_{31}^{①} & k_{32}^{②} & k_{33}^{①}+k_{33}^{②}+k_{33}^{③} & k_{34}^{③}\\ \hdashline 0 & k_{42}^{④} & k_{43}^{③} & k_{44}^{③}+k_{44}^{④}\end{array}\right] & & & & \begin{matrix}1\\2\\3\\4\end{matrix}\end{matrix}$$

$$
=200\times\left[\begin{array}{cc:cc:cc:cc}
375 & 0 & 0 & 0 & -375 & 0 & 0 & 0\\
0 & 0 & 0 & 0 & 0 & 0 & 0 & 0\\
\hdashline
0 & 0 & 567 & 144 & -192 & -144 & -375 & 0\\
0 & 0 & 144 & 108 & -144 & -108 & 0 & 0\\
\hdashline
-375 & 0 & -192 & -144 & 567 & 144 & 0 & 0\\
0 & 0 & -144 & -108 & 144 & 608 & 0 & -500\\
\hdashline
0 & 0 & -375 & 0 & 0 & 0 & 375 & 0\\
0 & 0 & 0 & 0 & 0 & -500 & 0 & 500
\end{array}\right]\begin{array}{l}1\\ \\2\\ \\3\\ \\4\end{array}(\mathrm{kN/m})
$$

据此，桁架的总刚度方程为

$$
200\mathrm{kN/m}\times\left[\begin{array}{cc:cc:cc:cc}
375 & 0 & 0 & 0 & -375 & 0 & 0 & 0\\
0 & 0 & 0 & 0 & 0 & 0 & 0 & 0\\
\hdashline
0 & 0 & 567 & 144 & -192 & -144 & -375 & 0\\
0 & 0 & 144 & 108 & -144 & -108 & 0 & 0\\
\hdashline
-375 & 0 & -192 & -144 & 567 & 144 & 0 & 0\\
0 & 0 & -144 & -108 & 144 & 608 & 0 & -500\\
\hdashline
0 & 0 & -375 & 0 & 0 & 0 & 375 & 0\\
0 & 0 & 0 & 0 & 0 & -500 & 0 & 500
\end{array}\right]\left[\begin{array}{c}u_1\\v_1\\\hdashline u_2\\v_2\\\hdashline u_3\\v_3\\\hdashline u_4\\v_4\end{array}\right]=\left[\begin{array}{c}F_{x1}\\F_{y1}\\\hdashline F_{x2}\\F_{y2}\\\hdashline 0\\-20\mathrm{kN}\\\hdashline 30\mathrm{kN}\\0\end{array}\right]
$$

(4)计算固端力、等效结点荷载和综合结点荷载。

桁架只受结点荷载，所以无此项计算。

(5)引入约束条件，写该原始刚度矩阵。

$$
\begin{bmatrix}\Delta_1\\\Delta_2\end{bmatrix}=\begin{bmatrix}u_1\\v_1\\u_2\\v_2\end{bmatrix}=\begin{bmatrix}0\\0\\0\\0\end{bmatrix}
$$

将总刚度矩阵中对应上述边界位移的第 1～4 行和列删除即得结构刚度矩阵，即

$$
200\mathrm{kN/m}\times\begin{bmatrix}567 & 144 & 0 & 0\\144 & 608 & 0 & -500\\0 & 0 & 375 & 0\\0 & -500 & 0 & 500\end{bmatrix}\begin{bmatrix}u_3\\v_3\\u_4\\v_4\end{bmatrix}=\begin{bmatrix}0\\-20\mathrm{kN}\\30\mathrm{kN}\\0\end{bmatrix}
$$

(6)解算结构刚度方程，求出结点位移。

$$
\boldsymbol{\Delta}=\begin{bmatrix}u_3\\v_3\\u_4\\v_4\end{bmatrix}=\frac{1}{200\mathrm{kN/m}}\times\begin{bmatrix}567 & 144 & 0 & 0\\144 & 608 & 0 & -500\\0 & 0 & 375 & 0\\0 & -500 & 0 & 500\end{bmatrix}\begin{bmatrix}0\\-20\mathrm{kN}\\30\mathrm{kN}\\0\end{bmatrix}=\frac{10^{-5}}{6}\times\begin{bmatrix}213.33\mathrm{m}\\-840.00\mathrm{m}\\240.00\mathrm{m}\\-840.00\mathrm{m}\end{bmatrix}
$$

(7)计算各单元杆端力。

以单元①和单元②为例，其中单元①的局部坐标与结构坐标的方向一致，因此，由单元刚度方程可得

$$\begin{Bmatrix}\bar{F}_{x1}\\ \bar{F}_{y1}\\ \hdashline \bar{F}_{x3}\\ \bar{F}_{y3}\end{Bmatrix}=\begin{Bmatrix}F_{x1}\\ F_{y1}\\ \hdashline F_{x3}\\ F_{y3}\end{Bmatrix}=200\text{kN/m}\times\left(\begin{array}{cc:cc}375 & 0 & -375 & 0\\ 0 & 0 & 0 & 0\\ \hdashline -375 & 0 & 375 & 0\\ 0 & 0 & 0 & 0\end{array}\right)\begin{Bmatrix}u_1\\ v_1\\ \hdashline u_3\\ v_3\end{Bmatrix}$$

$$=200\text{kN/m}\times\left(\begin{array}{cc:cc}375 & 0 & -375 & 0\\ 0 & 0 & 0 & 0\\ \hdashline -375 & 0 & 375 & 0\\ 0 & 0 & 0 & 0\end{array}\right)\times\frac{10^{-5}}{6}\times\begin{Bmatrix}0\\ 0\\ \hdashline 213.33\text{m}\\ -840.00\text{m}\end{Bmatrix}=\begin{Bmatrix}26.67\text{kN}\\ 0\\ \hdashline 26.67\text{kN}\\ 0\end{Bmatrix}$$

对于单元②，可以先求得结构坐标系中的单元杆端力为

$$\begin{Bmatrix}F_{x2}\\ F_{y2}\\ \hdashline F_{x3}\\ F_{y3}\end{Bmatrix}=200\text{kN/m}\times\left(\begin{array}{cc:cc}192 & 144 & -192 & -144\\ 144 & 108 & -144 & -108\\ \hdashline -192 & -144 & 192 & 144\\ -144 & -108 & 144 & 108\end{array}\right)\begin{Bmatrix}u_1\\ v_1\\ \hdashline u_3\\ v_3\end{Bmatrix}$$

$$=200\text{kN/m}\times\left(\begin{array}{cc:cc}192 & 144 & -192 & -144\\ 144 & 108 & -144 & -108\\ \hdashline -192 & -144 & 192 & 144\\ -144 & -108 & 144 & 108\end{array}\right)\times\frac{10^{-5}}{6}\times\begin{Bmatrix}0\\ 0\\ \hdashline 213.33\text{m}\\ -840.00\text{m}\end{Bmatrix}=\begin{Bmatrix}26.67\text{kN}\\ 20.00\text{kN}\\ \hdashline -26.67\text{kN}\\ -20.00\text{kN}\end{Bmatrix}$$

由于 $\bar{\boldsymbol{F}}^e=\boldsymbol{T}\boldsymbol{F}^e$，所以求得局部坐标系中的杆端力为

$$\begin{Bmatrix}F_{x2}\\ F_{y2}\\ \hdashline F_{x3}\\ F_{y3}\end{Bmatrix}=\left(\begin{array}{cc:cc}\frac{4}{5} & \frac{3}{5} & 0 & 0\\ -\frac{3}{5} & \frac{4}{5} & 0 & 0\\ \hdashline 0 & 0 & \frac{4}{5} & \frac{3}{5}\\ 0 & 0 & -\frac{3}{5} & \frac{4}{5}\end{array}\right)\begin{Bmatrix}26.67\text{kN}\\ 20.00\text{kN}\\ \hdashline -26.67\text{kN}\\ -20.00\text{kN}\end{Bmatrix}=\begin{Bmatrix}33.33\text{kN}\\ 0\\ \hdashline -33.33\text{kN}\\ 0\end{Bmatrix}$$

练 习 题

3.1 用矩阵位移法计算如习题图 3.1 所示的平面桁架，并求结点位移和内力。已知各杆 EA 为常数。

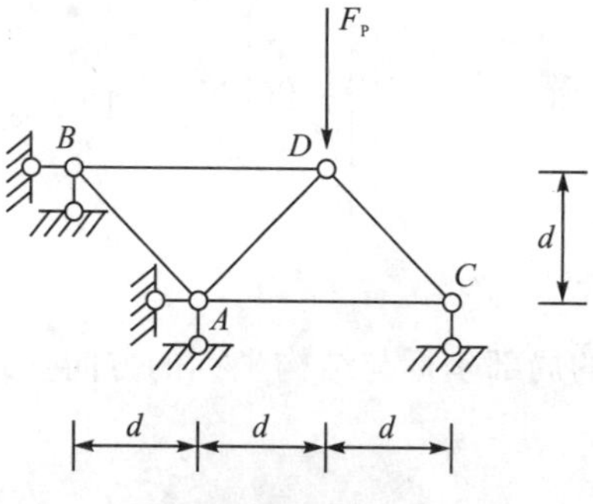

习题图 3.1

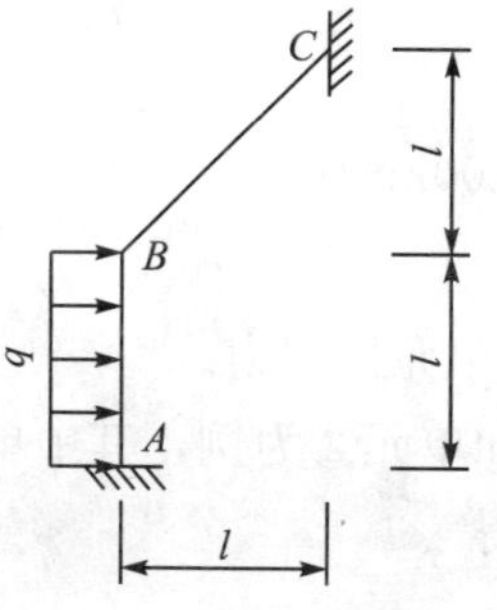

习题图 3.2

3.2 用矩阵位移法求解如习题图 3.2 所示的平面刚架。已知 $E=3\times10^7\ \mathrm{kN/m^2}$，$I=0.012\ \mathrm{m^4}$，$A=0.24\ \mathrm{m^2}$，$l=4\ \mathrm{m}$，$q=12\ \mathrm{kN/m}$。

3.3　用矩阵位移法计算如习题图 3.3 所示的平面刚架，不计轴向变形影响。已知 $E=3\times10^4\ \mathrm{MPa}$，$I=0.012\ \mathrm{m^4}$，$l=3\ \mathrm{m}$。

3.4 用先处理法求如习题图 3.4 所示的结构的结构刚度矩阵和等效结点荷载向量。设各杆弹性模量 E 相同，梁式杆截面相同，横截面面积为 A，惯性矩为 I，链杆 AB 横截面面积为 A_1。

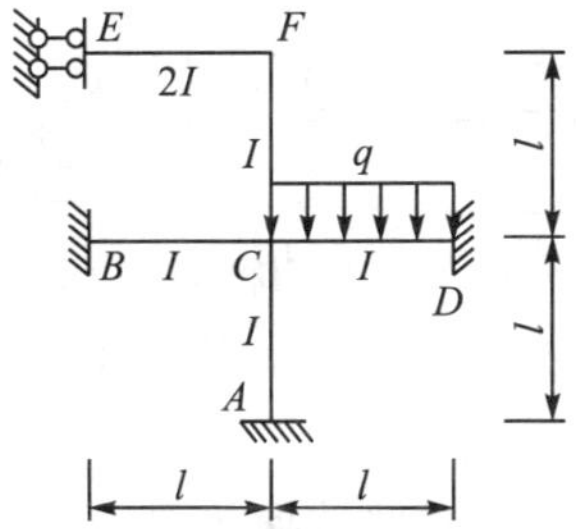

习题图 3.3

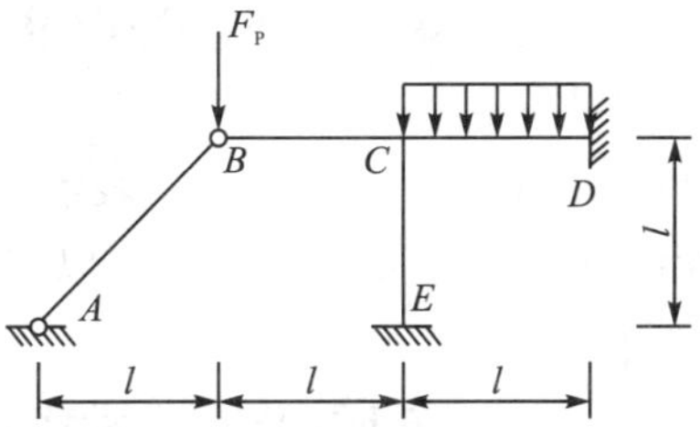

习题图 3.4

第 4 章　结构分析程序应用

本章介绍 SAP2000 有限元程序的功能，并通过结构分析实例讨论程序的使用方法。

4.1　SAP2000 常用单元类型

实际结构单元在计算模型中用对象表示。使用 SAP2000 图形用户界面，画出对象的几何形状，然后为对象指定属性和荷载，以完全定义实际构件为分析目的，将每个对象转换为一个或多个单元。

利用 SAP2000 进行分析时，程序自动将基于对象的模型转换为基于单元的模型进行分析。基于单元的模型称为分析模型，它由传统的有限单元和结点构成。分析的结果自动传回基于对象模型。也可以选择手工划分模型网格，这时对象和单元是一一对应的关系。

程序包含点对象、线对象、面对象和实体对象等类型。

(1)点对象。有结点对象和接地支座对象两类。

结点对象。在所有下面的其他类型对象的角点和端点由程序自动产生，它们可以增加以表示支座或捕捉其他局部行为。

接地(一个结点)支座对象。用来模拟特殊支座行为，如隔震器、阻尼器、缝隙和分段线性弹簧等。

(2)线对象。有框架/索对象和连接对象两类。

框架/索对象。用来模拟梁、柱、支撑、桁架/索单元。

连接(两个结点)对象。用来模拟特殊单元行为，如隔震器、阻尼器、缝隙和分段线性弹簧等。与框架/索对象不同的是，连接对象可以具有零长度。

(3)面对象。壳单元(板、膜、壳)用来模拟墙、楼板及其他薄壁单元，也可以模拟二维固体(平面应力、平面应变、轴对称实体)。

(4)实体对象。用来模拟三维实体。

SAP2000 单元库包括 8 种单元，它们分别是三维框架单元(frame)、板壳单元(area)、平面单元(plane)、轴对称单元(asolid)、三维实体单元(solid)、弹簧单元(spring)、连接单元(link)和预应力对象。

4.1.1　框架单元

框架单元是由 2 个结点构成的等截面直线单元，如图 4.1(a)所示。它具有拉、压、剪、弯、扭的变形刚度。框架单元的每一结点都具 3 个方向的线位移和 3 个角位移，因而每个结点都具有 6 个自由度，相应有 6 个杆端力，如图 4.1(b)所示。框架单元可用来模拟：三维框架单元、三维桁架及网架、交叉梁系、平面框架、平面桁架及网架和索网结构等

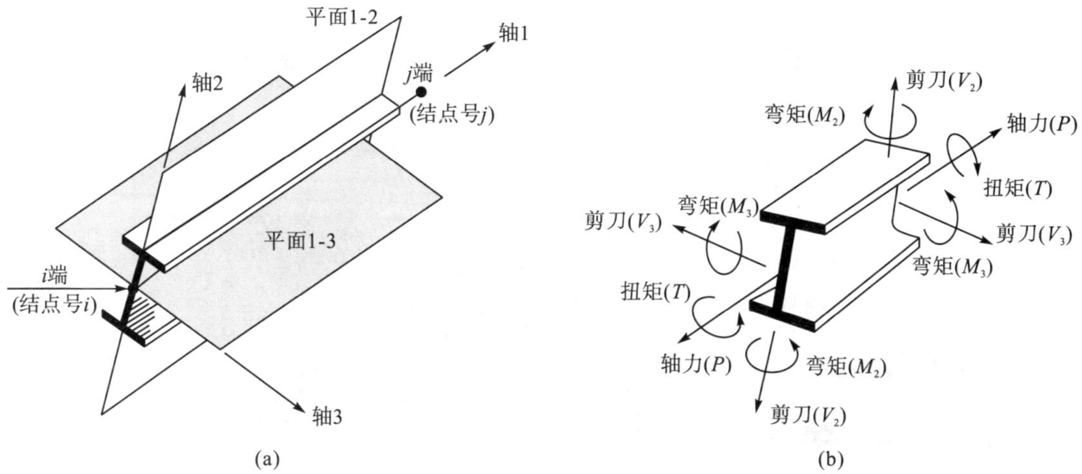

图 4.1　框架单元局部坐标系及杆端力正方向

1. 框架单元所需输入数据和功能

(1)单元材料物理特性。包括材料名称、密度、重度、弹性模量、泊松比和热膨胀系数等内容，如图 4.2 所示。

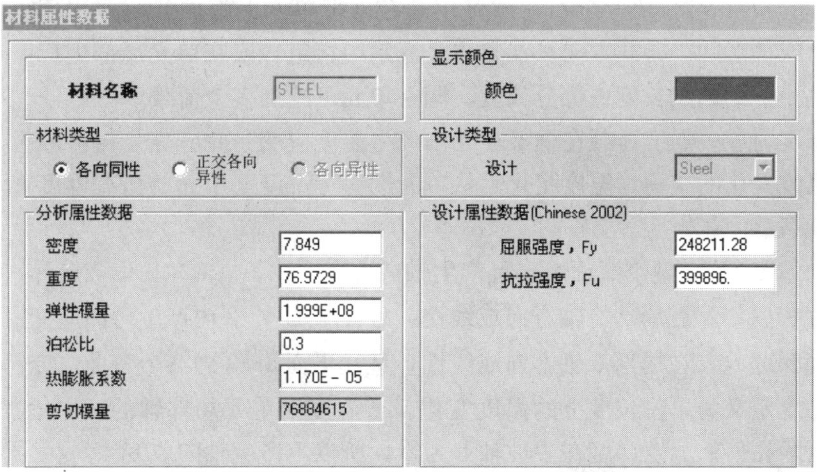

图 4.2　单元所需的材料数据

(2)单元截面的几何特性。包括截面面积和截面惯性矩等参数，如图 4.3 所示。这些数据可由两个方面构成，①用户直接输入；②利用用户所定义的杆件截面，由程序自动计算这些几何数据。

(3)确定两结点的连接方式，缺省为刚结，用释放梁端的自由度而得到铰结、滑动等连接方式。

(4)单元荷载包括自重荷载、跨间集中荷载、跨间分布荷载、温度荷载和预应力荷载。

(5)非线性属性。

(6)质量。在动力分析中，结构的质量用来计算惯性力。框架单元所贡献的质量集中在结点 i 和 j。在单元内部不考虑惯性效应。

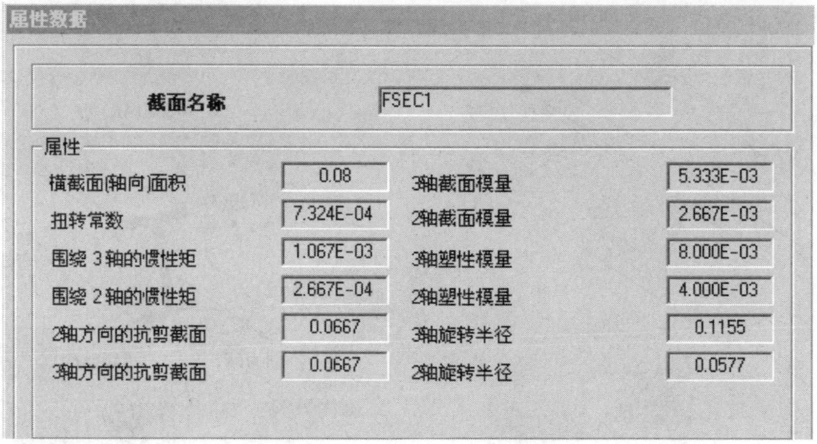

图 4.3　单元所需的截面几何数据

(7)自重荷载。对于框架单元，自重是沿单元长度的分布力。自重荷载值为重量密度乘以截面积，作为附加单位长度荷载。自重荷载总是向下作用，沿整体 $-Z$ 方向。

(8)跨间集中荷载。跨间集中荷载用来在框架单元的任意位置施加集中力和弯矩。荷载方向可在整体坐标系中指定，或在单元局部坐标系中指定。同一单元可施加多个集中荷载。

(9)跨间分布荷载。跨间分布荷载可用来在框架单元上施加分布力和弯矩。荷载分布可以是均布或梯形的。荷载方向可在整体坐标系中指定，或在单元局部坐标系中指定。荷载可施加至单元的整个长度或部分长度。同一单元可施加多个荷载。

(10)温度荷载。温度荷载在框架单元内产生温度应变。此应变是材料的温度线膨胀系数和单元温度变化的乘积。温度变化是从单元的参考温度至单元的荷载温度计量。可指定如下 3 个荷载温度场。

①轴向温度 t。在整个截面恒定且产生轴向应变。

②温度梯度 t_2。在局部 2 轴方向成线性，且在平面 1−2 内产生弯曲应变。

③温度梯度 t_3。在局部 3 轴方向成线性，且在平面 1−3 内产生弯曲应变。

温度梯度定义为单位长度上的温度变化。若温度沿单元局部轴的正向增加(线性的)，则温度梯度为正值。温度梯度在中性轴处为零，所以不产生轴向应变。

2. 框架单元内力输出

框架单元内力是对单元截面应力积分而得到的力和弯矩。内力符号的约定如图 4.1(b)所示，内力包括：

(1)P，轴力。

(2)V_2，在 1-2 平面的剪力。

(3)V_3，在 1-3 平面的剪力。

(4)T，轴向扭矩。

(5)M_2，在 1-3 平面(关于 2 轴)的弯矩。

(6)M_3，在 1-2 平面(关于 3 轴)的弯矩。

上述内力输出分量和工况选择对话窗，如图 4.4 所示。

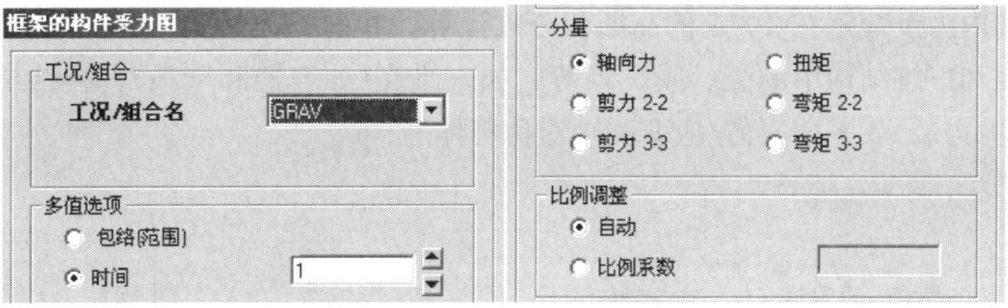

图 4.4　框架单元内力分量输出窗

3. 单根杆件隔离体图的显示

绘出结构内力图后，若需显示某一单元的受力图时，只需要选定单元并单击右键，将弹出如图 4.5 所示的对话框，用鼠标单击框中任一小框后，出现竖向移动线，移动鼠标可查看各截面的内力和位移值。

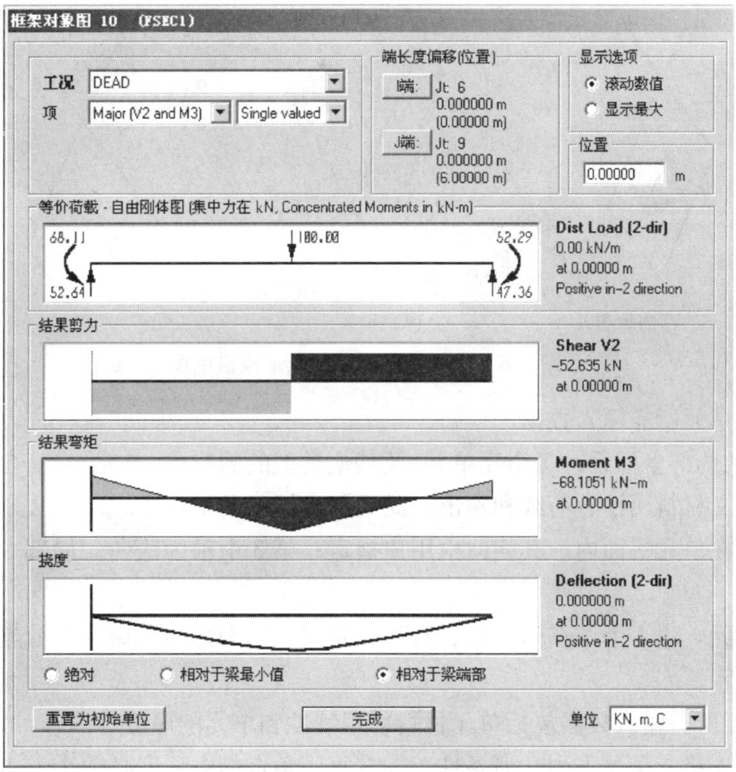

图 4.5　单根杆件受力图显示窗

4.1.2　其他单元

1. 板壳单元

壳单元是一个组合了膜和板弯曲特性的 3 结点单元或 4 结点单元，即由平面应力单元与弯曲单元的组合单元，每个结点有 6 个自由度，如图 4.6 所示。在单元的局部坐标系内，应力和内力及弯矩在 2×2 的高斯积分点计算，并向外插值到单元的结点。壳单元用来模拟平面和三维结构中的壳、膜和板等，如三维壳(如容器和穹顶)、板结构(如楼板)、膜结构(如剪力墙)、平面应力/应变和轴对称实体等。

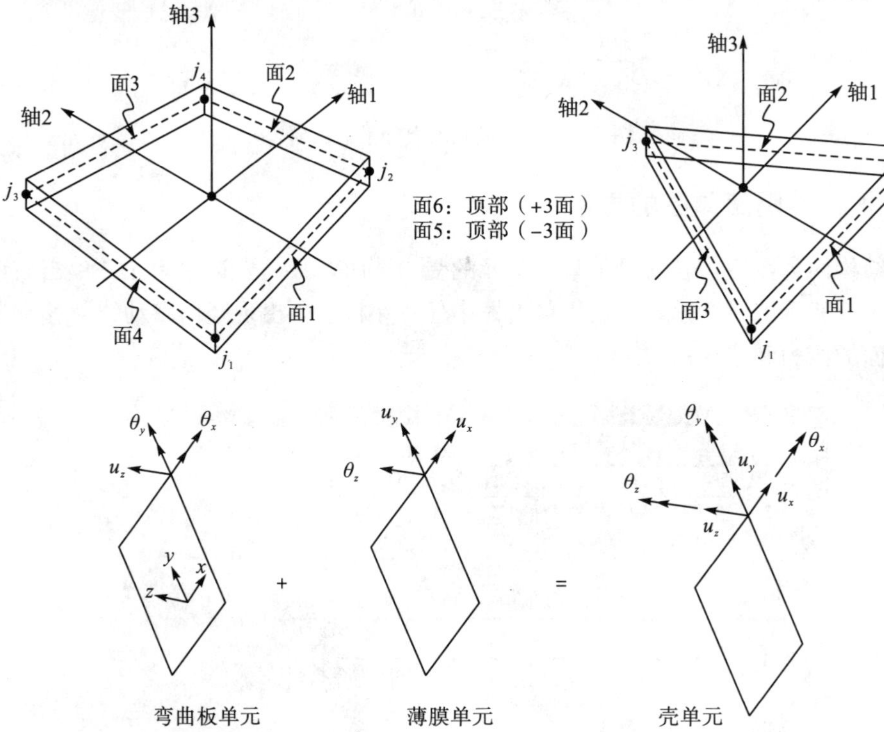

图 4.6　壳单元局部坐标及结点自由度

1)有关壳单元所需输入数据

(1)单元的局部坐标系。每个壳单元(及其他类型的面对象/单元)具有自己的单元局部坐标系，来定义材料属性、荷载和输出。此局部坐标系的轴用 1、2、3 表示，如图 4.6 所示。前两个轴在单元平面内，其朝向由用户指定；第 3 个轴为法向。局部 3 轴总是垂直于壳面的。

四边形单元，由 4 个结点 j_1、j_2、j_3 和 j_4 定义，三角形单元由 3 个结点 j_1、j_2 和 j_3 定义，如图 4.6 示。

(2)壳单元所需输入数据包括单元材料物理特性和单元的厚度等内容，如图 4.7 所示。

单元结点连接应满足下列几何条件：①在每一角点的内角度必须小于 180°。当这些角度接近 90°时，或至少为 45°～135°时，四边形可得到最佳结果。②一个单元的特征系数不应太大。对于三角形，这是最长边与最短边的比值；对于四边形，这是对边中点间较长的距离与较短距离的比值。当特征系数为 1 时，将得到最佳结果，或至少小于 4。特征系数不得超过 10。③对于四边形，4 个结点不必在同一面内。程序可以考虑在单元内的少量扭转。在角点法线间的角度可用来衡量扭转程度。在角点法线垂直于交于此点的两边。若任意两个角点法线的交角小于 30°，将得到最佳结果。此角度不得超过 45°。

(3)单元的自由度。壳单元在每个连接点有 6 个自由度。当单元被作为纯膜来使用时，用户必须确保约束或其他支座提供法向平动和弯曲转动自由度。当一个单元被当做纯面来

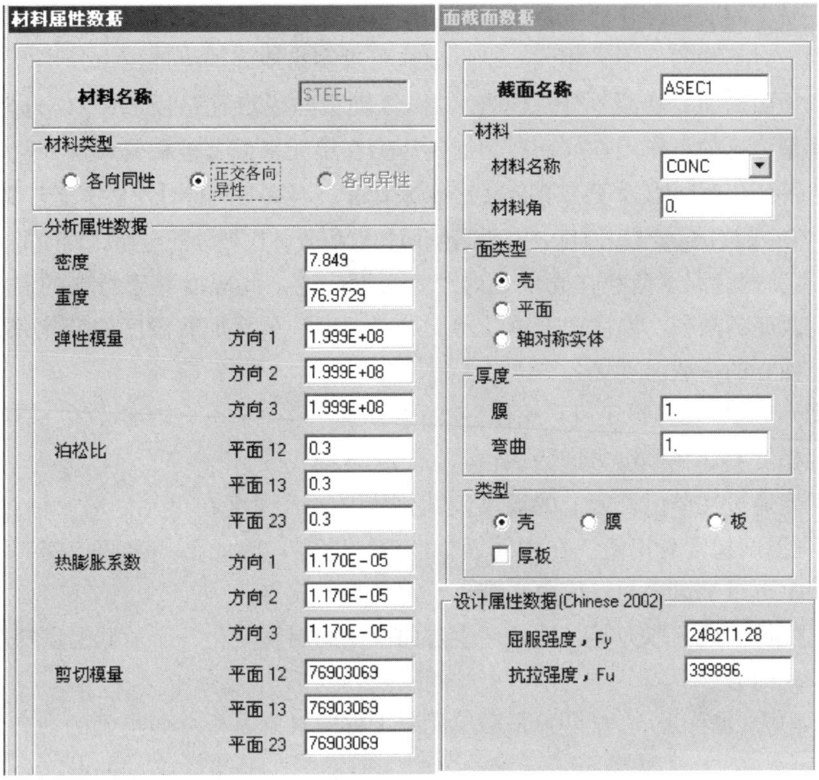

图 4.7　壳、实体单元材料数据和几何数据

使用时，用户必须确保约束或其他支座提供面内平动和关于法向轴的转动自由度。

(4)单元的质量。在动力分析中，结构的质量用来计算惯性力。由壳单元贡献的质量集中在单元结点时，在单元内部不考虑惯性力。单元总质量等于在单元平面上对质量密度乘以厚度的积分。总质量用一致质量矩阵的对角元按比例分配给结点。总质量被分配给每个平移自由度 U_X、U_Y 和 U_Z。对于转动自由度，不计算质量惯性矩。

(5)单元自重荷载。对于一个壳单元，自重是一个均布在单元平面的力。自重值等于重量密度乘以厚度。

自重荷载总是作用向下，在整体 $-Z$ 方向。用户可用一个比例系数来按比例调整自重，应用于结构中的所有单元。

(6)均布荷载。均布荷载用来施加均匀分布于壳单元的中间面的力，加载方向可在一个固定的坐标系(整体的或可替代的坐标系)或在单元局部坐标系中指定。

荷载密度用每单位面积的力来指定。在不同坐标系中指定的荷载密度被转换至单元的局部坐标系并被叠加。作用在单元的每个方向的合力，等于用该方向的总荷载密度乘以中间面的面积。此力被分配至单元的结点。

在固定坐标系中指定的力，可以有选择地指定作用在中间面的投影面积，即沿加载方向可见的面积。指定的荷载强度被自动乘以加载方向和单元法线(局部 3 轴方向)夹角的余弦。这可应用于雪荷载或风荷载。

(7)表面压力荷载。表面压力荷载用来在壳单元任意 6 个面施加外压力荷载。这些面的定义图示于图 4.6 中。表面压力总是垂直作用于表面。正压力指向单元的内部。

压力在一个面上可以是恒定的或由在结点给定值插值得到。这些在结点给定的值由结点模式得到，对不同的面不必相同。结点模式可以容易地施加流体压力。

底面和顶面用面 5 和面 6 分别代表。当+3 轴指向用户且路径 $j_1-j_2-j_3$为逆时针方向时，顶面是可见的。作用在底面或顶面的压力在单元平面上被积分，且分配至角结点。

单元的侧面用面 1~4(对于三角形为 1~3)来代表。当从上面看时，从 j_1-j_2侧逆时针方向计数。作用在一侧的压力乘以厚度，并沿着侧面长度积分，且被分配至在此侧面的两个结点。

(8)温度荷载。温度荷载在壳单元内产生温度应变。此应变等于材料的温度膨胀系数和单元温度改变的乘积。温度改变由从单元参考温度到单元加载温度的变化来计算。可指定如下两个独立的荷载温度场：

①温度 t，在厚度内恒定且产生膜应变；

②温度梯度 t_3，在厚度方向为线性，且产生弯曲应变。

温度梯度通过在单位长度上的温度变化来定义。若温度在单元局部 3 轴正方向(线性地)增加，则温度梯度为正值。在中间面梯度温度为零，因此不产生膜应变。两个温度场在单元平面上可以是恒定的，或由在结点给定值插值而得。

参考温度梯度通常取为零，因此产生弯曲应变的温度变化等于荷载温度梯度。

2)壳单元内力

壳单元内力(也称为应力合力)是沿单元厚度方向对应力积分而得到的力和弯矩，如图 4.8 所示。

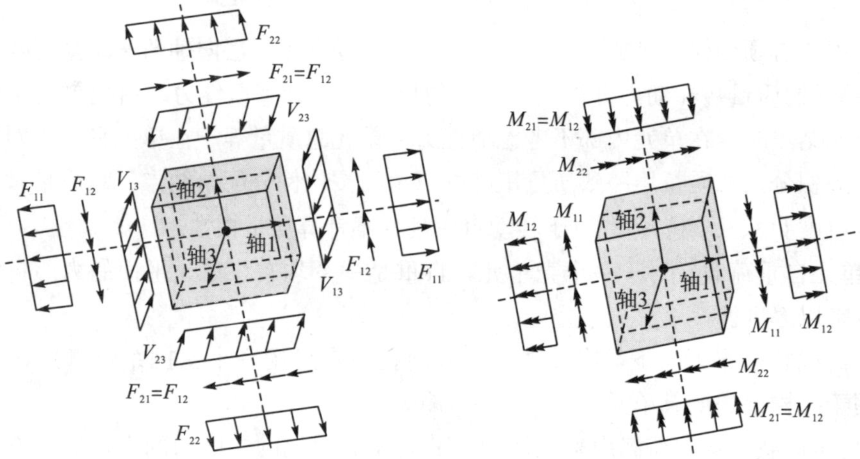

图 4.8　壳单元内力

3)壳单元应力

壳单元的内应力定义为 S_{11}、S_{22}、S_{12}、S_{13}和 S_{23}，如图 4.9 所示。这些应力的计算表达式为

$$\sigma_{11}=\frac{F_{11}}{thb}-\frac{12M_{22}}{thb^3}x_3,\sigma_{22}=\frac{F_{22}}{thb}-\frac{12M_{22}}{thb^3}x_3,\sigma_{33}=0$$

$$\sigma_{12}=\frac{F_{12}}{thb}-\frac{12M_{12}}{thb}x_3,\sigma_{13}=\frac{V_{13}}{thb},\sigma_{23}=\frac{V_{23}}{thb}$$

式中，thb 为板的厚度。

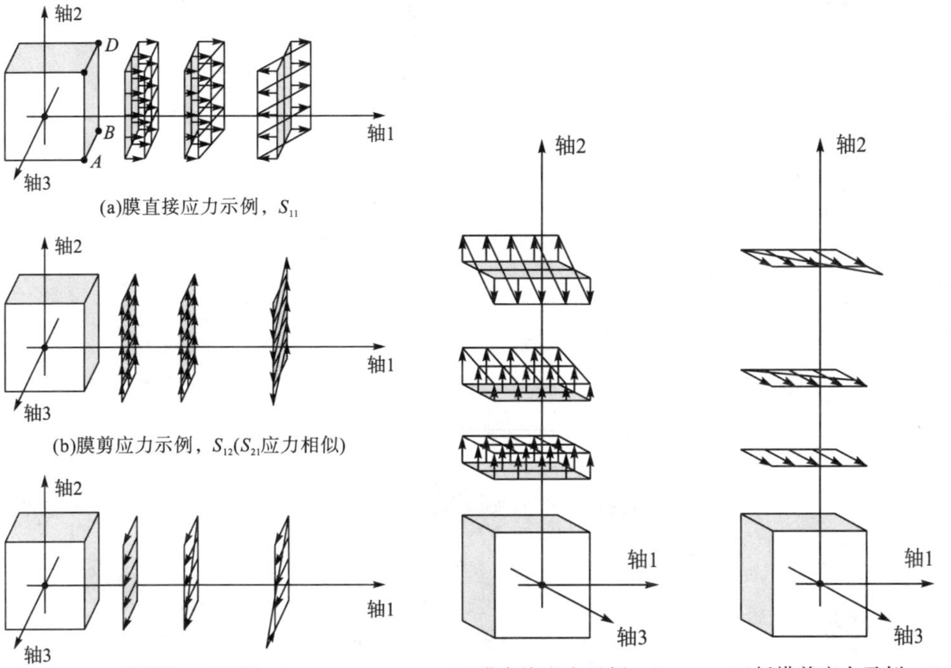

(a)膜直接应力示例，S_{11}

(b)膜剪应力示例，S_{12}(S_{21}应力相似)

(c)板横剪应力示例，S_{13}

(d)膜直接应力示例，S_{22}

(e)板横剪应力示例，S_{23}

图 4.9　壳单元应力

对于分析工况及其单值组合，可以得到主值和相应的主方向，角度从局部 1 轴到最大主值方向逆时针计量(当从顶面看时)，如图 4.10 所示。

上述内力、应力输出分量和工况选择对话窗，如图 4.11 所示。

4)壳单元隔离体内力与应力的显示

绘出壳单元内力和应力图后，若需要查询某一单元的内力和应力变化趋势和数值，只需要选定单元并单击右键，将弹出该单元的隔离体，如图 4.12 所示。在等值图中移动鼠标，即可显示不同位置的内力或应力值。

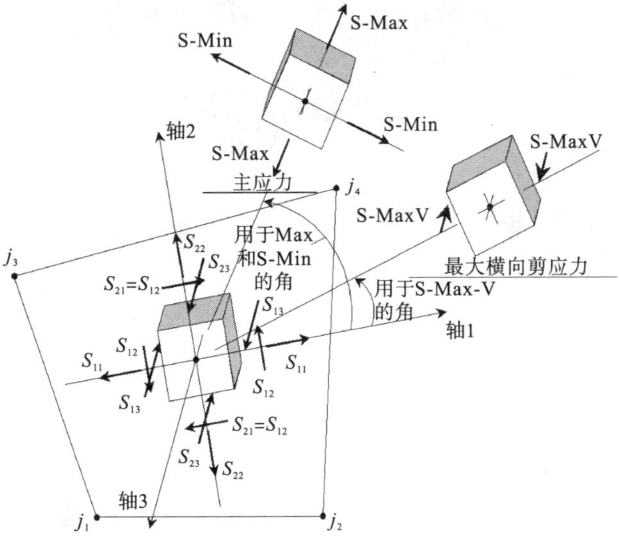

图 4.10　主应力及其主方向

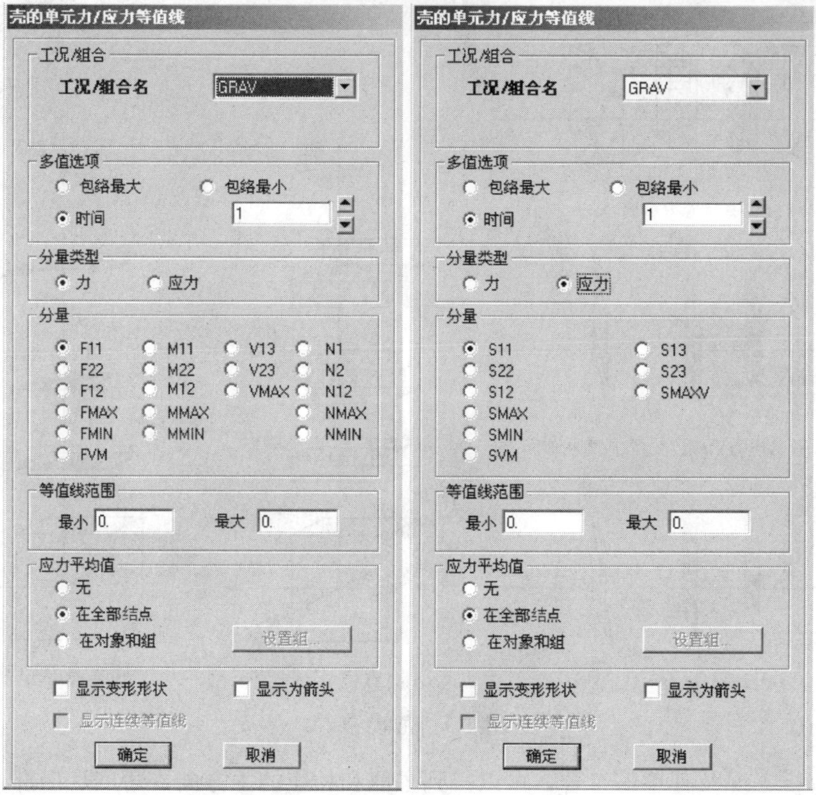

图 4.11 壳单元内力和应力输出窗

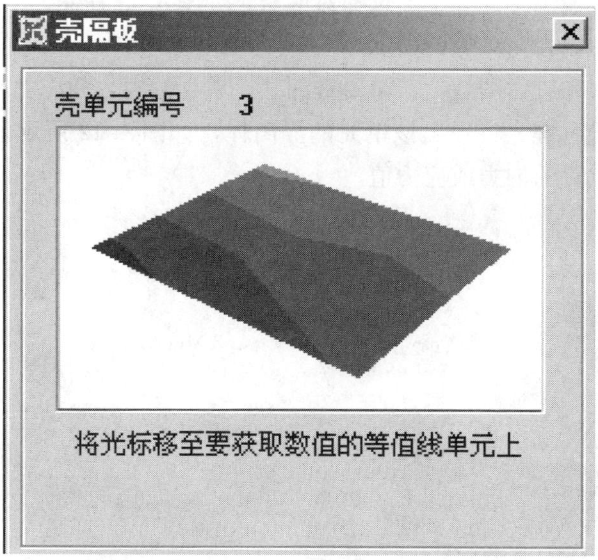

图 4.12 单个单元内力、应力局部显示

2. 平面单元

平面单元是一个 3 结点或 4 结点单元，用来模拟二维均匀厚度的实体。平面单元是一种面对象。用此单元可模拟的结构包括：①处于平面应力状态的薄的平面结构；②处于平

面应变状态的长的等截面结构。

每一平面单元有自己的局部坐标系，用来定义材料属性、荷载和计算结果的输出。可采用与温度相关的、正交各向异性的材料属性。每一单元可被加载重力(在任意方向)、侧面的表面压力、单元内部的孔隙压力和由温度变化引发的荷载。

1)自由度

平面单元在每一连接的结点有 3 个平动自由度。没有转动自由度。平面应力单元只有单元面内的自由度。但要对垂直于平面的平动自由度提供约束或其他支座；否则结构将不稳定。

2)应力和应变

平面单元模拟具有均匀厚度且其应力和应变在厚度方向不变的结构的中间面。

(1)平面应力。适用于与其平面尺寸比较起来很小(薄)的结构物，厚度法向应力(σ_{33})被假定为零。由于泊松效应，厚度法向应变(ε_{33})可能不是零。横向剪应力(σ_{12},σ_{13})和剪切应变(γ_{12},γ_{13})被假定为零。在厚度方向(局部 3 轴)的位移对单元没有影响。

(2)平面应变。适用于与其平面尺寸比较起来很厚的结构物，厚度法向应变(ε_{33})被假定为零。由于泊松效应，厚度法向应力(σ_{33})可能不是零。横向剪应力(σ_{12},σ_{13})和剪切应变(γ_{12},γ_{13})依赖于在厚度方向(局部 3 轴)的位移。

3)输入数据

(1)材料属性。每个平面单元的材料属性引用先前指定的材料属性，如图 4.7 所示。

(2)厚度。每一截面有一等量的厚度 th，单元厚度用于计算单元刚度、质量和荷载。

(3)质量。在动力分析中，结构的质量用来计算惯性力。平面单元提供的质量集中于单元结点，不考虑单元本身的内部效应。总质量用一致质量矩阵的对角元按比例分配给结点。总质量被分配给每个自由度(U_X，U_Y，U_Z)。对于转动自由度，不计算质量惯性矩。

(4)自重荷载。自重荷载激发模型中所有单元的自重。对于一个平面单元，自重是一个均布在单元平面的力。自重值等于重量密度乘以厚度。

(5)表面压力荷载。表面压力荷载用来在平面单元任意 3 或 4 个侧面施加外部压力荷载。这些面的定义如图 4.6。表面压力总是垂直作用于表面。正压力指向单元的内部。

(6)温度荷载。温度荷载在平面单元内产生温度应变。此应变被定义为材料的温度膨胀系数和单元温度改变的乘积。温度改变由从单元参考温度到单元加载温度的变化来计算。假定温度改变沿单元厚度是恒定的。

3. 轴对称实体单元

轴对称实体单元是一个 3 结点或 4 结点单元，用来模拟在轴对称荷载作用下的轴对称结构。对称轴可位于模型中的任意位置。每个单元应完全位于包含对称轴的平面，假定在周边方向上几何属性、荷载、位移、应力和应变没有变化。

每一个轴对称实体单元有自己的局部坐标系，用来定义材料属性、荷载和输出。每一单元可被施加重力(在任意方向)、离心力、侧面的表面压力、单元内的孔隙压力和由温度变化引发的荷载。

对于轴对称实体使用一个 2×2 的数值积分形式表示。在单元的局部坐标系内用积分点计算应力，并向外插值到单元的结点。

(1)自由度。轴对称实体单元的每个连接结点有 3 个平动自由度，没有转动自由度。

(2)局部坐标系。单元局部坐标系同壳、平面和轴对称实体单元的局部坐标系。局部 3 轴垂直于单元平面，与圆周方向相反。1－2 平面和径向－轴线平面相同，虽然局部轴的方向没有被限制为平行于径向或轴线。径向方向从垂直于对称轴指向单元中心。轴向方向平行于对称轴，当沿圆周(－3)方向看，径向指向右侧时，轴向的正方向向上。

(3)应力和应变。轴对称实体单元模拟一个轴对称实体结构的有代表性的一段中间面，此结构的应力和应变沿圆周方向不变。在局部 1－2 平面的位移引发面内应变($\gamma_{11},\gamma_{22},\gamma_{12}$)和应力($\sigma_{11},\sigma_{22},\sigma_{12}$)。在径向的位移引发圆周正应变 $\varepsilon_{33}=\dfrac{u_r}{r}$ ，式中，u_r 为轴向位移，且 r 为此处的半径。圆周正应力 σ_{33} 用 3 个正应变来计算。在圆周(局部 3)方向的位移只引发扭转，导致圆周剪应变 γ_{12},γ_{13} 和剪切应力 σ_{12},σ_{13} 。

(4)材料属性。每个轴对称实体单元的材料属性通过引用一个以前定义的材料来指定。使用各向正交异性材料属性，轴对称实体截面使用的材料属性如图 4.7 所示。

(5)弧度和厚度。轴对称实体单元代表一个通过绕对称轴旋转单元的平面形状 360°所建立的实体。然而，分析只考虑实体有代表性的一段。用户使用参数 *arc*(单位为度)指定节段的尺寸。例如，*arc*＝360°模拟整个结构，*arc*＝90°模拟 1/4 的结构，如图 4.13 所示。设置 *arc*＝0°，默认地，模拟一个 1rad 的节段。单元“厚度”(圆周方向范围)h 随着从对称轴的径向距离 r 的增加：

$$h=\frac{\pi\cdot arc}{180}r$$

显然厚度在整个单元平面是变化的。单元厚度用来计算单元刚度、质量和荷载。因此，计算的单元结点力与 *arc* 成正比。

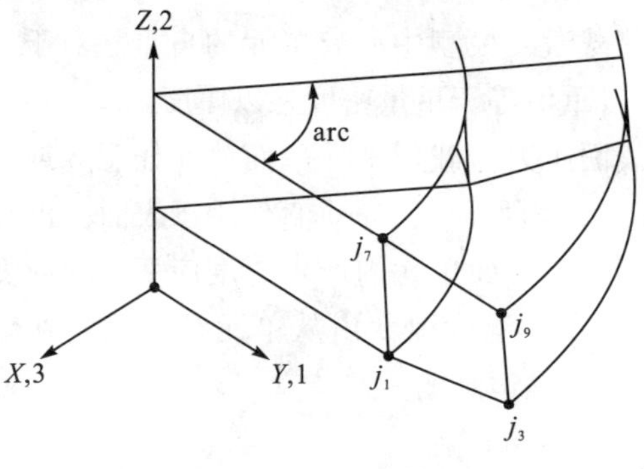

图 4.13 轴对称单元

(6)旋转荷载。旋转荷载用来对轴对称实体单元施加离心力。假定每个单元以恒定的角速度绕其对称轴旋转。角速度产生一个与单元质量、距旋转轴的距离和角速度的平方成正比的荷载。此荷载施加于正径向，分配至单元的每个结点。对于零质量的单元，不产生旋转荷载。

对于质量、自重荷载、重力荷载、表面压力荷载、孔隙压力荷载、温度荷载和应力输出同壳或平面单元。

4. 实体单元

实体单元是一个 8 结点单元，用来模拟三维结构和实体。每一实体单元有自己的局部坐标系，用来定义材料属性、荷载和结果输出。每一单元可被施加重力(在任意方向)、离心力、侧面的表面压力、单元内的孔隙压力和由温度变化引发的荷载。

(1)结点连接。每一实体单元有 6 个四边形面和 8 个结点，如图 4.14 所示。要特别注意 8 个结点的相对位置：当沿着从 j_5-j_1看时，路径 $j_1-j_2-j_3$和 $j_5-j_6-j_7$应为逆时针方向。

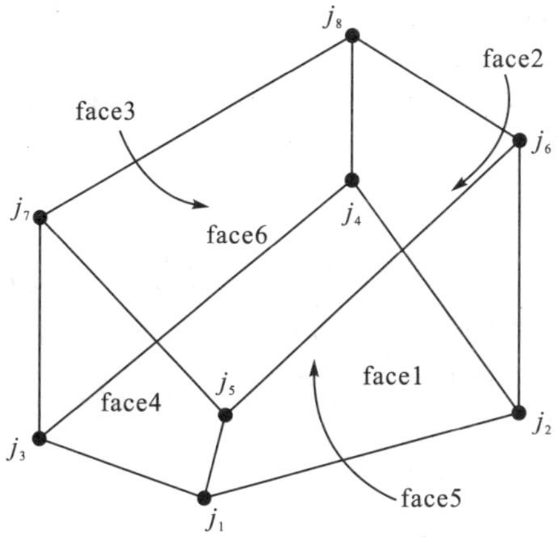

图 4.14　实体单元结点和面的定义

在每一面角点的内角必须小于 180°，宜为 45°～135°。当这些角度接近 90°时，将得到最佳结果。

(2)实体单元自由度。实体单元每个连接结点有 3 个平动自由度，没有转动自由度。

(3)局部坐标系。每个实体单元有自己的单元局部坐标系，用来定义材料属性、荷载和输出。此坐标系的轴用轴 1、2、3 代表，这些轴和整体的 X、Y、Z 轴均为右手坐标系。

(4)应力和应变。实体单元在一个三维实体里模拟一个一般的应力和应变状态。有 6 个应力和应变分量。

(5)材料属性。每个实体属性的材料属性通过引用先前定义的材料来指定。使用完全各向异性的材料属性。实体单元使用的材料属性如图 4.7 所示。

对于质量、自重荷载、重力荷载、表面压力荷载、孔隙压力荷载、温度荷载和应力输出同壳或平面单元。

5. 弹簧单元

在结构的边界和弹性地基梁的支撑位置上，通常利用弹簧单元建立结构的计算模型，如图 4.15。在缺少自由度的单元(如桁架单元、平面应力单元和板单元)之间互相连接的结点上，为了防止出现奇异也可使用弹簧单元。

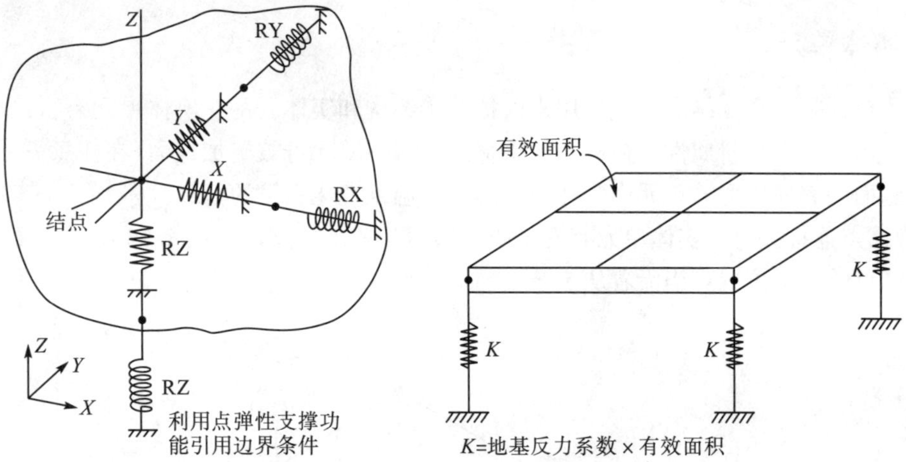

图 4.15 弹簧单元

在整体坐标系上，任意 6 个自由度方向都可以输入弹簧单元。其中弹簧单元的刚度是按发生单位位移(线位移或角位移)时所施加的力(或力矩)的大小来输入的。

线性弹簧单元在实际工程中通常用来反映结构下部桩或地基的刚度。当建立弹性地基的反力模型时，利用地基的反力系数乘以相应结点的有效面积作为地基的线弹性支撑刚度。这时应该注意到地基只能抵抗压力的作用。

6. 连接/支座单元

连接/支座单元主要用于结构与基础、结构两部分之间或杆件与杆件间连接的特殊单元，也称为边界单元。这种单元由弹簧和阻尼器构成，若弹簧属性包含了线性/非线性，可用来进行非线性分析之后再进行线性分析；若阻尼器包含了频率相关的属性，单元可用来进行频率相关的分析。因此，连接/支座单元主要用于结构的消能、隔震的动力分析。

4.2 SAP2000 结构分析模型

4.2.1 结构分析类型

结构分析类型或称为分析工况定义了荷载如何施加给结构，以及如何计算的结构反应。分析分为线性或非线性，有很多不同种类的分析工况。

(1)线性分析结果可以叠加，即分析后可以加到一起。线性分析类型包括如下几种(见图 4.16)。

①静力(static)分析：最常见的分析类型，其特点是荷载施加不包括动力效应，也就是不考虑惯性力的影响，以及内力、位移不是时间的函数。

②模态(modal)分析：计算结构自由振动的形态。SAP2000 模态分析的方法为特征值方法和 Ritz 向量法。

③反应谱(response spectrum)分析：静力方法计算由加速度荷载引起的反应。

④时程(time history)分析：施加随时间变化的荷载，需要时程函数，求解方法可以是

振型叠加或直接积分。

⑤移动荷载(moving load)计算：车辆荷载沿车道移动的静力计算。荷载作用位置是变化的，因此，需要确定荷载作用的最不利位置和最大内力、位移的计算。

(6)弹性屈曲(buckling)分析：在荷载作用下，屈曲形态的计算。

(7)稳态(steady state)计算：在一个或多个频率上施加简谐变化的荷载，需要稳态函数。

(8)能量谱密度(power spectral density)分析：按照荷载在频率范围内的概率分布施加简谐变化的荷载，确定期望的响应值，需要能量谱密度函数。

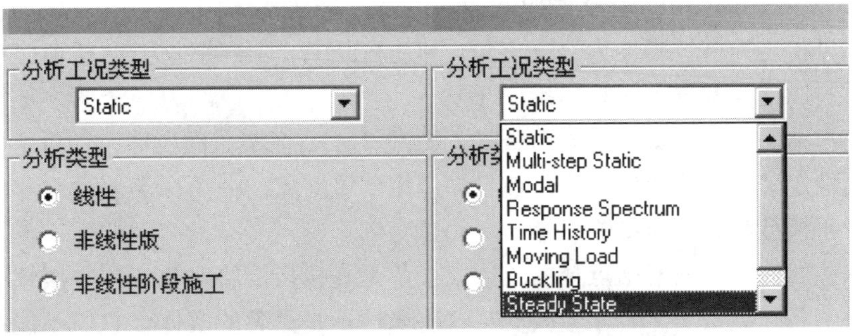

图 4.16　SAP2000 结构分析类型

(2)非线性分析的结果一般不能叠加。而是所有荷载在结构上的作用应该在分析的工况下合成。非线性分析类型包括如下。

①静力非线性。荷载施加没有动力效应。可用来进行 Pushover 分析和阶段施工分析。

②非线性阶段施工。施加不考虑动力效应的荷载，同时将添加或移除结构的一部分。可以包括时间效应，如蠕变、收缩和龄期。

③非线性时程分析。施加随时间变化的荷载，需要时程函数，求解可以用振型叠加或直接积分方法。

4.2.2　计算模型的单位

新建模型时，程序要求指定一个单位系制。这将是模型的基本单位。尽管可以用其他单位制来输入和显示数据，但这些值总是被转化为模型的基本单位。

SAP2000 使用 4 种基本单位：力、长度、温度、时间。同时它提供了许多不同的力、长度和温度单位的兼容系统以供选择，例如，“千磅(kip)[1]、英寸(in)[2]、华氏度(°F)[3]”或“牛顿(N)、毫米(mm)、摄氏度(℃)”。时间总是以秒(s)为单位。

几何上的角度通常用以度为单位，转角通常以弧度为单位。频率通常以 1/s(Hz)为单位。

---

①千磅为非法定单位，1 kip=453.6kg。

②英寸为非法定单位，1 in=2.54cm。

③华氏度为非法定单位，与摄氏度的换算关系为 t℃$=\left(\frac{9}{5}t+32\right)$°F。

4.2.3 属性的概念

属性被“指定”给每一个对象，用来定义模型中对象的结构性能。例如，材料和截面属性，是命名的实体，必须在指定到对象之前先定义这些实体属性。

模型中的每个对象(点、线、面等)具有局部坐标系来定义属性、荷载和对象的反应。每个局部坐标系的轴标记为 1、2 和 3。局部坐标系没有相对应的轴网。

例如，用户的模型可能包括一个材料属性为混凝土(CONCRETE)，模型中一个属性为矩形(RECTANGLAR)的矩形框架截面，以及一个属性为圆形(CIRCULAR)的圆形框架截面，都可指定为材料属性为混凝土(CONCRETE)。一个属性为墙/楼板(SLAB)截面，也可指定材料属性为混凝土(CONCRETE)。

如果用户给一个线对象指定矩形(RECTANGLAR)框架截面属性，针对矩形截面或混凝土材料属性定义所做的任何变化将被自动应用到该对象。一个命名属性除非已指定给对象，否则对于模型没有任何影响。

另外一些属性，如框架结点释放或约束，都是直接指定给对象。这些属性只有在给对象指定另一个相同类型属性时才会改变；这些属性不是命名的实体，它们不能独立于对象存在。

4.2.4 荷载工况与荷载组合

荷载表示作用在结构上的主动力，如力、压力、支座位移、温度效应、地震动的加速度等。荷载按不同的性质分别计算的组数，称为荷载工况。荷载工况可以包含下列类型荷载的任意组合：作用于结点的集中力或弯矩；结点约束接地端的位移；结点弹簧接地端的位移；作用于所有单元类型的自重和；作用于框架单元的集中或分布力与弯矩；作用于壳单元的分布力；作用于壳、平面、轴对称实体、实体单元的面压力；作用于平面、轴对称实体、实体单元的孔隙压力；作用于框架、壳、平面、轴对称实体、实体单元的热膨胀；作用于框架、壳、平面、轴对称实体、实体单元的预应力索的预应力荷载等。

1. 定义荷载模式

用户可以定义任意多种的荷载模式，荷载模式的名称由用户定义，各荷载模式名不能相同。在各工况中，可以对任意多的结点或单元施加任意多种不同类型的荷载。

每一种荷载模式具有一个设计类型，如恒载(DEAD)、风载(WIND)、活荷载(LIVE)地震荷载(QUAKE)等，如图 4.17 所示。

定义荷载荷载模式名称后，必须指定一个荷载值到对象作为荷载荷载模式的一部分。指定到对象的荷载值定义了荷载类型(力、位移、温度)、大小和方向。在一个荷载模式，不同的荷载可以指定到不同的对象。每个对象可以施加多个荷载模式。

例如，定义了荷载模式 WIND 和 SNOW。对于模式 WIND，可以指定不同的迎风和背风风压到竖向对象的两个面。对于工况 SNOW，可以指定向下的力只作用于结构顶部。

2. 荷载工况

荷载工况可只包括某一荷载模式也可以是多种荷载模式的组合。

3. 荷载组合、分析工况和组合

荷载工况本身不能在结构上产生任何响应。只有在分析工况中包含了荷载工况，才能得到荷载工况的作用结果。分析工况定义了荷载工况的作用方式(如静力或动力)、结构的响应方式(如线性或非线性)和分析的方法(如模态分析法或直接积分法)。分析工况可以是一个荷载工况或荷载的组合。

通过定义组合，可以在分析完成之后将分析工况的结果进行组合。组合是不同分析工况的结果的总和或包络。对于线性问题，算术求和型的组合有意义；对于非线性问题，最好将荷载在分析工况中进行组合，然后只用组合来计算包络值。

荷载组合，也称为“combo”，是定义一个或多个分析的结果的组合，或者与其他组合的组合，如图 4.17 所示。当定义了一个组合后，它对模型中所有对象的结果有效。荷载组合有如下 4 种类型的组合。

(1)相加(add)：组合中的分析结果相加。

(2)绝对值相加(absolute)：组合中的分析结果绝对值相加。

(3)SRSS：组合中的分析结果平方和相加然后开平方根。

(4)包络(envelope)：组合中的结果得到最大和最小包络值。

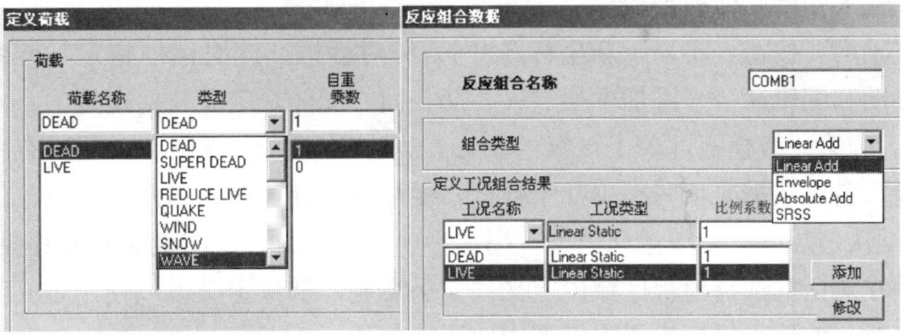

图 4.17　荷载工况与荷载组合的定义

除了包络方法，其他组合只适用于线性分析工况。

结构设计总是基于荷载组合，而不是直接在荷载工况上进行的。用户可以创建一个仅包括一个单一荷载工况的荷载组合。每一个设计规范都生成它自身的缺省的荷载组合，如果需要，用户可以增补设计组合到这些默认组合中。

4. 函数

定义函数来描述荷载随时间的变化。函数只对特定的分析有必要(静力分析不使用)。函数是一系列数字化的坐标数值对，有以下函数类型。

(1)反应谱函数。反应谱分析中使用的加速度-周期谱函数。

(2)时程函数。时程分析中使用的荷载值-时间函数。

(3)可以定义任意多个需要的函数。它们不是指定给对象，而是用于定义分析工况。

(4)稳态函数。用于稳态分析的荷载幅值–频率。

(5)能量谱密度函数。用于能量谱密度分析的能量谱密度函数。

可以定义任意多个需要的函数。

4.2.5 SAP2000 前处理——模板的使用

在应用有限元程序分析结构的受力过程中，结构计算模型的建立称为前处理。一个结构分析程序前处理部分的好坏是该程序的重要标志之一。这是因为：一方面，在整个结构分析中前处理工作占有很大的工作量；另一方面，一个直观和易于操作前的处理界面，更能有助于使用者学习和理解结构分析的内容。SAP2000 的前处理程序，即称为预置模板的操作界面，是一个非常具有特色的前处理模块。当运行 SAP2000 结构分析程序时，各类结构的形式就展现在面前，很容易进入工作状态。同时，对于常用的结构计算模型，在其提示状态下，只需要简单的几个数据的输入即可完成，大大地简化了烦琐的建立模型过程。下面对 SAP2000 的前处理——模板进行简要的介绍。

单击 SAP2000 文件菜单→新建模型，进入新建模型对话框。此对话框包含一系列不同的结构图标，它给出了常见的结构类型，如图 4.18 所示。模板建立的是等间距的结构。模型建立后，可使用编辑、绘制、定义和指定菜单进行修改。

单击“空”按钮，可从一系列格式(AutoCAD、FrameWorks Plus、IGES，Access 数据库、Excel 电子表格、SAP2000 V6 或 V7 s2k、SAP2000 V8 s2k、SAP90)文本输入或列表数据库输入初始几何模型数据。

单击“轴网”按钮，将显示新坐标/轴网系统对话框。此对话框指定轴网系统且使用在菜单中绘图和编辑命令来添加框架、索、筋、面、固体，定义几何模型。

图 4.18 为第一级模板，单击该级的图标，则出现相关一级图例，同时有关该图式的几何数据输入窗，只需要填写很少几个数据，便可形成计算简图的几何图形。

(1)从默认(包括单位)初始化模型。当这一项被选中时，SAP 将使用程序默认的定义。默认定义是在对话框选择模板区域内定义。如果需要，默认定义可以使用定义和指定菜单命令进行修改。使用下拉框来指定模型中使用的单位。

应当注意，模型开始时使用的单位将成为模型的基本单位。如果在模型中使用不同的单位，它们总是转化到这些基本单位。模型总是按基本单位打开，因此，注意选择基本单位。

(2)从现有文件初始化模型。当选择这一项时，SAP 将使用已存在模型的单位和定义。用户建立一个模型的属性、分析和设计定义与一个已有模型相近的模型时，此方法比较适合。如果用户选择这一项，在单击模板细节后需要选择一个模型。

(3)选择模板。对话框此区域包含一些图标按钮来绘制典型结构，其操作步骤如下。

第一步，单击与计算简图最接近的模板形式定义模型。模型可以使用编辑、绘制、定义和指定菜单中的命令进行修改。选择一个最接近的模板建立模型可以很大地提高效率。

第二步，指定结构类型的对话框将出现，可以在对话框中选择默认值或对默认值进行修改。

第三步，单击“确定”按钮关闭对话框。SAP 将在活动窗口中显示选择的对象。

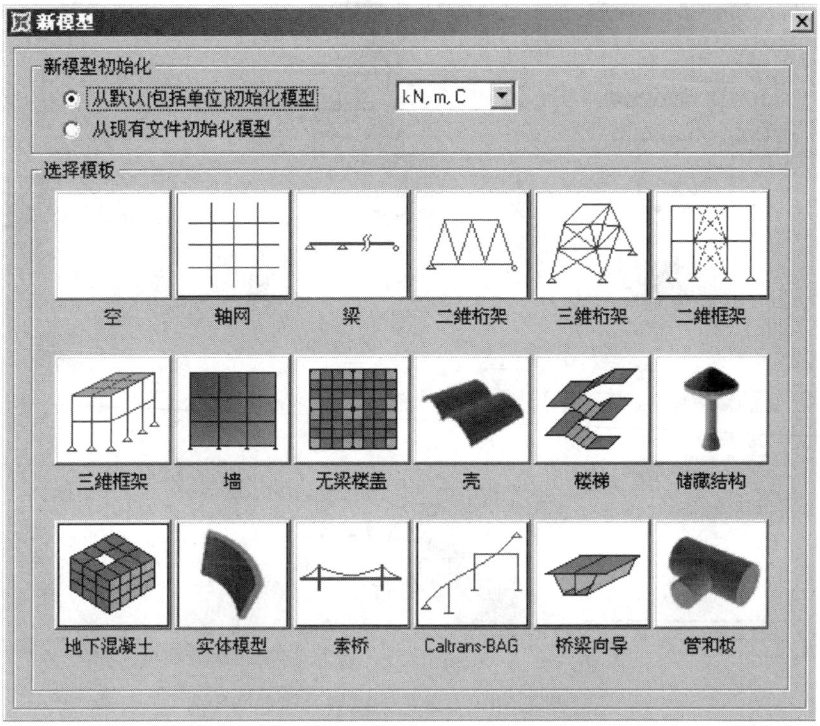

图 4.18　面向对象第一级结构计模算简图模板

4.2.6　二维杆系结构模型的建立

1. 二维桁架类型

平面桁架是指外荷载作用线和杆轴线均在同一面内的理想铰结体系，并且荷载只作用在结点上。平面桁架的每一个结点为两个自由度，即两个线位移，结点荷载的输入与其相对应。

单击“二维桁架”图例，出现如图 4.18 所示对话框。在左上角的下拉菜单中，给出了三类二维桁架图例(图 4.19)：两端面倾斜的桁架(sloped trussa)、两端面竖直桁架(vertical truss)和斜坡桁架(pratt truss)。

注意这里的桁架的各结点仍然是刚结点的形式，若仅计算桁架的主应力，则应对结点的弯矩进行释放，也可在杆件截面特性中，将绕 3 轴的惯性矩输入为零或将绕 3 轴的惯性矩系数输入为零。

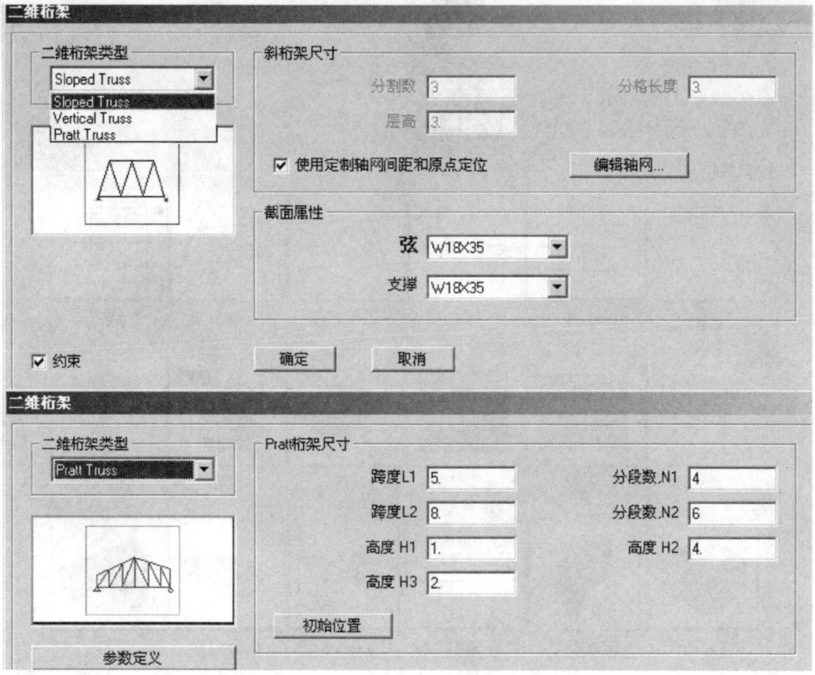

图 4.19 二维桁架模型的建立

2. 平面刚架框架类型

刚架是由直杆组成的具有刚结点的结构。刚架以承受弯矩为主，横截面上要产生非均匀的弯曲正应力。刚架结构同时受有结点荷载和非结点荷载(也称为单元荷载)。

单击“二维框架”图例，出现如图 4.20 所示对话框。二维框架包含 3 类形式：门式框架(portal)、中心支撑框架(braced concentric)和偏心支撑框架(braced eccentric,)。

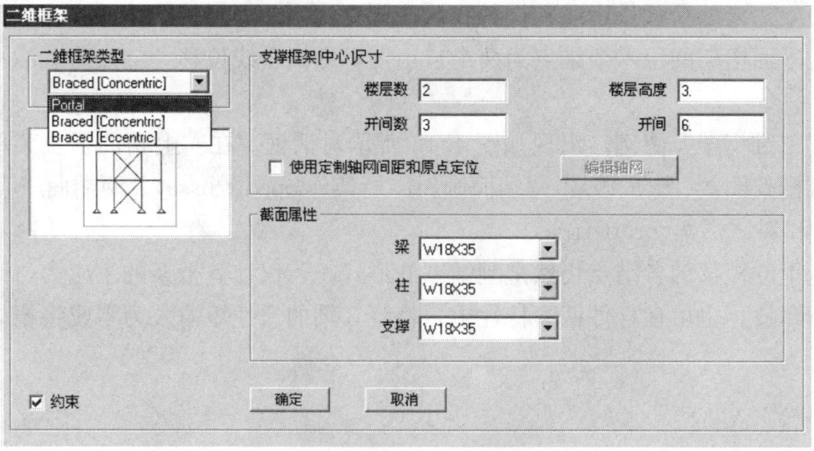

图 4.20 平面框架模型的建立

4.2.7　三维杆系结构模型的建立

1. 三维桁架类型

空间桁架是指外荷载作用线和杆轴线不在同一面内的理想铰结体系，并且荷载只作用在结点上，因此桁架各杆只受轴力。空间桁架每一个结点为 3 个自由度，即 3 个线位移，结点荷载的输入与其相对应。

单击“三维桁架”图例，出现如图 4.20 所示的对话框。在左上角的下拉菜单中，给出了 3 类三维桁架图例：屋架桁架(roof truss)、电力传送桁架(transmission tower 1，2，3，4)和拉线式传送电力桁架(guyed tower)。

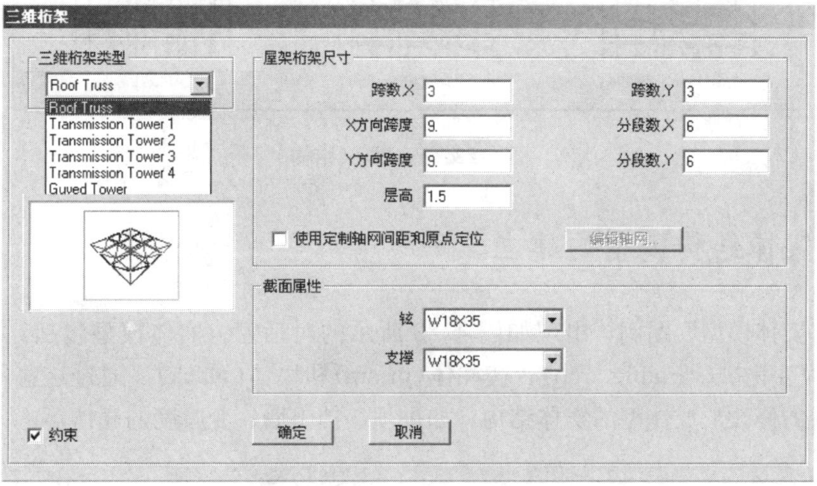

图 4.21　三维桁架模型的建立

2. 三维框架类型

三维框架结构是由水平横梁、竖柱和楼板等构件，通过刚性结点连接在一起而形成空间网格结构体系，它分为纯框架体系和杆板结构体系。框架结构布置较为灵活，在楼层平面上能布置成多种平面形式。三维框架结构每一个结点有 6 个自由度(3 个线位移和 3 个角位移)。刚架结构同时受有结点荷载和非结点荷载(也称为单元荷载)。

单击“三维框架”图例，出现如图 4.22 所示的对话框。三维框架包含 4 类形式，纯框架结构(open frame building)、周边框架结构(perimeter frame building)、梁板结构(beam－slab building)和无梁楼盖结构(flat plate building)。

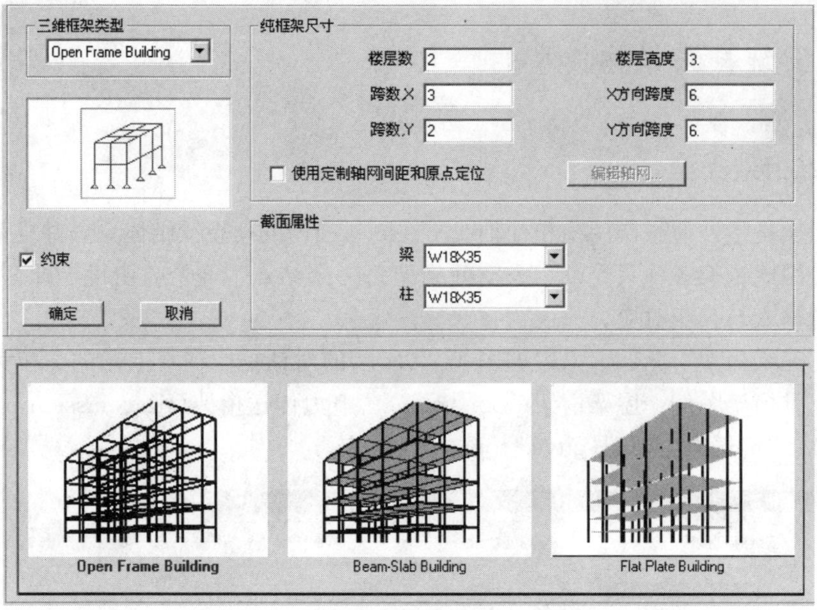

图 4.22 三维框架结构

4.2.8 实体结构模型的建立

单击“实体模型”图例，出现如图 4.23 所示的对话窗。实体模型包括：厚拱(thick arch)、截面变化拱(variable arch)、棱柱体(prism)和块体(black)。通过这些基本模块的组合、参数的修改形成体型的实体结构，如拱坝、挡土墙、变厚度的壳体等。

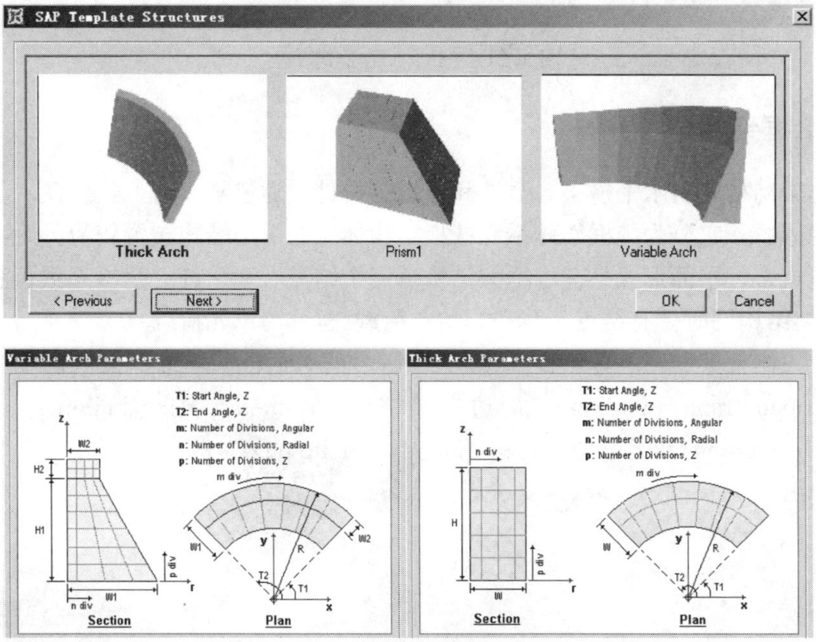

图 4.23 实体计算模型

4.3　刚架结构的静力分析

4.3.1　刚架结构的基本特点

刚架结构是由直杆组成并具有刚结点的结构，例如，建筑结构中的框架结构和桥梁中的刚构桥就是常见的刚架结构。图 4.24 所示是由梁、楼板、柱和承重墙组成的正交框架(或刚架)。

刚架结构受力包括轴力、剪力、弯矩和扭矩等内力分量。刚架结构变形包括弯曲变形、剪切变形和轴向变形。经典位移法理论为简化计算，通常只考虑杆件的弯曲变形，这样可能带来结果误差。用计算机程序进行刚架结构分析，可以很方便考虑结构的轴向变形和剪切变形的影响，这在高层框架等轴向变形影响较大的结构计算中尤为重要。

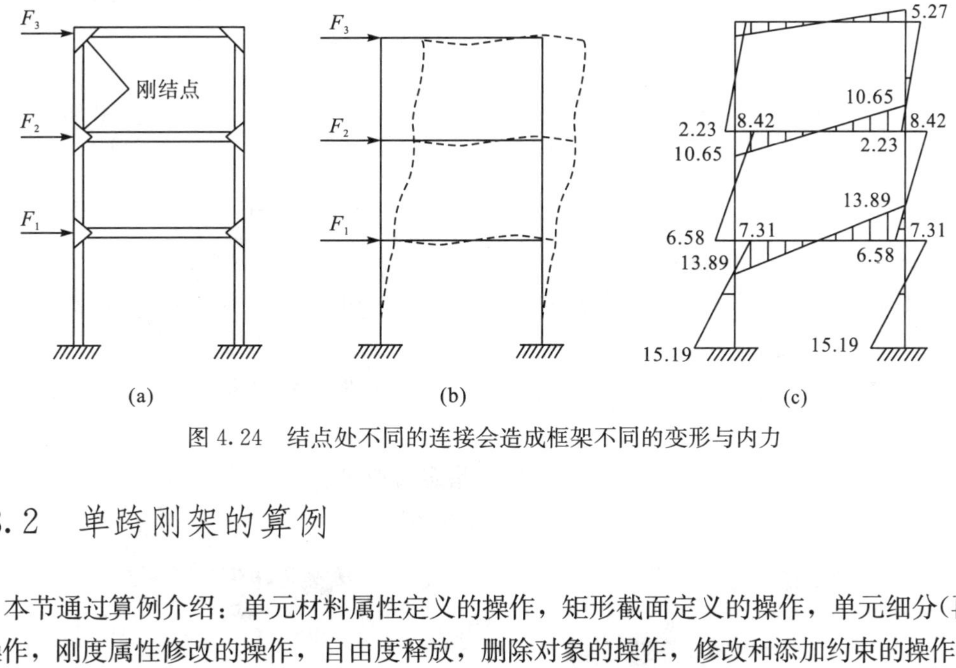

图 4.24　结点处不同的连接会造成框架不同的变形与内力

4.3.2　单跨刚架的算例

本节通过算例介绍：单元材料属性定义的操作，矩形截面定义的操作，单元细分(再分)的操作，刚度属性修改的操作，自由度释放，删除对象的操作，修改和添加约束的操作。

例 4.1　计算如图 4.25(a)所示的刚架。材料为混凝土，弹性模量 $E=3.0\times10^7\text{kN/m}^2$。并设基本截面为矩形，$b\times h=0.2\text{ m}\times0.4\text{ m}$。分别考虑以下几种情况。

(1)梁柱截面相同，分考虑与不考虑剪切、轴向变形影响两种情况。

(2)强柱弱梁的情况，即柱的弯曲刚度为梁的 4 倍和 10 倍的弯矩图。

(3)弱柱强梁的情况，即梁的弯曲刚度为柱的 4 倍的弯矩图。

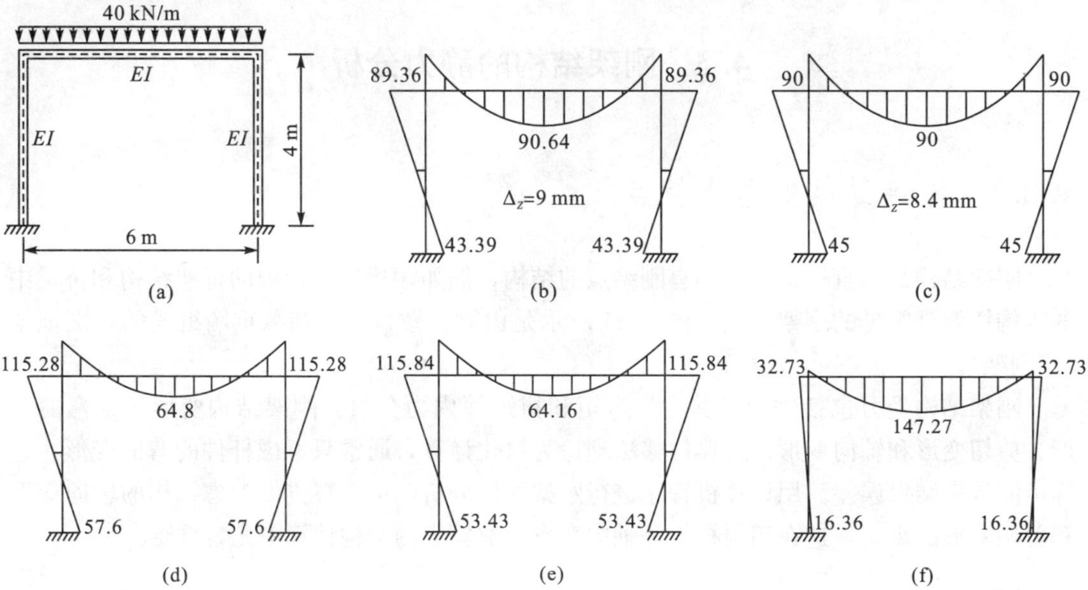

图 4.25　梁与柱刚度变化的分析

1. 操作步骤

(1)选取计算模型量纲为 kN、m、C。

(2)选择“二维框架”图标，在“门式框架”对话框中：楼层数和开间框中分别输入 1、楼层高度输入 4、开间输入 6。

(3)用鼠标选中两支座结点，按操作步骤“Assign→Joint→Restrains(修改约束)”，选中固定支座图标，确定。

(4)定义材料，按操作步骤“Define→Materials→选取材料名”，输入弹性模量，如图 4.26所示。

①单击“添加新材料”按钮，按用户要求指定材料名。

②单击“修改/显示材料”按钮，则为默认材料名

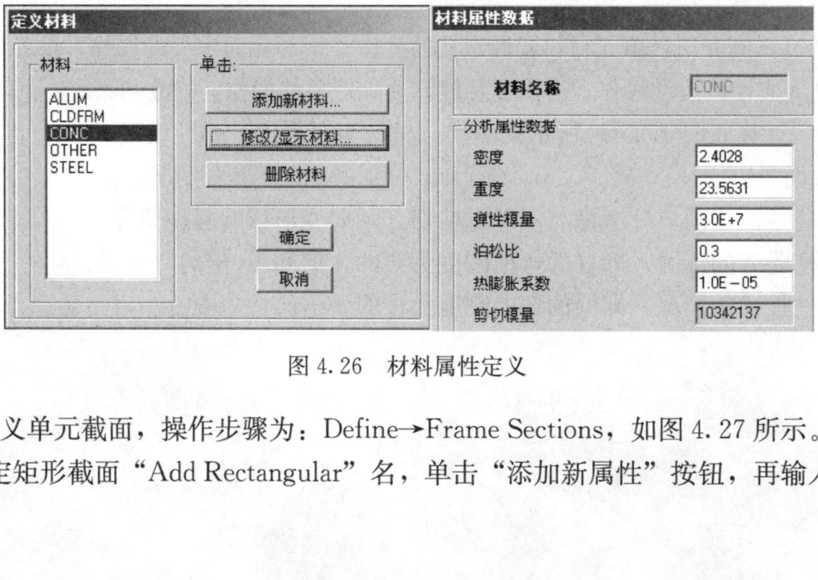

图 4.26　材料属性定义

(5)定义单元截面，操作步骤为：Define→Frame Sections，如图 4.27 所示。在下拉菜单中，选定矩形截面“Add Rectangular”名，单击“添加新属性”按钮，再输入高宽几何尺寸。

(6)定义结构静力荷载工况，操作步骤为：“Define→Load Cases”。特别要注意的是：将自重乘数改写为“0”，表示不计自重荷载的影响，而后单击“修改荷载”和“确定”按钮。

(7)选定所有单元并指定单元截面组名，操作步骤为：Assign→Frame/Cable/Tendon→Frame Sections。

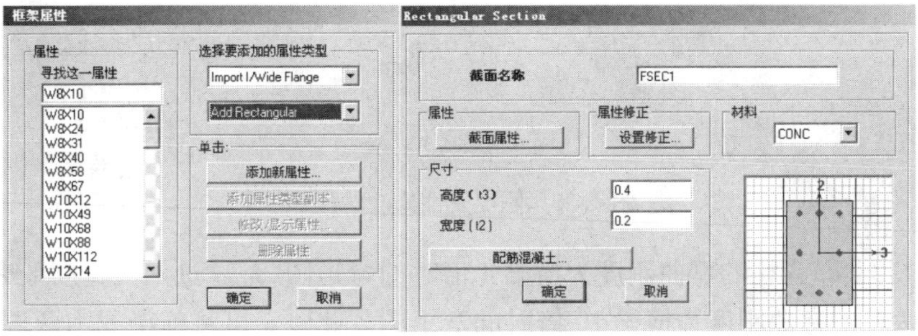

图 4.27　截面属性定义

(8)为了查看跨中的位移，将横梁分为两个单元。其操作步骤为：选中横梁单元，执行 Edit→Divide Frame 命令，按如图 4.28 所示步骤进行。

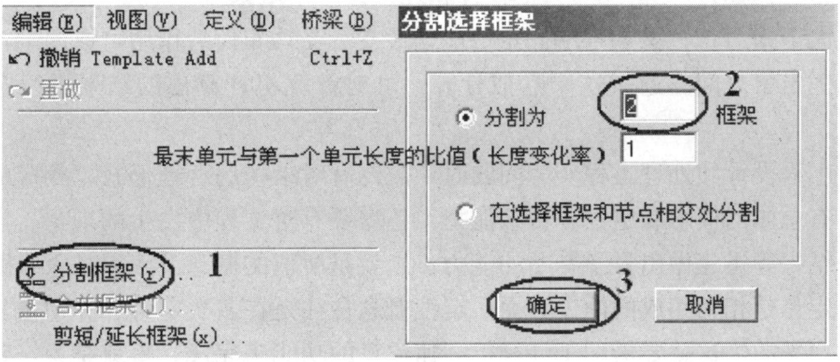

图 4.28　单元再细分的操作

(9)选中横梁单元，施加均布荷载，操作步骤为：Assign→Frame/Cable/Tendon Loads→Distributed。

2. 计算结果及讨论

(1)图 4.25(b)为考虑轴向和剪切变形影响的弯矩图和跨中竖向位移；图 4.25(c)为不计轴向和剪切变形影响的弯矩图和跨中竖向位移。这些因素的考虑或忽略是通过修改截面属性来实现的，图 4.29 为修改刚度属性前后的比较。操作命令为 Define→Frame Sections→Modify/Show Property→Set Modifiers…。

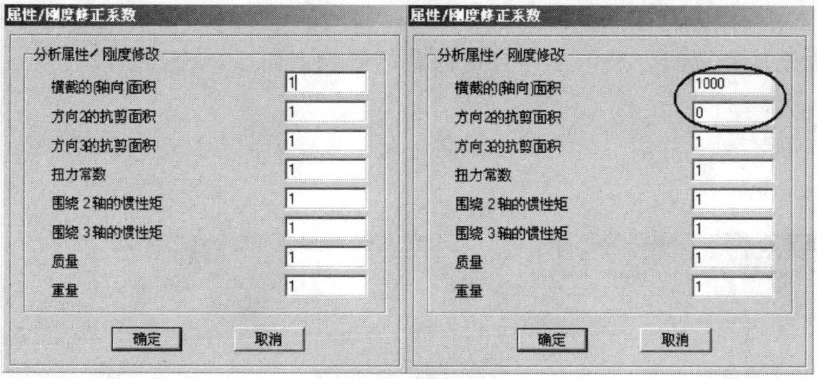

图 4.29 刚度属性修改的操作

(2)图 4.25(d)为柱的弯曲刚度为横梁 4 倍时的弯矩图(是通过加大宽度 b 来实现的)；图 4.25(e)为柱的弯曲刚度为横梁 10 倍时的弯矩图。此时，可将横梁视为两端固定支座，其固端弯矩为 $M = ql^2/12 = 40\times6\times6/12 = 120$kN·m 与 115.84 kN·m 相比误差为 3%，此误差在土木工程设计中是可接受的。图 4.25f 为横梁弯曲刚度为柱的 4 倍时的弯矩图。当这个比大于 4 以上时，此时可将横梁视为简支梁，跨中弯矩为 $ql^2/8$=180 kN·m。

(3)受均布荷载的梁，两端与其他杆件相连，其跨中最大弯矩不超过 $ql^2/8$，而结点处的弯矩不会大于 $ql^2/12$；又如一端固定一端弹性支承受均布荷载作用，取固端弯矩介于悬臂梁与梁端固定梁之间。通过这个近似计算，可对计算机计算出的结果进行定性的分析检查。

在进行工程设计和处理工程实际问题时，需要有对结构的合理形式、相应的结构变形和内力等具有总体的概念和定性分析的能力，还需要有对工程中发生的现象、所得的数据和结构计算结果等迅速做出科学判断的能力，这就是所谓的概念设计和概念分析理念。

定性和定量是相辅相成的两个方面。定性概念往往是在多次定量计算中重复出现后才被总结发现出来的，这就要借助于计算机高速运算的功能来完成，也就是说，定性分析与计算机应用，是“理论—实践—形成规律”的过程，是从假说或猜想中产生再经过实验或理论推演以证明其正确与否的过程。

同时，用于计算机进行数值计算的弱点是计算机过程是自动完成的，缺乏对中间结果正确性的必要判断。计算机程序对于应用者具有黑箱性质，所以工程师要善于对结构的性态进行定性分析和近似估算，以便对计算机提供的数值成果的可靠性给出应有的评价。由此可知，结构受力的定性分析与计算机方法是现代结构力学中两个密不可分的内容。

例 4.2 计算如图 4.30 所示的对称框架在对称荷载作用的内力图。设材料的弹性模量 $E=3.0\times10^7$ kN/m²，梁截面为 0.2 m×0.4 m，柱截面为 0.4 m×0.4 m。

本题计算过程与例 4.1 相同。因为结构和荷载均具有对称性，计算时可根据对称结构受力和变形的特点，取半结构进行计算。

本例题的目的是，了解对称结构在对称或反对称荷载作用下的性质。

(1)正对称荷载作用。如果对称轴两边的荷载大小相等，绕对称轴对折后作用点重合和作用力指向相同，则称为正对称(或简称为对称)的荷载。

(2)反对称荷载作用。若对称轴两边的荷载大小相等，绕对称轴对折后作用点重合和作用力指向相反，则称为反对称的荷载。

(3)对称结构在对称荷载作用下，结构的受力和变形是对称的。弯矩图、轴力图是对称的；而剪力图是反对称的。因此，对于大型对称结构可取半结构计算。

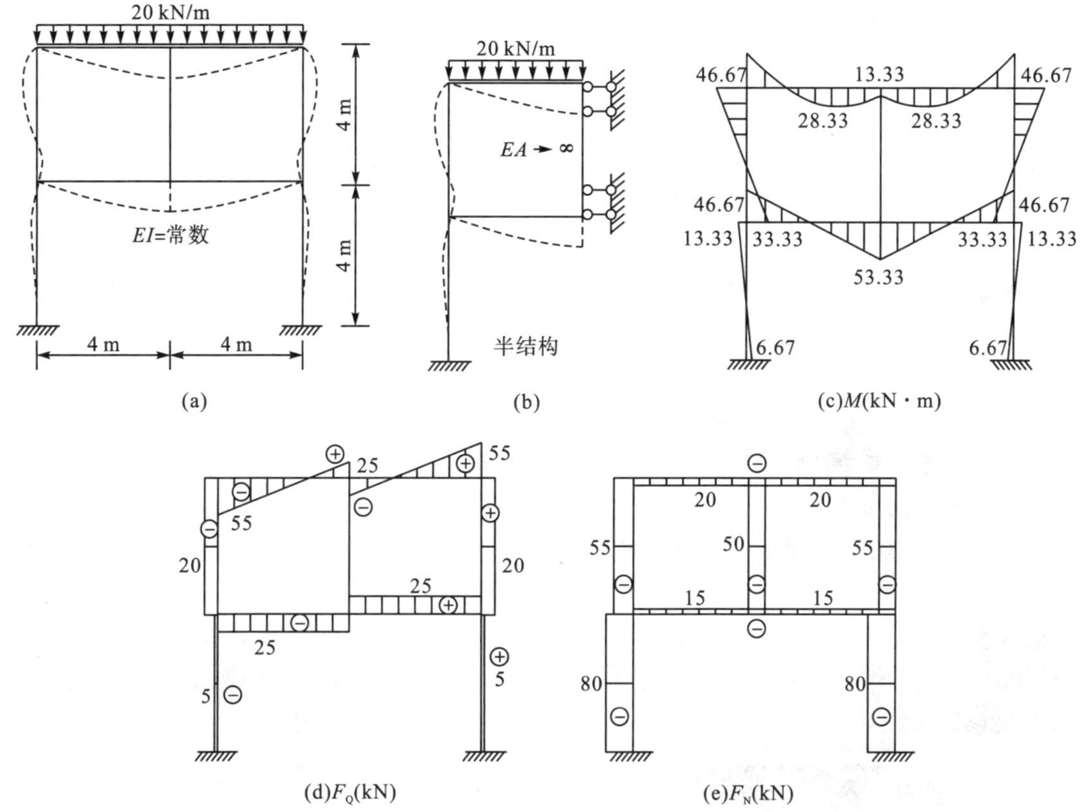

图 4.30　对称框架的计算

例 4.3　计算如图 4.31 所示的对称框架在反对称荷载作用的内力图。设材料的弹性模量 $E=2.0\times10^8\ \mathrm{kN/m^2}$。截面为矩形截面，高宽为 0.4 m×0.2 m。

本例计算过程图例 4.1。因为结构对称荷载反对称，计算时可根据对称结构受力和变形特点，取半结构[图 4.31(b)]进行计算。

结论：对称结构在反对称荷载作用下，结构的受力和变形是反对称的弯矩图、轴力图是反对称的；而剪力图是对称的。

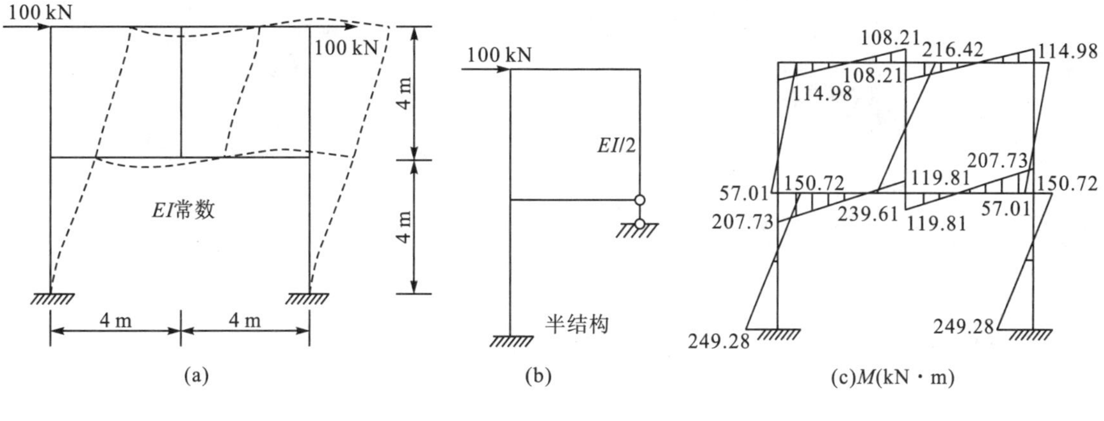

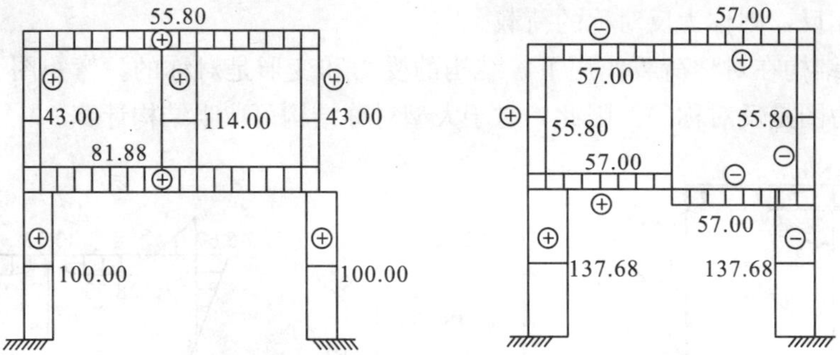

(d)F_Q(kN)　　(d)F_N(kN)

图 4.31　对称刚架的计算

例 4.4　计算如图 4.32 所示的刚架截面 D 的水平线位移。材料为混凝土，弹性模量 $E=3.0\times10^7$ kN/m^2。并设基本截面为矩形，$b\times h=0.3$ m$\times0.6$ m。分别考虑以下情况：

模型 A：考虑弯曲、剪切和轴向变形的综合影响。

模型 B：只考虑弯曲变形的影响。

结构计算否考虑轴向变形、剪切变形或弯曲变形的影响，可通过定义(define)菜单栏中截面属性(Frame SeeHons)选项进行设置。程序省缺选项是三项变形均考虑，如本题计算模型 A 的计算，其过程与例题 4.1 相同。当不考虑其中部分变形的影响时，可单击属性修正(Property Modifiers)选项，修改各选项的参数即可。忽略轴向变形影响，可设置轴向面积修改系数为 100000；忽略剪切变形影响，可设置抗剪面积修改系数为 0；忽略弯曲变形影响，可设置惯性矩修改系数为 10000000。如本题计算模型 B 的刚度修正系数，如图 4.32(a)所示。

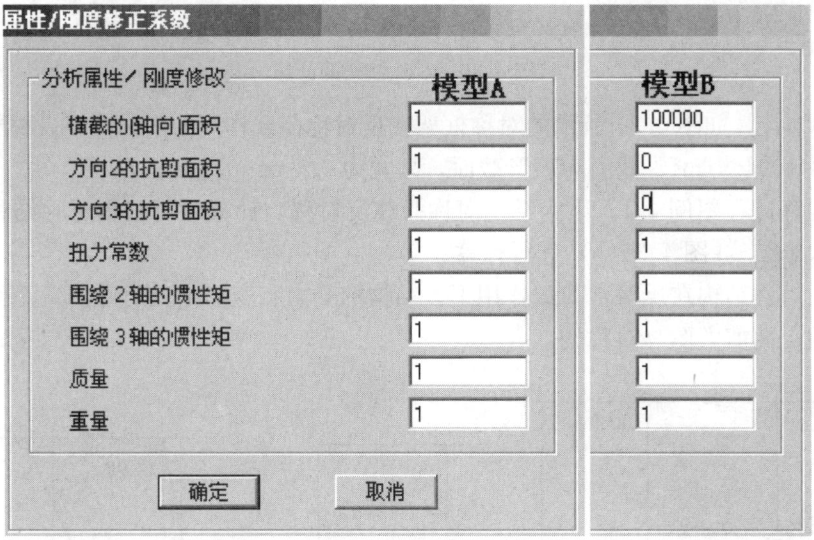

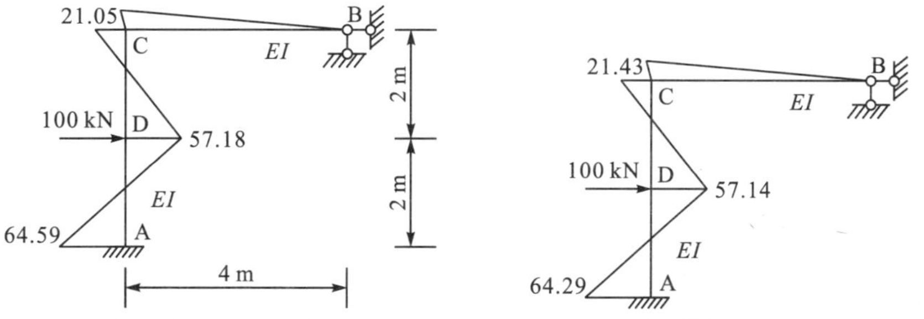

图 4.32　不同刚度属性的计算

4.4　桁架结构的静力分析

4.4.1　桁架结构的基本特点

梁式桁架实际上是对实腹梁中性区的(图 4.33)挖空，得到如图 4.33(b)所示的桁架。这样，当只受结点集中荷载时，桁架各杆件只受轴向力，应力分布均匀，材料强度得到充分利用。同时，有助于减轻自重，增加承受外荷载的数量比，适合向大跨度发展。

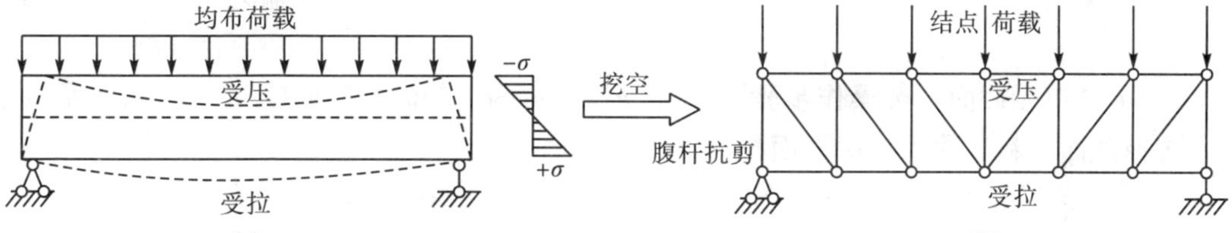

图 4.33　静定桁架中拉压力的分布

4.4.2　静定桁架的内力分析

静定结构的内力只与结构的外形和荷载的大小有关，而与材料和杆件截面尺寸无关。但是在应用结构分析程序计算分析内力时，由于一般结构分析程序的计算原理为位移法，由第 3 章的单元刚度矩阵的元素可知，必须输入单元的材料和截面特性后，才能进行计算。但是，在使用 SAP2000 结构分析程序的模板建立计算模型过程中，已经预置了单元的材料和截面类型。也就是，利用模板建立的模型是物理模型(或称为有限元模型)，而不仅仅是几何模型。因此，对于静定结构的内力分析，仅需要通过模板建立模型和施加荷载后，就可进行计算和结果的显示，但是要计算结构的位移，则必须输入单元的材料和截面特性。

静定桁架的计算与其他类型结构相比，有如下两个特点：

(1)只受结点荷载；

(2)释放各单元两端弯矩自由度(3 轴的弯矩，即 M_{33})。

例 4.5 计算如图 4.34(a)所示的静定桁架内力，并利用对称性和结点法(用手算)验证计算机计算结果的正确性。设 $F_P=10kN$，$h=3$ m，$d=3$ m，弹性模量 $E=2.0\times10^4 kN/cm^2$，各杆截面面积 $A=0.001$ m^2。

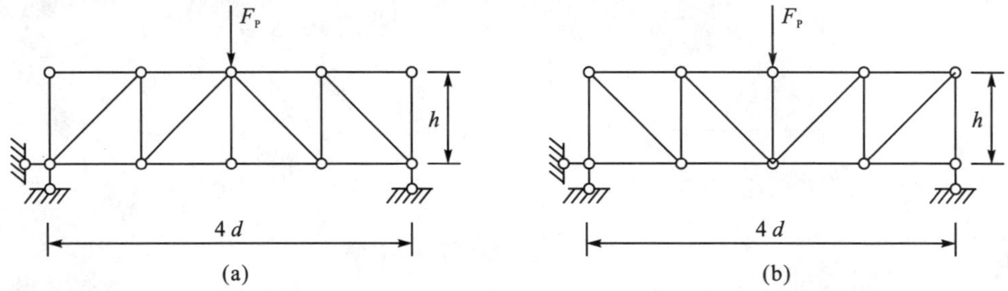

图 4.34 静定未行架计算

操作步骤如下。

(1)选取计算模型量纲为 kN、m、C。

(2)选择“二维平面框架”图例。在框架“楼层数”输入 1；在“开间数”输入 4；在“楼层高”输入 3；在“开间”输入 3。选中“快速绘制框架单元”工具完成下弦单元和斜杆的绘制。

(3)选右端支座结点，按操作步骤 Assign→Joint→Restrains 修改约束为竖向约束；选中中间 3 个结点修改为自由结点。

(4)定义材料，按操作步骤 Define→Materials→选取材料名，输入弹性模量，参考图 4.26。

(5)定义单元截面，按操作步骤 Define→Frame Sections，选择 General，输入截面名称，选择截面材料，输入横截面面积 $A = 0.01m^2$ 。

(6)定义结构静力荷载工况，按操作步骤 Define→Load Cases。注意将自重乘数改写为“0”，表示本次计算不计自重荷载的影响。

(7)选中所有单元，按操作步骤 Assign→Frame→Releases，释放所有单元的两端杆端弯矩自由度。

(8)选定所有单元并指定单元截面组名。按操作步骤为 Assign→Frame/Cable/Tendon→Frame Sections。

(9)选中受集中力结点，施加结点荷载，按操作步骤为 Assign→Joint Loads→Forces。

(10)设置计算为平面问题，然后选择运行，即可得到桁架内力。

例 4.6 计算图 4.34(b)所示的静定桁架，并与图 4.34(a)所示的桁架比较最大挠度。设 $F_P=10kN$，$h=3m$，$d=3m$，弹性模量 $E=2.0\times10^4$ kN/cm^2，各杆截面面积 $A=0.01m^2$。

(1)本例操作步骤与例题 4.5 相同。需要注意的是，在例 4.5 中，横截面积 A 不影响静定结构内力的大小，可以输入任意值。本例中因为要比较住移，必须较入准确的横截面积和弹性模量。

(2)计算结果为图 4.34(a)所示桁架的最大位移为 0.949 mm，图 4.34(b)所示桁架为 1.02 mm。两桁架尺寸相同，荷载相同，杆件数量相同，因为杆件布置不同，其位位移计算结果相差 7%，说明结构布置形式、传力路径的长短，对结构整体刚度有明显的影响。

例 4.7 计算如图 4.35 所示的桁架，并与该桁架各铰结点变为刚结点的刚架计算结果进行比较。设各杆断面为矩形管，外尺寸为 100 mm×100 mm，壁厚为 5 mm，弹性模量 $E=2.0\times10^{8}\ \mathrm{kN/cm^{2}}$，$F_P=10$ kN，$h=5$ m，$d=5$ m。

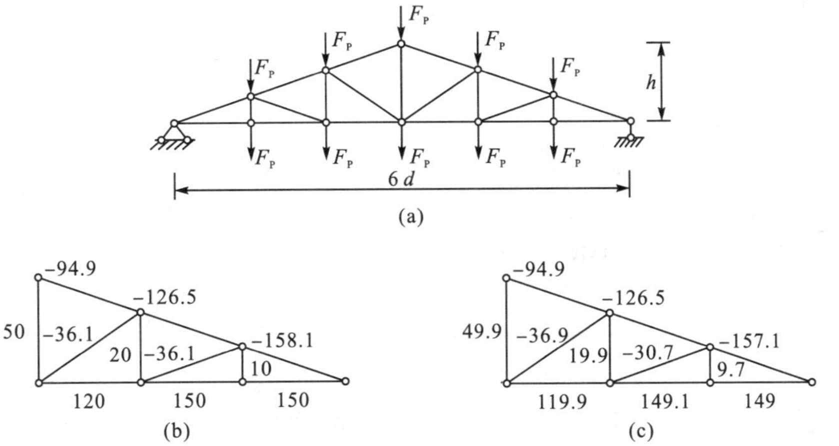

图 4.35　三角形屋架的计算

选“二维平面框架”图例。在框架“楼层数”输入 1；在“开间数”输入 2；在“楼层高”输入 5；在“开间”输入 15，去掉约束选项。选中“快速绘制框架单元”工具完成下弦单元的绘制。删除多余杆件，选中所有杆件，从编辑菜单中，选中“分割框架”命令，将所有腹杆分为三等份。用“绘制框架单元”工具绘制其余腹杆，用“all”命令选中所有单元，释放所有单元的杆端弯矩自由度。

桁架各杆受力如图 4.365(b)所示。按刚架模型计算得到的各杆轴力如图 4.35(c)所示，变矩和剪力均很小，未画出。可以看到两种模型计算结果轴力相差很小，本例中不到 1%。两种情况的位移相差也很小，在结点为铰情况下为 0.0339 m，在结点刚结时为0.0338 m。

4.4.3　超静定桁架的内力分析

超静定结构的几何特征为几何不变且有多余约束，其受力特征为仅依靠平衡条件还不能确定全部反力和内力，还必须考虑变形条件。

超静定结构与静定结构相比，具有以下一些重要特性。

(1)对于静定结构，除荷载外，其他任何因素如温度变化、支座位移等均不引起内力。但对于超静定结构，由于存在多余约束，当结构受到这些因素影响而发生位移时，一般将受到多余联系的约束，所以相应地要产生内力。

(2)静定结构的内力只按平衡条件即可确定，其值与结构的材料性质和截面尺寸无关。而超静定结构的内力仅由平衡条件无法全部确定，还必须考虑变形条件才能确定其解答，因此其内力数值与材料性质和截面尺寸有关。在荷载作用下，超静定结构的内力与各杆的相对刚度有关，与各杆的绝对刚度值无关。当改变超静定结构各杆刚度的相对比值时，各杆的内力将重新分布。在温度变化、支座移动、制造误差等因素的影响下，其内力与各杆的绝对刚度值成正比。

例 4.8　计算如图 4.36 所示的平面桁架，弹性模量 $E=2.0\times10^{4}\ \mathrm{kN/m^{2}}$，各杆截面面积如表 4.1 所示。

表 4.1 桁架杆件截面面积

单元编号	1	2	3	4	5	6	7	8	9	10
截面面积/cm^2	15	20	15	20	25	20	15	15	15	15

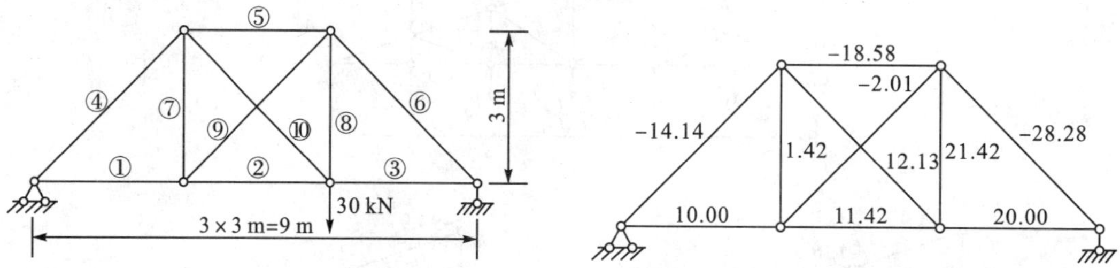

图 4.36 一次超静定桁架的计算

建模可用模板中的“二维桁架”图例修改。对截面面积的定义，采用直接输入面积的方法，即选中“Add General”属性类型，此时需要将惯性矩输入一个相对面积很小的值来实现桁架计算主应力的目的。

例 4.9 计算如图 4.37 所示的平面桁架，弹性模量 $E=2.0\times10^4\,kN/cm^2$，各杆截面面积 $A=0.01m^2$，各杆长 $l=3$ m。

建模方法以图 4.37(a)为例，首先用模板建立单元①，且不施加约束。然后选中单元①，执行 Edit→Replicate(带属性复制)命令，按图 4.38 操作，复制出单元②，按同样步骤复制③(注：在旋转操作中，要选定旋转点和旋转角度。旋转角度规定顺时针方向为正；逆时针方向为负)。

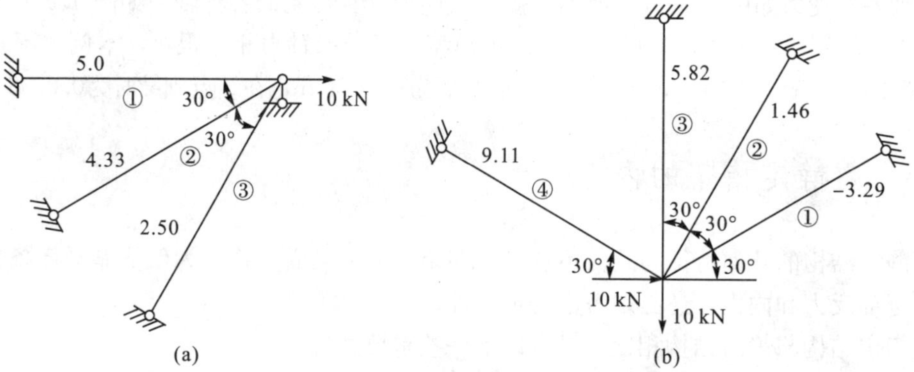

图 4.37 超静定桁架计算

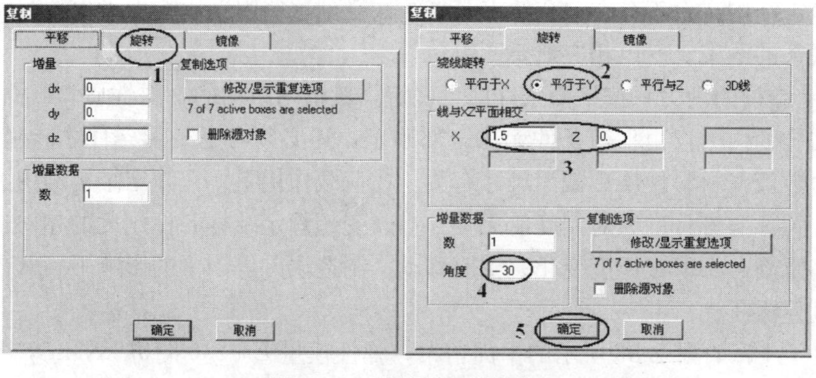

图 4.38 带属性复制操作

在支撑点处施加固定铰支座约束，施加结点荷载，释放单元杆端转动自由度，运行分析，显示计算结果如图 4.37 各杆的标注值所示。

4.4.4　组合结构的计算

梁桁组合结构是指由链杆和受弯杆件混合组成的结构，其中链杆(两铰直杆且杆身上无荷载作用者)只受轴力(又称为二力杆)，受弯杆件则同时还受有弯矩、剪力和轴力。

图 4.39(a)所示的下撑式五星形屋架就是梁桁组合结构在建筑上的应用实例。其上弦由钢筋混凝土预制(梁式杆)，下弦和腹杆为型钢(链杆)。计算简图如图 4.39(b)所示。

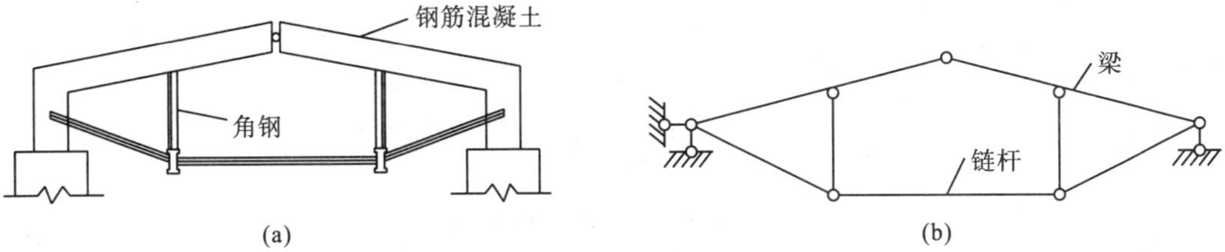

图 4.39　下撑式五星形屋架

根据梁的使用场合及其弯矩图，相应布置折线形加劲链杆，可形成力学性能合理的梁桁组合结构。

例 4.10　求如图 4.40(a)所示的吊桥的内力图。吊杆的 EA 等于横 EI 的 $\frac{1}{20}\mathrm{m}^{-2}$。

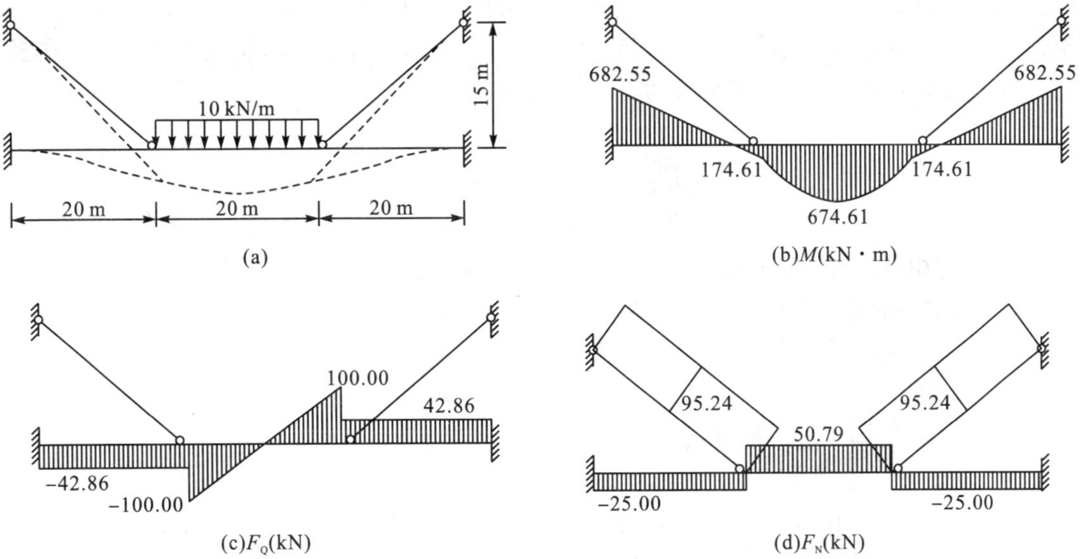

图 4.40　吊桥的内力图

4.5 拱式结构的静力分析

4.5.1 拱式结构的基本特点

拱是轴线为曲线且在竖向荷载作用下会产生水平推力的结构。常用拱的类型有三铰拱、两铰拱和无铰拱 3 种，如图 4.41 所示。

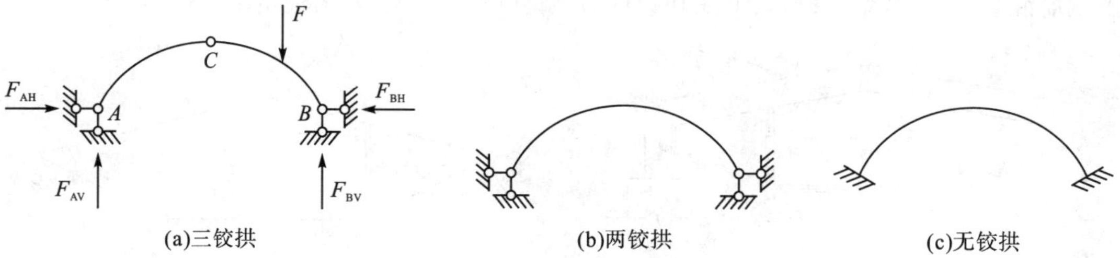

图 4.41 拱的类型

拱与梁的区别不仅在于杆轴线的曲直，更重要的是拱在竖向荷载作用下会产生水平反力，这种水平反力又称为推力。由于水平推力的存在，拱的弯矩要比跨度、荷载相同的梁的弯矩小得多，并且主要是承受压力。这就使得拱截面上的应力分布较为均匀，因而更能发挥材料的作用，并可利用低抗拉材料如砖石、混凝土等来建造。拱的主要缺点也在于支座要承受水平推力，因而要求比梁具有更坚固的地基或支承结构(墙、柱、墩、台等)。

三铰拱为静定拱，其的内力不仅与 3 个铰的位置有关，而且与拱轴线形状有关。在竖向荷载作用下拱指定截面计算公式为

$$\begin{cases} M = M^0 - F_H y \\ F_Q = F_Q^0 \cos\phi - F_H \sin\phi \\ F_N = F_Q^0 \sin\phi + F_H \cos\phi \end{cases}$$

式中，M^0 为相应简支梁对应截面弯矩，F_H 为拱的水平推力，F_Q^0 为相应简支梁对应截面的剪力，y 为拱截面位置高度，ϕ 为拱截面倾角。在应用三铰拱的内力计算公式时，在拱的左半边，ϕ 取正号；在拱的右半边，ϕ 取负号。

4.5.2 单跨拱式结构的计算

关于模型建立的说明。SAP2000 没有专门绘制抛物线拱的图例，可采用“以直代曲”的方法构成所需曲线。首先绘出水平跨长并分成若干等份，而后单击每一分段点用修改 Z 轴坐标形成所需的拱轴线。

例 4.11 计算如图 4.42 所示的三铰拱的内力图。拱轴线为抛物线，其方程为 $Z = \frac{4f}{l^2}x(l-x)$，坐标原点在左拱趾。

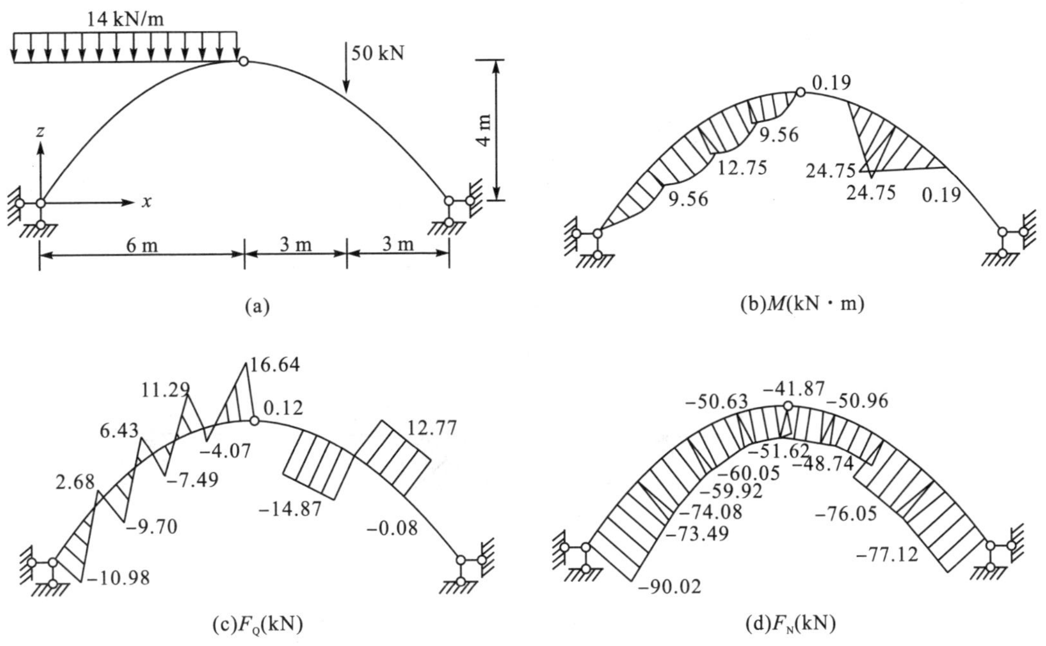

图 4.42　三铰拱的计算

例 4.12　计算如图 4.43 所示的两铰拱内力图。拱轴线为抛物线，其方程为 $Z = \frac{4f}{l^2}x(l-x)$，坐标原点在左拱趾。

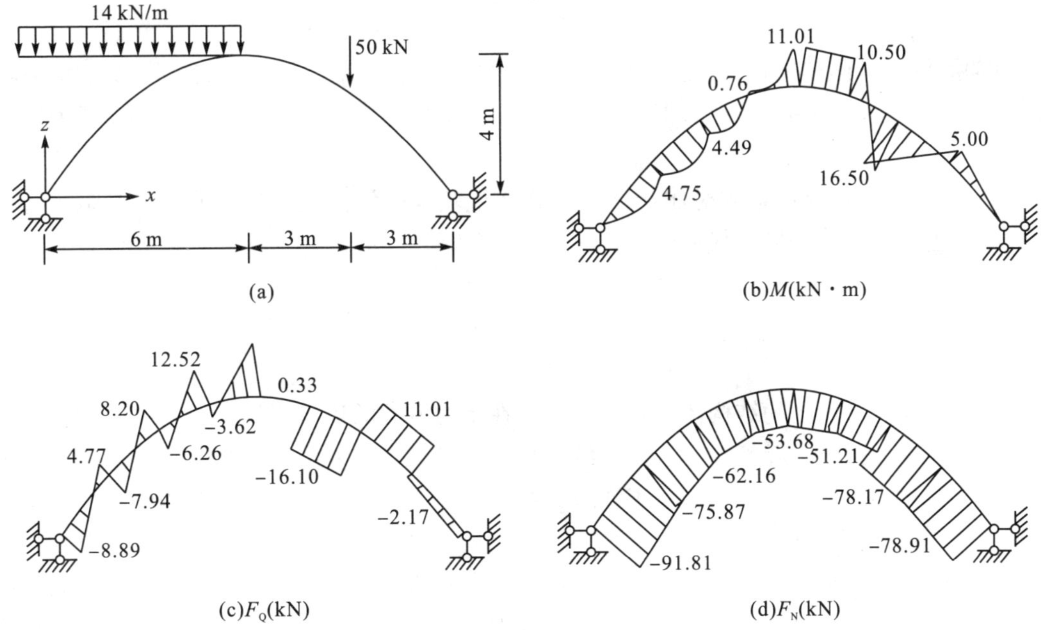

图 4.43　两铰拱的计算

例 4.13　计算如图 4.44 所示的无铰拱内力图。拱轴线为抛物线，其方程为 $Z = \frac{4f}{l^2}x(l-x)$，坐标原点在左拱趾。

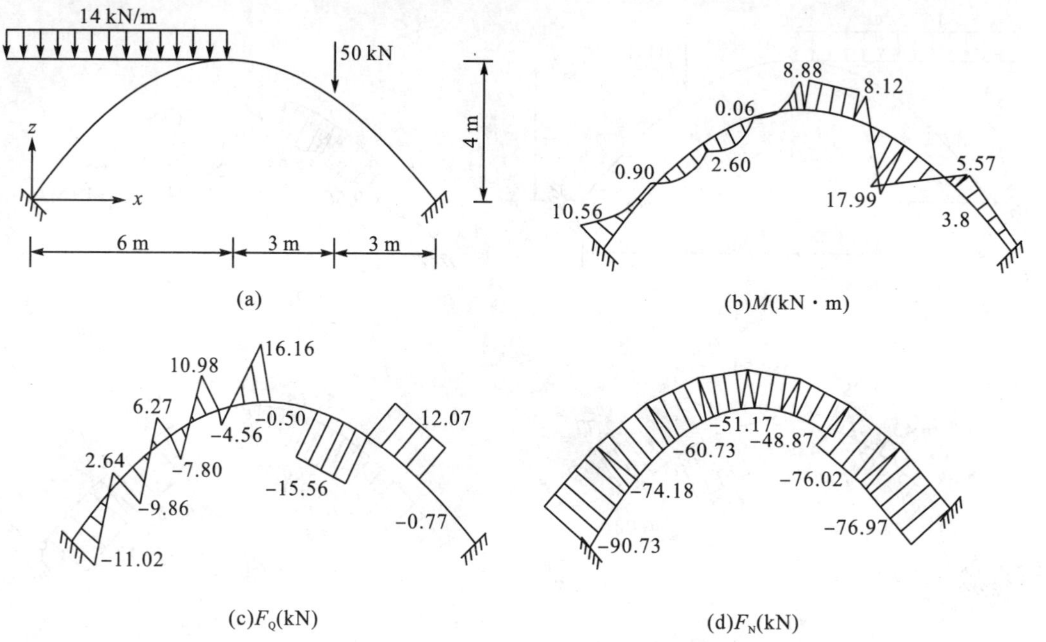

图 4.44 无铰拱在荷载作用系下的计算

通过以上计算可以发现如下内容。

(1)三铰拱可避免两拱趾和拱顶的弯曲变形，而且在支座、温度变化的影响下不产生内力。

(2)两铰拱是一次超静定结构，其弯矩在两端拱趾处为零而逐渐向拱顶增大(图 4.43)，所以其截面一般也相应设计由拱趾向拱顶逐渐增大的形式。两铰拱的内力同样不受支座、温度变化的影响。

(3)无铰拱和两铰拱相比，一般说来，无铰拱的弯矩分布比较均匀(图 4.44)，并且构造简单，故工程中应用较广泛；但因支座移动对其影响较大，故在地质不良情况下宜避免采用。

(4)计算机与手算结果的对比：轴力计算结果基本一致，但弯矩、剪力图在数值上有差别，是由于网格粗和以直代曲引起的。

4.5.3 梁拱组合结构的计算

拱与梁组合形成新的结构体系，使拱与梁在受力方面的优点得以充分发挥，并呈现美观的造型和优良的技术经济指标。因其结构轻巧且可以做成外部无推力，故也适用于软弱基。现代梁拱组合桥的发展，得益于预应力技术和施工工艺的更新。三跨连续形式的梁拱组合桥适用于较大跨度的城市桥梁，当今备受重视。从结构内部受力情况看，荷载在拱与梁中产生的内力大部分转变为它们之间所形成的自平衡体系的相互作用力，拱推力与梁的纵向拉力相互作用，拱与梁截面的总弯矩等效为主要由拱受压，梁受拉的受力形式，剪力则主要成为拱压力的竖向分力，拱内的轴向力将分担梁的剪力。

下承式连续梁拱组合桥的拱(图 4.45)不是加强连续结构的中支点截面，而是通过对中孔(类似系杆拱)的加强使内力重分布，以降低中孔加劲梁的建筑高度，并将荷载由拱直接传递到支点。

例 4.14　计算如图 4.45 所示的下承式连续梁拱组合结构内力图。拱轴线为抛物线，其方程为 $Z=\dfrac{4f}{l^2}x(l-x)$，杆件截面为 0.4 m×0.4 m，弹性模量 $E=2.0\times10^8\ \mathrm{kN/m^2}$。

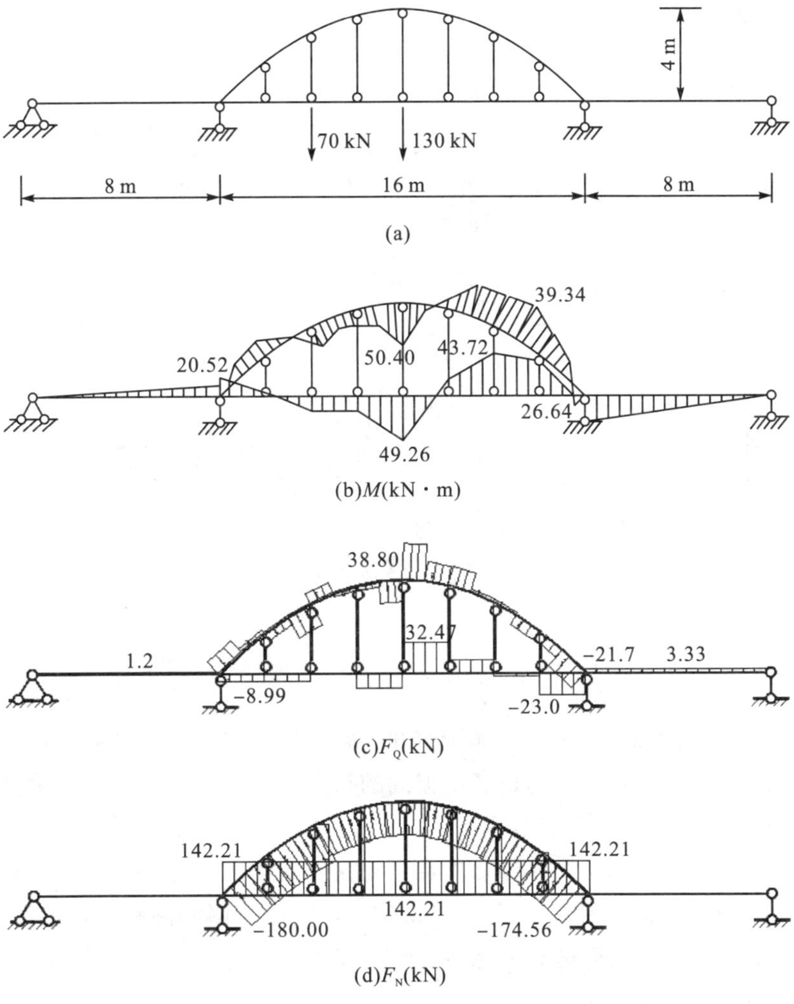

图 4.45　下承式连续梁拱组合结构内力图

4.6　交叉梁结构的静力分析

4.6.1　交叉梁结构的基本特点

交叉梁又称为网格梁，是由两个方向互相交叉的梁系组成的。例如，桥梁结构常由一组纵向主梁和一组与之垂直的横梁组成；钢筋混凝土井式楼盖、工厂中的工作平台也广泛使用。两组梁可以是相互垂直，与板边平行或与板边斜交的。网格一般为正交方形，也可斜交形成菱形的格子。交叉梁系的两组梁在结点处相连，相互承托，共同承担荷载，可以形成较大跨度的空间(图 4.46)。

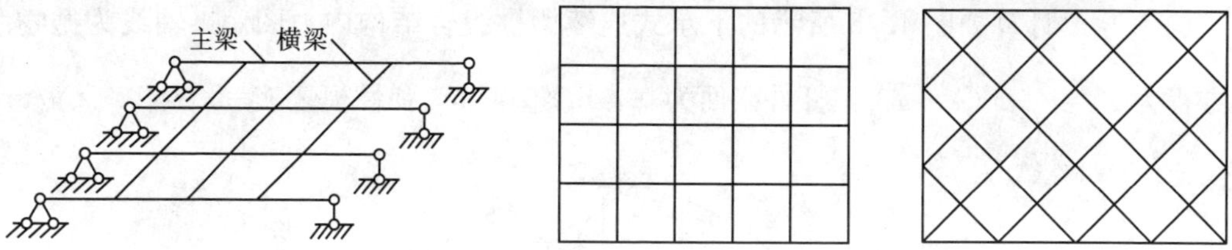

图 4.46 交叉梁

在进行交叉梁分析时，通常假定两组梁在结点处相互简支，略去影响较小的扭矩和弯矩的相互影响。对图 4.47 所示的交叉梁，按上述简化计算可得，当两组梁材料截面相同时，各个方向的梁所承担的力与该方向梁长的立方成反比。

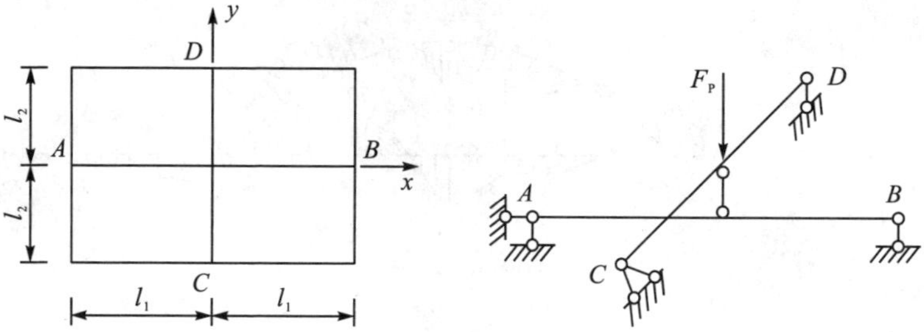

图 4.47 交叉梁计算简图

4.6.2 交叉梁结构的计算

交叉梁荷载不在梁轴所在平面，属于空间问题。用有限元程序计算时，一般不再假定两组梁在结点处相互简支，也要考虑各组梁间的扭矩和弯矩的相互影响。梁段上不仅有弯矩、剪力和轴力，一般还存在扭矩。

例 4.15 试计算图 4.48 所示的交叉梁在交点处受集中力 $F_P=200$ kN 时的弯矩、剪力和最大位移。设交叉梁 $b\times h=0.25$ m×0.5 m，材料为钢筋混凝土，$E=3.0\times10^7$ kN/m²，$\alpha=1.0\times10^{-5}$。设梁长度分别考虑①$l_1=3$ m，$l_2=3$ m；②$l_1=3$ m，$l_2=6$ m。

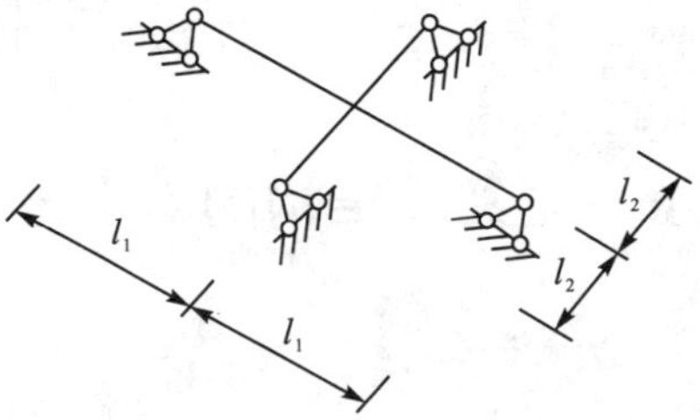

图 4.48 不同长度交叉梁的计算

经计算，当两梁长度相同时，各梁承担一半的外荷载；当两梁的长度相差一倍时，短梁所承担的荷载接近长梁的 8 倍，与简化解相近。本例中交叉点位于对称轴上，梁不受扭矩影响，当交叉点不在对称轴位置时，梁内的扭矩不为零，同一梁在交点两侧弯矩有突变。

本题两种梁长情况下，最大位移均发生在交叉点处。梁长均为 3 米时，结构最大挠度为 5.8 mm。当梁长 l_2 增加一倍时，结构最大位移为 10.2 mm，说明在此情况下，主要是短梁承受荷载，长梁对结构刚度贡献很小。

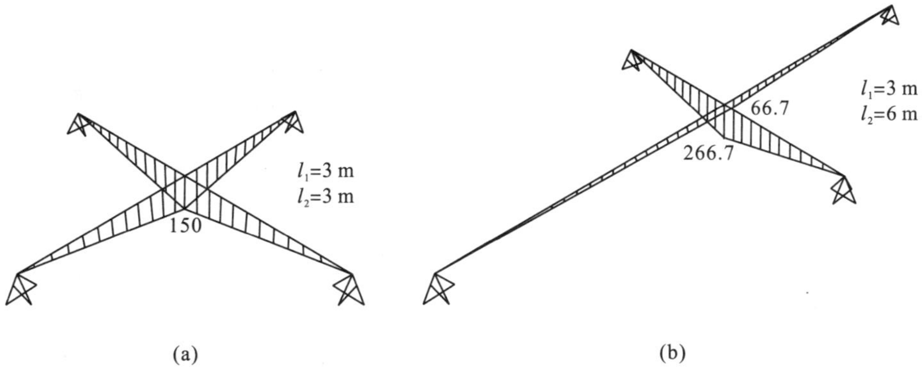

图 4.50　交叉梁的弯矩图(单位 kN·m)

例 4.16　试计算图 4.51 所示的交叉梁在交点处受集中力 F_P=10 kN 时的弯矩、剪力和最大位移。设交叉梁 $b\times h$=0.25 m×0.5 m，材料为钢筋混凝土，E=3.0×10^7 kN/m^2，α=1.0×10^{-5}。设梁长度分别为①l_1=2 m，l_2=2 m；②l_1=4 m，l_2=2 m。

经计算当 l_1=2 m，l_2=2 m 时，两个方向梁长度相同，弯矩图相同，各方向的梁承担一半的外荷载。当 l_1=4 m，l_2=2 m 时，矩梁最大弯矩 17.74 大小 m，约长长梁弯矩 4.52 kN·m 的 3.9 倍，短梁承担的荷载(剪力)约为长梁承担的 7.8 倍。每个方向有两组梁的受力规律与只有一组果情况的受力规律相。

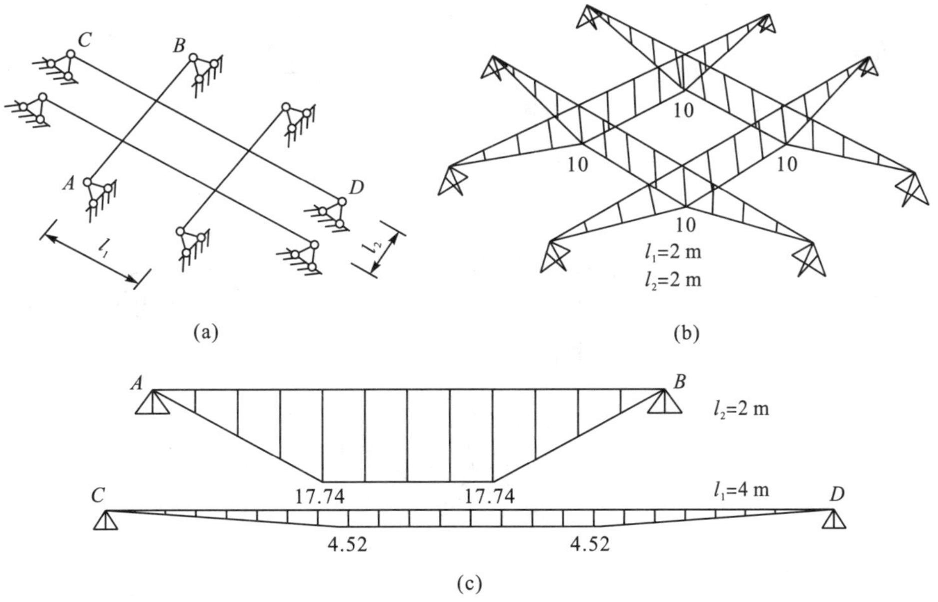

图 4.51　复杂交叉果系计算

练　习　题

4.1　计算如习题图 4.1 所示的刚架，并绘制内力图。材料为混凝土，弹性模量 E=3.0×10^7 kN/m^2。设梁截面为 $b\times h$=0.2 m×0.5 m，柱截面为 $b\times h$=0.4 m×0.4 m。分别计算

荷载组合(不计梁柱自重)：①q=40 kN/m，F_P=0；②q=0，F_P=50 kN；③q=40 kN/m，F_P=50 kN。

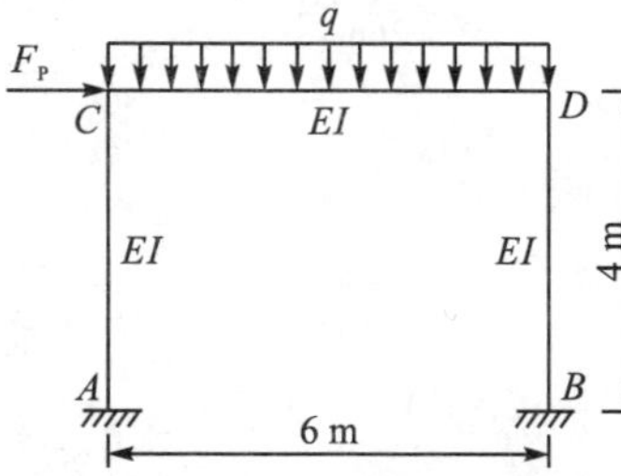

习题图 4.1　单层框架计算图

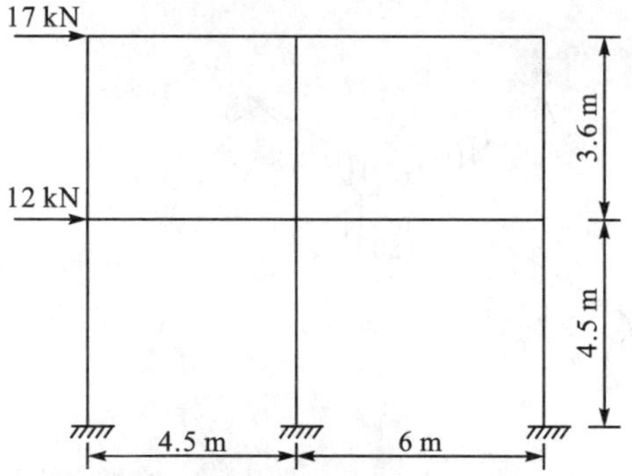

习题图 4.2　二层框架计算图

4.2　计算如习题图 4.2 所示的二层刚架，并绘制内力图。材料为混凝土，弹性模量 $E=3.0\times10^7$ kN/m²。设梁截面为 $b\times h=0.2$ m×0.5 m，边柱截面为 $b\times h=0.4$ m×0.4 m，中柱截面为 $b\times h=0.5$ m×0.5 m。不计结构自重。

4.3　计算如习题图 4.3 所示的桁架各杆内力和最大位移。设 F_P=100 kN，h=12 m，d=12 m，弹性模量 $E=2.0\times10^5$ kN/m²，上下弦杆截面面积 $A_1=0.002$ m²，各斜杆与竖杆截面面积 $A_2=0.001$ m²。

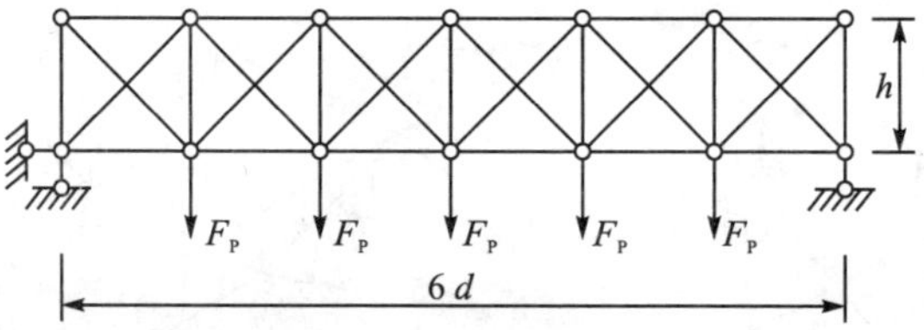

习题图 4.3　超静定桁架计算图

4.4　试计算如习题图 4.4 所示四面简支交叉梁，并绘制 AF、BE、CD 梁的弯矩和剪力图。设垂直于结构平面的集中力 F_P=100 kN，l=3 m，弹性模量 $E=2.0\times10^5$ MPa，梁截面为 $b\times h=0.25$ m×0.5 m。不计结构自重。

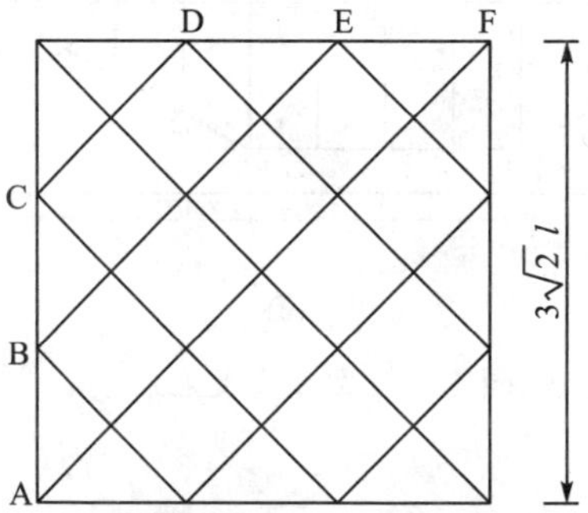

习题图 4.4　四面简支交叉梁计算图

4.5　试计算如习题图 4.5 所示的组合结构，绘制 AB 梁的弯矩图。设 F_P=200 kN，

吊杆 $EI = 20EA\ \text{m}^2$。

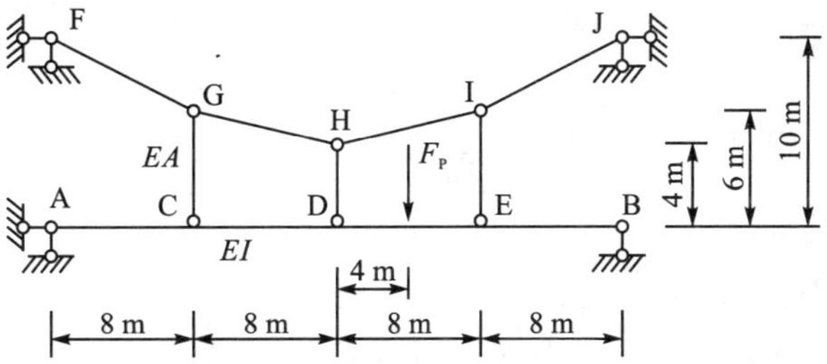

习题图 4.5　超静定组合结构计算图

第 5 章　结构计算结果判断

结构力学经典方法，从理论上讲，可以对任何杆系结构进行求解分析。但随着现代建筑的发展，建筑规模增加、高度增大、体形更加复杂，结构计算未知数增加，计算工作量急剧增加，用人工计算要想得到比较精确的结果几乎不可能。计算机速度快，计算准确，特别适合处理大量重复性的工作。计算机已经发展为结构分析非常有力的工具。

用计算机进行计算分析，速度快，不怕量大重复。但只能按程序工作，不具灵活性，不易发现计算结果中的错误，可能导致最终结果中隐藏不安全因素。实际工程通常结构复杂，构件繁多，计算后输出数据量非常大。用计算机进行计算，并不能保证计算结果的正确性。例如，输入数据时，错误录入一个计算数据，计算机程序很可能会输出一份格式相同而计算结果完全错误的数据。如果不加分析就将计算成果在工程设计中使用，可能导致工程事故或潜在的危险。所以在使用计算机计算成果前，必须进行计算成果分析。根据力学原理，结合工程设计的经验，辅以必要的手工计算，对计算结果进行分析、判断，确保计算成果正确后才能作为设计的依据。

计算结果产生错误的原因大致有如下三方面。

(1)程序本身编制有错误。其一，程序编制人员对力学模型研究分类不完善，应用力学原理或数学运算有错误，导致计算错误。再者通用结构分析程序针对计算内容多，结构复杂，程序庞大，可有成千上万条语句，在调试程序过程中，难以一一审核。如果未经过大量工程应用的检验，难免会有编写错误隐藏其中未被发现。

(2)原始数据错误。一个工程要准备成千上万个原始数据。从原始数据取得、整理到数据输入过程中，出错机会非常多，虽经多方审校，也难以保证不出错误。

(3)选择的结构模型不合理。主要体现在对结构特性和外部影响因素了解不深入，结构的计算简图过于简单或出现错误；或对规范条文和设计习惯不熟悉，对规范理解不正确等。如果这样，即使计算分析过程正确，也会出现错误结果。

正确对计算结果进行分析，合理应用计算成果，使工程建设达到既安全又经济的要求，是一项非常重要的工作。设计人员必须具有较为全面的专业知识与长期实际工程经验，而且需要专业人员有极大耐心和高度的责任心。

对结果的判断，不是简单地将问题重复计算一遍。用计算机分析结构与人工计算有不同的特点。人的整体概念清楚，具有分析判断能力，能抓住特征和要害，能及时发现结果中出现的问题。但人工计算速度慢，工作时间有限，对需要大量重复的计算没有耐心。所以在进行手工计算时，要尽可能采用比较简化的模型，或采用近似估算。

对计算结果的判断主要采用定性判断方法。结构分析分为定量分析和定性分析。定量分析运用结构分析经典方法进行计算，以期得到准确定量的结果。定性分析也是运用结构分析经典方法，利用结构分析的隔离体方法、叠加原理、替代方法，考虑结构受力的一般特性，对结构概念进行分析，或利用更简化结构的计算简图与近似计算方法进行计算，分析得到的结果通常是结构受力的近似结果或定性判断。

5.1 结构受力定性分析方法

5.1.1 叠加法及其应用

叠加原理指在线性系统中，多组荷载作用的结果等于每一组荷载单独作用所得结果的代数和。对于任意结构同时受到几个荷载作用，当材料为线弹性材料且变形属于小变形时，各个荷载引起的内力是各自独立的，并不相互影响，这时各个荷载与它所引起的内力呈线性关系，就可以应用叠加原理，将各个荷载单独作用时的内力相加就得到这些荷载共同作用时的内力。

叠加原理成立的条件为所分析结构的材料满足线弹性的基本假定，另外，还必须满足结构的位移和变形是微小的假定，即属于小变形问题。对于大变形问题，结构的几何尺寸将影响外力作用，叠加原理不再适用。对于非线弹性或弹塑性材料，应力与应变关系是非线性的，叠加原理也不成立。

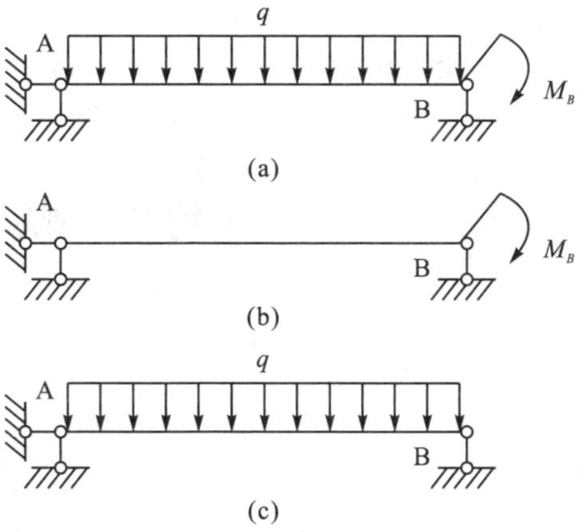

图5.1 叠加法示例

叠加原理是结构分析中的重要原理之一。当结构受到多组荷载作用时，分析往往较为复杂，而在单一荷载作用时更易于分析计算。对荷载逐一分析也便于了解各种荷载对结构的影响大小。在结构计算时通过运用叠加原理，可以对荷载逐项分析，然后根据其影响的大小和出现的概率进行组合，从而找到最不利的荷载组合进行结构设计，才能确保结构在所有可能的荷载情况下都是安全可靠的。

例如，若要分析图5.1(a)所示的单跨梁的内力，可以先分析各个单个因素图5.1(b)和图5.1(c)的影响，将两者相叠加得到原结构的内力。

叠加法在复杂体系的应用中更能体现出其便捷性。

图5.2(a)所示的结构通过计算已经求得 $\theta_D=6.71/(EI)$；$\theta_E=0.35/(EI)$；$\theta_F=6.72/(EI)$和$\Delta_D=68.25/(EI)$，若只想了解AD杆的弯矩，就可以只取出AD杆作为隔离体，按照各个因素对单杆的影响，可以方便快捷地求出各杆的内力[图5.26(b)]。

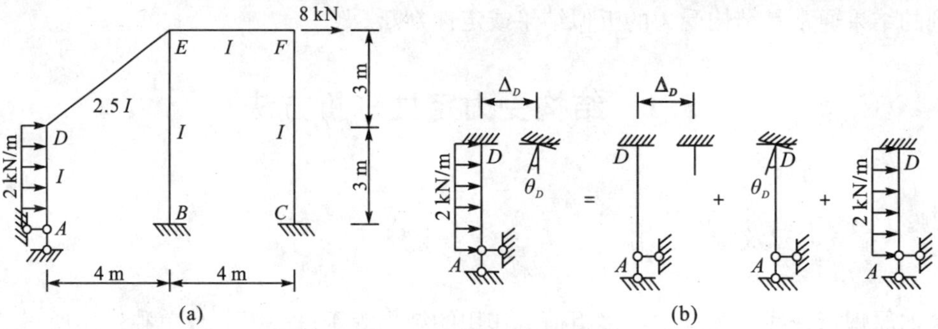

图 5.2　用叠加法求超静定结构杆内力

$$M_{DA}=3i\theta_D-\frac{3i}{l}\Delta_D+\frac{ql^2}{8}=3\times\frac{EI}{3}\times\frac{6.71}{EI}-\frac{3EI}{3^2}\times\frac{68.25}{EI}+\frac{2\times3^2}{8}=-13.79(\mathrm{kN\cdot m})$$

叠加法也是求解超静定结构的基本方法。图 5.3(a)是一个有一个结点角位移和一个结点线位移未知数的超静定结构，取如图 5.3(b)所示基本结构，则在结点 B 处附加刚臂 $F_1=0$ 和结点 D 处附加链杆内的约束力 $F_2=0$ 应为零。即：

$$\begin{cases}F_1=0\\F_2=0\end{cases}$$

将基本结构上的影响因素分别单独考虑，就变为结构只有结点 B 处转角 Z_1[图 5.3(c)]、结构只有结点 D 处水平线位移 Z_2[图 5.3(d)]和结构只受荷载作用[图 5.3(e)]3 种简单情况。再利用叠加原理将 3 种情况的约束受力相加即为原结构受力。故有

$$\begin{cases}F_1=F_{11}+F_{12}+F_{1P}=0\\F_2=F_{21}+F_{22}+F_{2P}=0\end{cases}\tag{5.2}$$

再利用线弹性体系受力的比例关系，先计算出单位位移对基本结构约束的影响，即可得到位移法的基本方程为

$$\begin{cases}k_{11}Z_1+k_{12}Z_2+F_{1P}=0\\k_{21}Z_1+k_{22}Z_2+F_{2P}=0\end{cases}\tag{5.3}$$

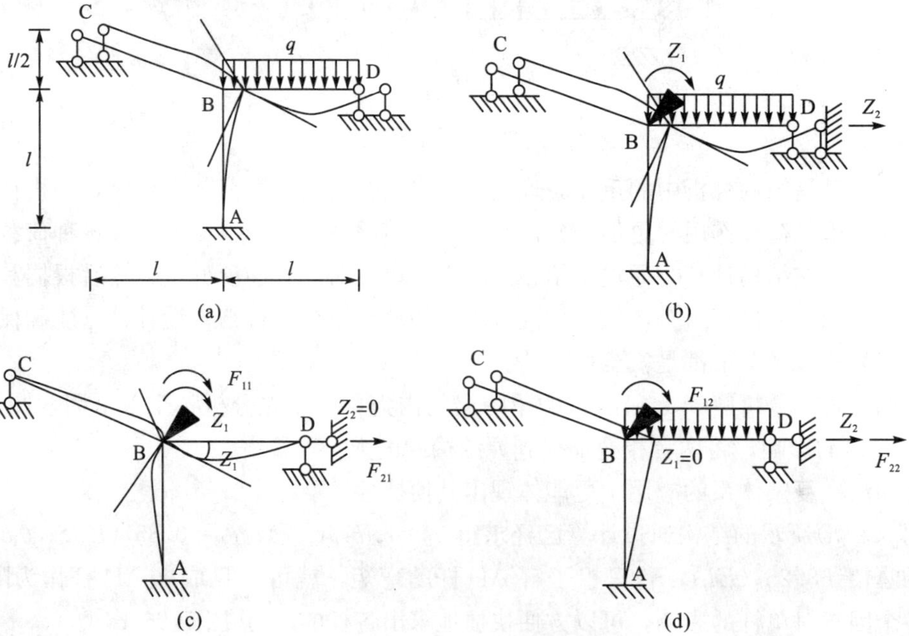

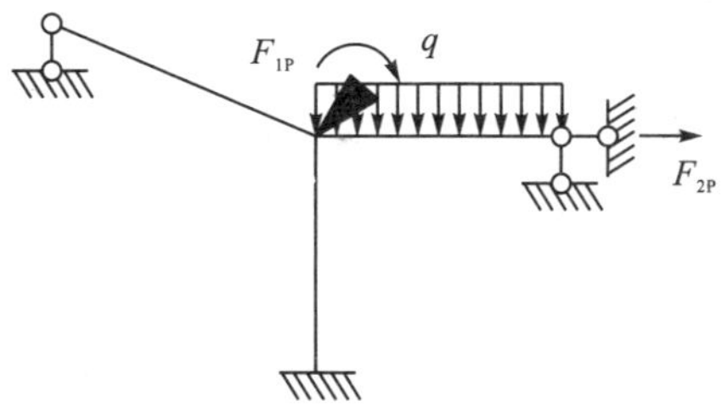

(e)

图 5.3　叠加原理在位移法中的应用示例

叠加原理也适用于线弹性体系的变形分析，力法就是利用基本结构上的位移叠加进行超静定结构的求解的。

5.1.2　等效替代法及其应用

等效替代法是结构分析常用的探究问题的方法之一。结构等效替代法是在保证结构或其一部分特性和关系相同的前提下，将复杂、未知或不易分析的结构问题变换为等效的、便于分析的简单问题或求解方法已知的结构分析进行分析。在应用等效替代法时，应当研究原结构的本质特性，找出适当的替代结构，利用替代结构和原结构具有相同特性去探究原结构的特性。下面通过几何构造分析、静定、超静定结构受力分析的例题说明等效替代方法的具体应用。

如图 5.4(a)所示的体系，现要对其进行几何构造分析。经计算该体系计算自由度为零，需要经过分析才能确定其几何构造特性。应用平面体系的三刚片规则、两刚片规则和二元体规则等常用规则难以进行分析。经观察，*BDFG* 为刚片，如果将此刚片用一个铰结三角形 *BDF* 替代，其刚片的特性及该刚片与体系其余部分的连接关系没有变化，就几何构造分析而言，两者完全相同。将刚片 *CEFH* 也用铰接三角形 *CEF* 代替，得到如图5.4(b)所示的体系。用后者进行分析，就很容易根据三刚片规则确定该体系为几何不变体系，从而完成原体系的几何分析。

图 5.5(a)所示为一静定平面桁架结构，观察看到，该桁架有 4 个支座反力，每一结点均包含 3 根以上的杆件，即有 3 个以上的未知力，用结点法求解需要联立多个未知数的线性方程组，所需时间较长。如果用如图 5.5(b)所示的结构替代，则求解容易得多。因为是静定结构，不必考虑变形，只需要假设 1 杆内力为零，两者受力就完全相同了，由该条件很容易分析得到反力 $F_{RC}=-F_P$，整个结构的受力可用叠加法得到。

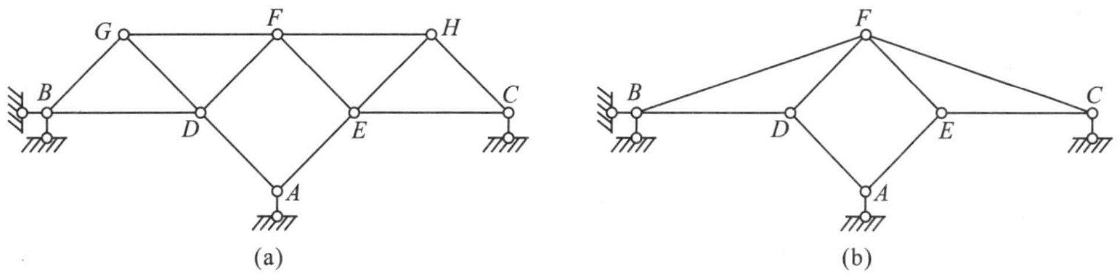

图 5.4　几何构造分析中的等代法应用

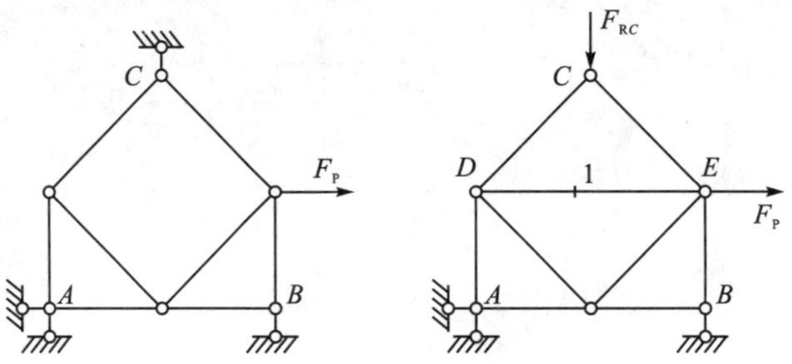

(a) (b)

图 5.5 静定结构分析中的等代法应用

超静定结构的解法中，重要思路就是利用等效替代法，将超静定结构与熟悉的静定结构进行对比，静定结构的内力和位移计算方法已经掌握，就可通过已有知识去探究未知结构的分析方法。力法就是通过这样的方法将结构力学的分析方法从静定结构发展到超静定结构的。如图 5.6(a)所示的超静定结构，之前没有讨论超静定结构的解法。这时如果拆除 C 处支座，得到一个对应的静定结构，称为力法的基本结构[图 5.6(b)]。如果这两个结构的变形(位移)相同，根据线弹性体系力与位移一一对应关系，可知两者的内力也相同。现在只要设定基本结构在支座 C 的水平位移和竖向位移与原结构相同(式 5.4)，就可以根据叠加原理列出力法基本方程(见式 5.5)，从而求出基本结构上的未知力 X_1、X_2，结构的内力即可求出。如果将这一思路扩大到更多未知量的情况，就得到了力法的一般解法。

$$\begin{cases}\Delta_1 = 0 \\ \Delta_2 = 0\end{cases} \tag{5.4}$$

$$\begin{cases}\delta_{11}X_1 + \delta_{12}X_2 + \Delta_{1P} = 0 \\ \delta_{21}X_1 + \delta_{22}X_2 + \Delta_{2P} = 0\end{cases} \tag{5.5}$$

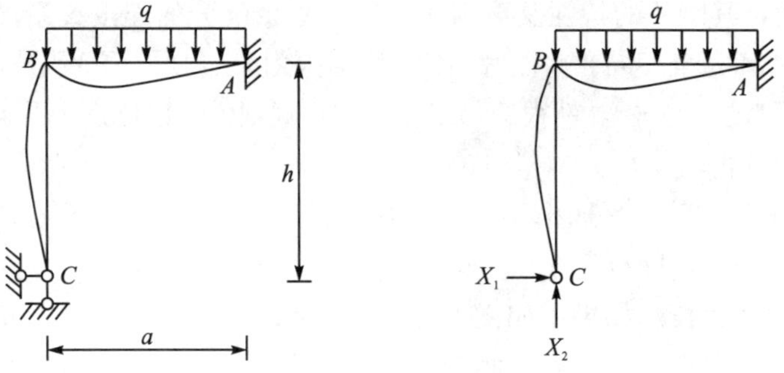

(a) (b)

图 5.6 超静定结构分析中的等代法应用

5.1.3 结构的受力特性

1. 静定结构的特性

(1)静定结构的几何构造特征：静定结构是没有多余联系的几何不变体系。

(2)静定结构的受力特点：静定结构的受力与结构变形无关，其内力和反力总是可以通过平衡方程确定唯一解答。

(3)温度、支座位移等不引起静定结构内力。静定结构没有多余联系，在受到温度、支座移动等因素作用时，结构可以产生支座约束允许的位移。

(4)静定结构上某一几何不变部分受到平衡力系作用，仅该部分受力，其余部分内力为零。

(5)在静定结构的某一几何不变部分上进行荷载的等效变换，只有该部分的内力发生变化，其余部分的内力和反力保持不变。

(6)在静定结构的某一几何不变部分进行几何构造变换时，只有该部分的内力发生变化，其余部分的内力和反力保持不变。

2. 超静定结构的受力特性

(1)超静定结构是有多余联系的几何不变体系，超静定结构的受力与结构变形有关，其内力和反力不仅需要满足平衡条件，还需要满足变形协调条件要求。

(2)超静定结构支座移动、温度变化，不仅会引起结构变形，而且会产生结构内力与反力，其大小与结构的刚度绝对值有关。

(3)超静定结构受外荷载时，整个结构参与受力，其内力变形与静定结构相比变化趋于平缓，在相同的材料和截面情况下，结构承载力更大。

(4)超静定结构有更高的安全度，其整体性好，有利于抗震。当荷载增加使结构某处发生破坏时，结构仍然可能是几何不变的，可以继续承担荷载。而对于静定结构，如果荷载使某处破坏，原结构变为几何可变体系，整个结构破坏。

(5)超静定结构的内力分布与杆件截面尺寸有关，与材料的弹性模量有关。图 5.7 所示的两跨连续梁，当两段梁的相对刚度变化时，结构受力发生变化。可以看到，结构刚度大的部位，结构内力也会更大。

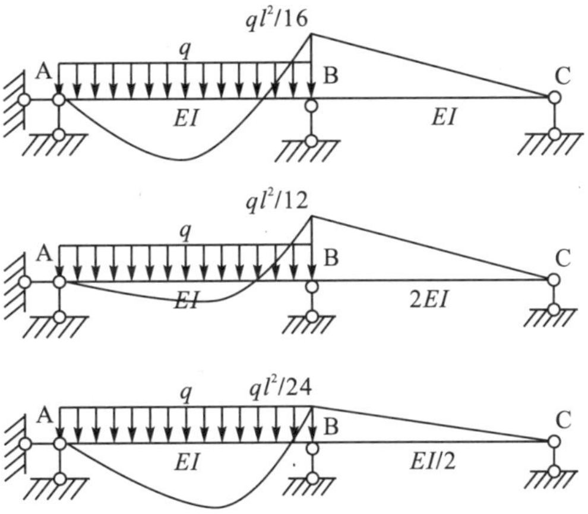

图 5.7　支座移动引起的内力与结构刚度绝对值相关

5.1.4　对称性利用

对称结构在工程中广泛使用。对称结构是指几何尺寸对称、支座条件对称、杆件刚度对称的结构。当结构为静定结构时，受力与刚度无关，不要求杆件刚度对称。

对称结构受对称荷载作用时，其受力和变形是对称的。对称结构受反对称荷载作用时，其受力和变形是反对称的。当荷载不具有对称性时，可将其分解为对称和反对称两组荷载分别进行分析。

如图 5.8 所示的对称静定桁架，用常规方法求解稍微有些麻烦。若注意到结构具有对称性，荷载为对称荷载，将结点 D 作为隔离体取出[图 5.8(b)]。根据对称性，杆件 1、2 的轴力应当相等；再利用该结点为 K 式结点，其内力应当性质相反，由此两点可以很快判断该两杆为零杆，求解其他杆件内力就非常容易了。

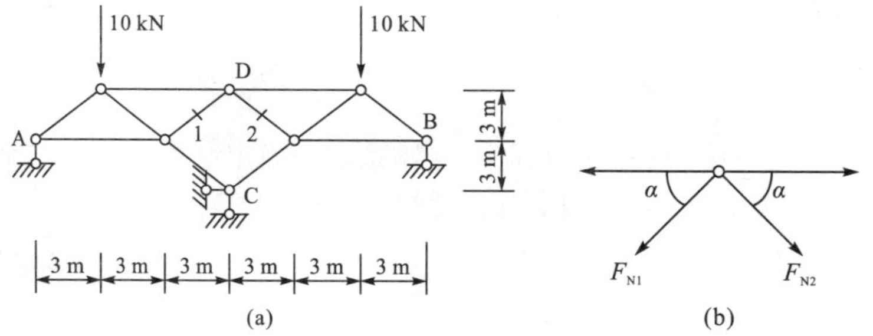

图 5.7　对称静定桁架的零杆分析

对于超静定对称结构，应用对称性分析可以使对称超静定结构的计算大大简化。常用的利用对称性简化的方法有取对称基本结构、取半结构和非对称荷载分解等方法。

若结构对称，当荷载也具有对称性时(荷载对称或反对称)，取对称基本结构分析超静定结构，在对称位置上的未知力具有对称性，结构的未知量因此减少，计算工作量大大减少。例如，如图 5.9(a)所示的受反对称荷载作用的 4 次超静定结构，选取如图 5.9(b)所示的对称基本结构，4 个支座反力只有两个未知力，结构计算工作量成倍减少。

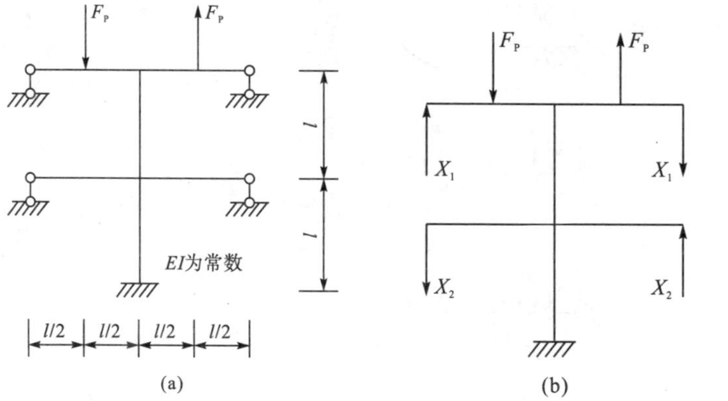

图 5.8　支座移动引起的内力与结构刚度绝对值相关

当对称结构上荷载也具有对称性时，可利用对称结构的受力和变形具有对称性的特点，取半结构进行计算。

对称结构取半结构计算时关键点是对称轴位置上的支座约束的选取。当取半结构计算时，结构的另一部分成为半结构的外部约束，这时应当分析结构体系在该对称荷载作用下对称轴处的变形和受力，所选取的支座约束应当满足此处变形和受力要求。如图 5.10(a)所示的对称结构受对称荷载作用，当不考虑轴向变形时，中间柱 CF 没有变形，C 点没有线位移也不能有角位移，可取如图 5.10(b)所示的半结构，结点 C 处选取为固定支座。该半结构用位移法求解时只有一个角位移未知数，结构计算简便。

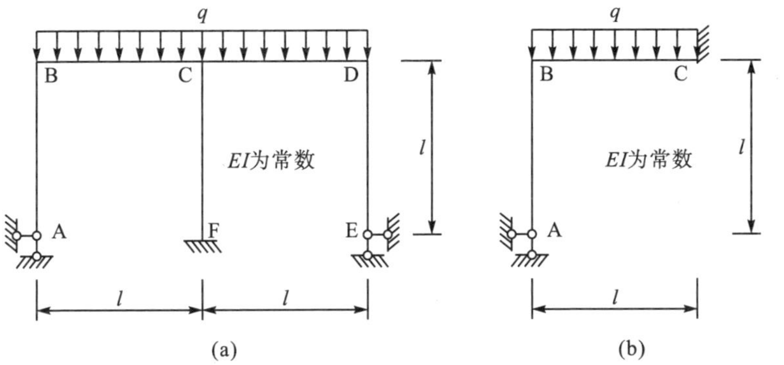

图 5.10　对称结构及其半结构

5.1.5　结构变形图与结构位移定性判断

所有组成结构的材料都是可变形的，结构在受到荷载作用时都会产生变形和位移。对于线弹性材料，结构受力和变形是一一对应的。在分析判断结构受力的计算结果时，正确地绘出结构的变形图，并与计算得到的变形图进行比较，往往可以发现结构计算结果中存在的问题。例如，如图 5.11(a)所示的超静定刚架受匀布荷载作用，某一计算给出的结果如图 5.11(b)所示。通过观察发现，在支座 A、B 处均存在转角位移，根据这一现象可以断定，该计算存在问题。经检查，发现 A、B 两支座的固定约束在计算中错误输入为固定铰支座。通过观察变形图，可及时发现和消除计算错误。

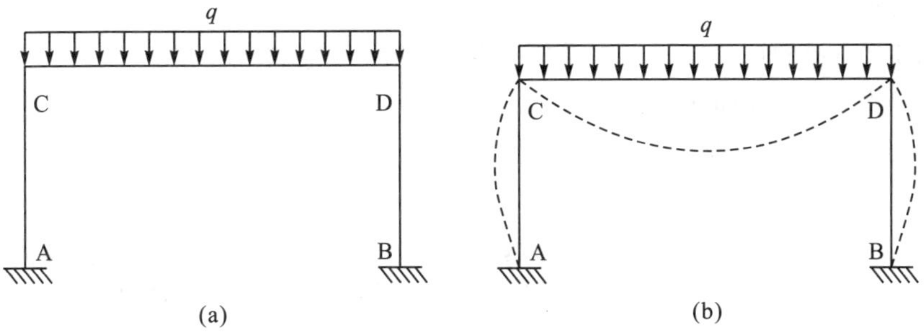

图 5.11　框架结构及其变形图

对结构变形图进行定性判断时，可以从以下 3 方面着手。

(1)变形图应当满足支座约束条件和结点变形要求。固定铰支座处不允许发生线位移；固定端不允许发生线位移，也不能发生角位移。刚结点处要满足线位移、角位移连续条件，而铰结点两侧就可以允许不同的角位移出现。

(2)结构杆件变形曲线应光滑连续。除在杆件与杆件连接处，由于不同结点允许不同的位移突变外(例如铰结点两侧截面可以有不同的角位移)，结构在受力情况下位移应当保持连续，变形曲线应当光滑。根据杆件曲率与弯矩成正比的关系 $\kappa=\dfrac{M_P}{EI}$，在弯矩较大处，杆件曲率应当更大，曲率半径更小。

(3)通过位移定性计算判断结构某些控制点位移方向。如图 5.12(a)所示的结构不易判别 C 处的水平位移向左还是向右，此时可以简要绘制其弯矩图形状，拟定一个虚拟状态

[图 5.12(b)]，根据位移计算公式 $\Delta_{CX}=\sum\int\frac{M_{\mathrm{P}}\overline{M}}{EI}\mathrm{d}s$ ，可以定性判断其水平位移向右。当确定了控制点的位移后，结构变形图就很容易勾画出来。

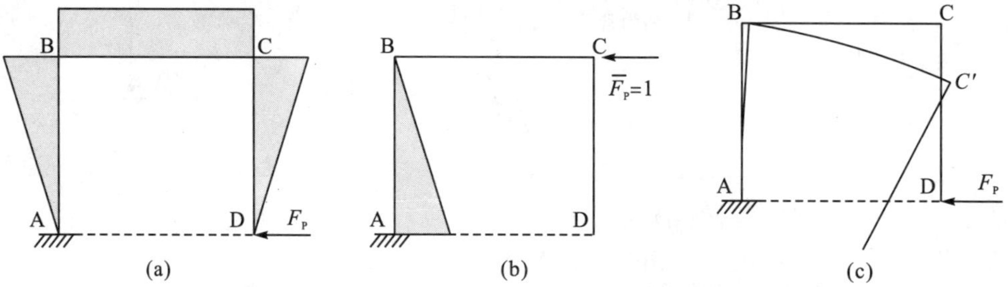

图 5.12　结构变形控制点位移方向判断

5.2　结构的近似计算方法

5.2.1　选择适当的结构的计算简图

选取结构的计算简图有两个原则，一要尽可能反映实际结构的性能，计算结果准确；二要分清主次，略去细节，便于计算。选取不同的计算简图，计算工作量不同，计算结果也会有一定差异。进行定性分析时应根据所要达到的目的，确定适当的精度要求，选择便于计算的计算简图。

如图 5.13(a)示的钢屋架，根据分析该结构以轴力为主，取如图 5.13(b)所示的平面桁架为计算简图，为一静定桁架。计算简便，可用手算得到桁架轴力的大小。如果考虑各结点处实际会相互约束转动，改用如图 5.13(c)所示的刚架为计算简图，结构成为高次超静定结构，手算难度变大，用计算机程序算得轴力结果。可以看到，对于该钢屋架，两个计算简图的轴力计算结果相差不大。所以，在对计算结果进行定性判断时，根据结构的受力变形特点，选择恰当的、更简便的计算简图，对结构受力进行迅速估算，也能对计算机计算的成果的正确性做出较好的推断。

当结构庞大、体系复杂时，可以根据结构的受力和变形特点，取某一局部进行分析，得到近似解答。例如，多层刚架在竖向荷载作用下，可以采用分层计算法估算结构内力，或者忽略部分影响较小的因素或选择部分结构进行分析。

如图 5.14(a)所示的刚架，在荷载作用下结点有角位移和线位移，但在此处的竖向荷载作用下，结构侧移比较小，近似计算时可以略去侧移的影响，结构只有两个角位移，用位移法或力矩分配法计算可以很快得到计算结果。图 5.14(b)是不计侧移的计算结果，与图 5.14(c)考虑侧移的计算结果相比，两者非常接近。

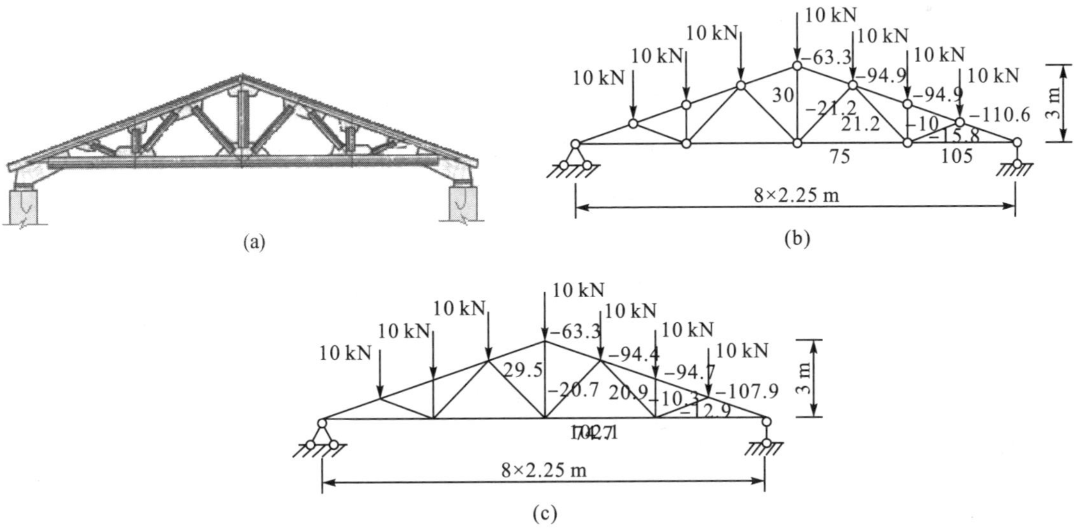

图 5.13　钢屋架计算简图

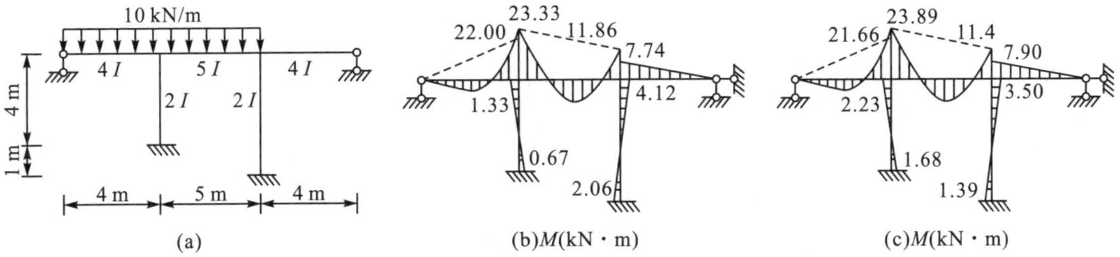

图 5.14　刚架忽略侧移计算结果比较

5.2.2　渐近法

结构近似计算是进行计算结果定性判断和量级判断的主要方法之一。渐近法包括了超静定结构的诸多近似求解方法，如力矩分配法和无剪力分配法、剪力分配法等。

用力法或位移法分析超静定结构时，需要建立和求解线性方程组。如果未知数目较多，计算工作会相当繁重。渐近法的思路是逐次逼近精确解。对于超静定结构，不管其多复杂，有多少个未知数，渐近法每次只考虑一个可变因素，逐个分析各因素变化的影响。当计算未达到精度要求时，可以再次逐个因素进行新一轮分析，直到最后收敛到精确解。渐近法避免了求解联立方程，而且根据精度不同要求，可减少计算次数。

渐近法不仅是一种求解超静定结构的方法，更是一种分析问题的一般方法。掌握好结构渐近分析方法，会大大提高对结构定性分析的能力。因为每次只考虑一个可变因素，计算简单，概念明确。计算精度可以根据需要控制，当需要较为准确的结果时，可以按同样的方式重复进行再一轮的计算；而只需要粗略结果或作定性判断时，只需要进行一到两轮的计算，简便快速，工作量小，能很快得到结果。

1. 力矩分配法

力矩分配法是一种逐次逼近求解超静定结构的方法，适用于仅有结点角位移而无结点线位移的结构。对于只有一个未知数的无侧移结构，当结构只受结点集中弯矩时，各杆端弯矩的大小与该杆端转动刚度成正比，即力矩按各杆端转动刚度分配。

杆端转动刚度 S_{AB}是杆端发生单位角位移时杆端对应的弯矩值，其值与杆件线刚度和远端约束有关，常用的单跨超静定梁的转动刚度见图 5.15。发生转动的杆端通常称为近端，杆件的另一端称为远端。杆件的转动刚度与交于同一结点的所有杆转动刚度总和的比值称为该杆端的分配系数 μ_{AB}，其值相当于结点受单位弯矩时，该杆端对应的弯矩大小。当结点受结点集中弯矩 M 时，近端弯矩由结点弯矩乘以该杆分配系数得到，即 $M_{AB}=\mu_{AB}M$，而远端弯矩可由传递系数(见图 5.15 中的 C_{AB})求得，$M_{BA}=C_{AB}M_{AB}$。

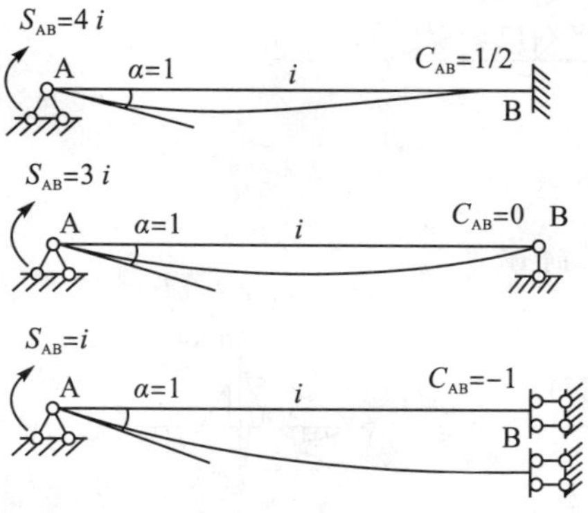

图 5.15 杆端转动刚度

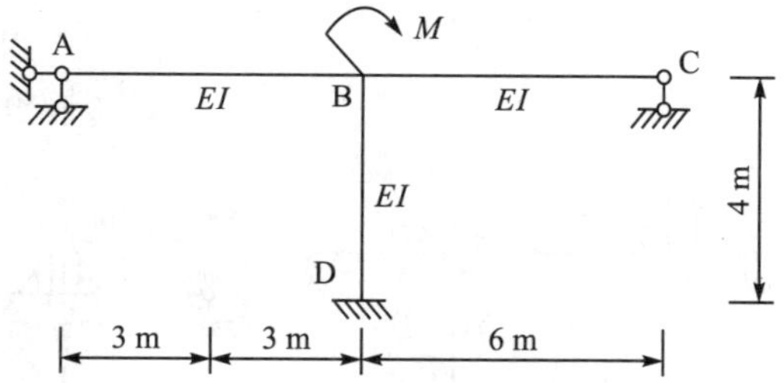

图 5.16 单结点分配

对如图 5.15 所示的结构，根据各杆端的转动刚度，可以算得各杆力矩分配系数，进而计算出各杆端的分配弯矩。

转动刚度：BA 杆 $S_{BA}=3i$；BC 杆 $S_{BC}=3i$；BD 杆 $S_{BD}=4i$。

分配系数：$\mu_{BA}=\dfrac{S_{BA}}{\sum S_{Bi}}=\dfrac{3}{10}$；$\mu_{BC}=\dfrac{S_{BC}}{\sum S_{Bi}}=\dfrac{3}{10}$；$\mu_{BD}=\dfrac{S_{BD}}{\sum S_{Bi}}=\dfrac{4}{10}$。

分配弯矩：$M_{BA}=\mu_{BA}M=0.3M$；$M_{BC}=\mu_{BC}M=0.3M$；$M_{BD}=\mu_{BD}M=0.4M$。

传递弯矩：$M_{AB}=C_{BA}M_{BA}=0$；$M_{CB}=C_{BC}M_{BC}=0$；$M_{DB}=C_{BD}M_{BD}=0.2M$。

当结构受非结点荷载时，可将非结点荷载变换为等效结点弯矩，再对等效结点弯矩按各杆端的转动刚度进行分配。结构受力为等效结点弯矩引起的内力和结点受约束(相当于单跨超静定梁)情况下荷载产生的内力两种情况之和。例如，如图 5.17(a)所示的刚架的弯矩可由结点受约束情况下荷载产生的弯矩[图 5.16(b)]和等效结点弯矩引起的弯矩[图 5.17(c)]叠加得到。

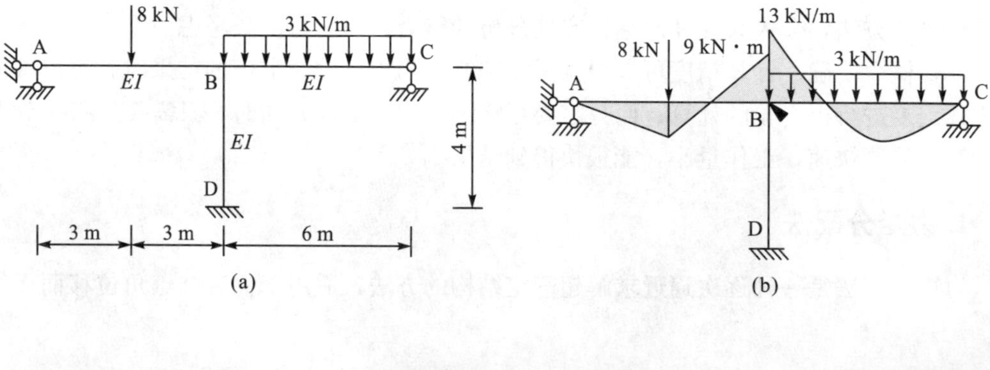

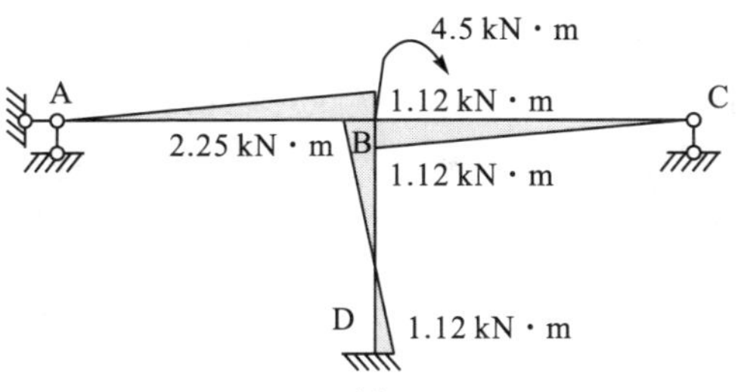

(c)

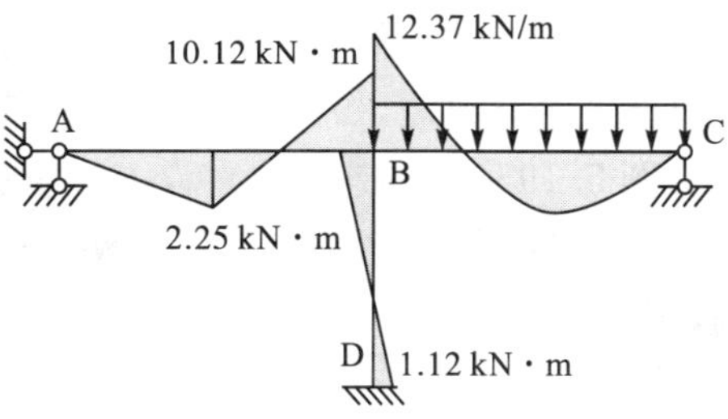

(d)M(kN · m)

图 5.17　单结点力矩分配

对于有多个角位移的结构，每次只考虑一个结点可转动，约束其余结点的转动。逐个结点利用分配法进行不平衡力矩分配。尽管每次只分析一个结点的平衡，其余结点不能保证平衡，但因为分配系数和传递系数均小于等于 1，故多次分配后的计算结果最终会收敛到结构受力的准确解答。以如图 5.18(a)所示的连续梁为例，用力矩分配法分析的过程如下。

第一步，将结点 B、C 约束，阻止结点转动。这时约束把连续梁分成 3 根单跨梁，仅在 BC 一跨有变形和内力，如图 5.18(b)所示。在结点 B、C 的约束中有约束力(不平衡力矩)。

第二步，去掉结点 B 的约束(结点 C 仍然固定)，这时结点 B 将有转角，累加的总变形如图 5.18(c)所示。分配结点 B 的不平衡力矩后，结点 B 各杆端弯矩满足平衡条件，但结点 C 并不满足平衡条件[图 5.18(c)]。

第三步，重新将结点 B 固定，然后放松结点 C 的约束。累加的总变形如图 5.18(d)所示。从变形可以看出，此时的变形更接近结构的实际变形。分配结点 C 的不平衡力矩后，结点 C 各杆端弯矩满足平衡条件，但结点 B 又不满足平衡条件。

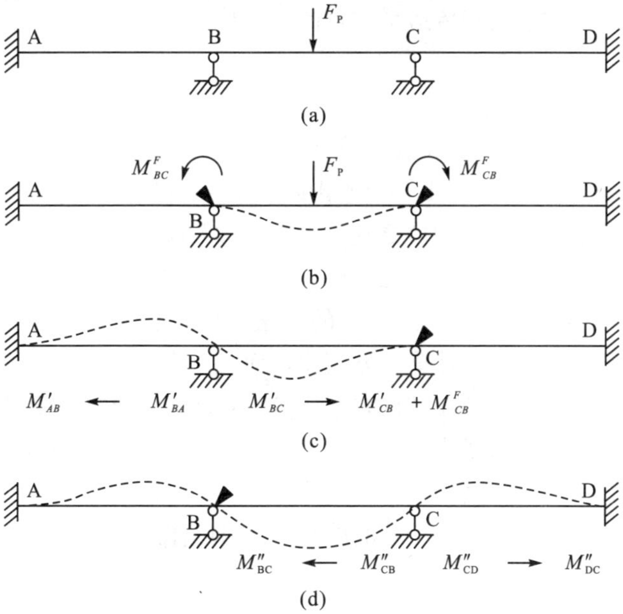

图 5.17　两结点分配过程示意图

第四步，重复第二步和第三步，即轮流去掉结点 B 和结点 C 的约束并分配不平衡力矩。连续梁的变形和内力很快就逼近实际状态。分配过程中，每次只放松一个结点，故每一步均为单结点的分配与传递。最后，将各杆端的固端弯矩、分配弯矩和传递弯矩叠加，即得杆端的最终弯矩。通常只需对各结点进行两到三轮的运算，就能到达较好的精度。

如图 5.19 所示的连续梁。设 EI 为常数，可用力矩分配法进行计算。计算出各杆线刚度、杆端转动刚度、各结点分配系数、各杆固端弯矩就可分配得到结构的内力图。计算分配过程如图 5.19 所示。

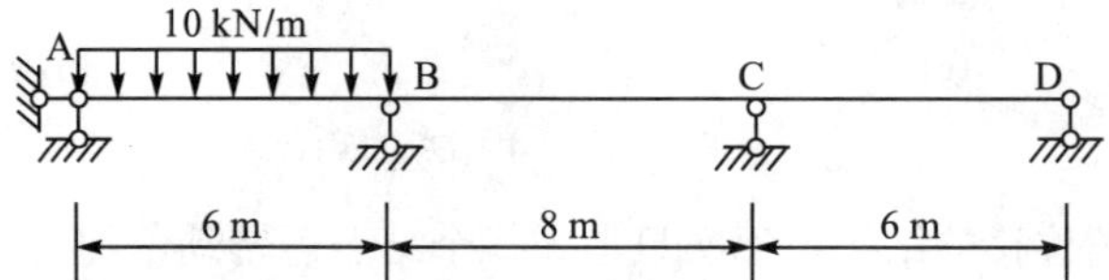

杆端	AB	BA	BC	CB	CD	DC
分配系数		0.5	0.5	0.5	0.5	
固端弯矩		45.00				
分配传递	0 ←	−22.50	−22.50 →	−11.25		
			2.81 ←	5.62	5.63 →	0
	0 ←	−1.41	−1.40 →	0.70		
				−0.35	−0.35 →	0
杆端弯矩		21.09	−21.09	−4.28	4.28	

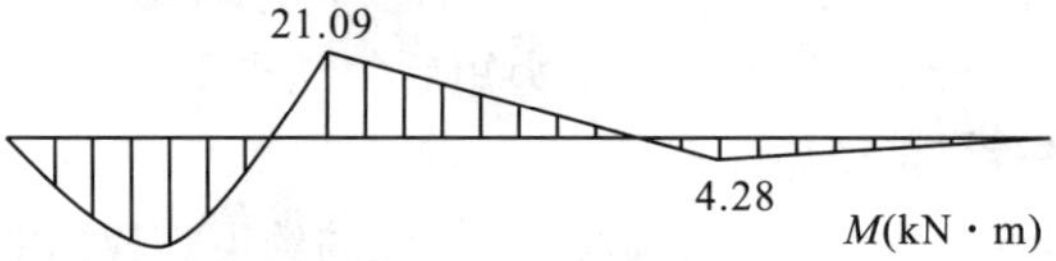

图 5.19　用力矩分配法求解连续梁

在有侧移杆件剪力静定的特殊情况下，也可以使用力矩分配法思路进行分析。此时需要调整剪力静定杆的转动刚度和传递系数，此方法称为无剪力分配法。

2. 剪力分配法

剪力分配法主要适用于仅有结点线位移，而无结点角位移的超静定刚架计算。如图 5.20所示，因横梁刚度视为无限大，刚架变形时结点将无角位移发生。

当刚架横梁与柱子的弯矩曲刚度之比 $i_b/i_c \geqslant 3 \sim 5$ 时，通常可将横梁刚度近似地视为无穷大，采用剪力分配法进行剪力分配分析，所求得的内力精度一般满足工程要求。即使对于 i_b/i_c 值稍小的刚架，也可以通过修正的方法(D 值法)来减小因不考虑结点角位移所引起的内力误差。剪力分配法的计算十分简便，而且具有传力和力的分配明确而又直观的优点，所以在实际工程中，尤其在结构方案比较、初步设计和定性分析中常被采用。

图 5.20(a)可将原刚架的受力状态分为图 5.20(b)和(c)两种状态的叠加。其中图5.20(b)的情况容易求解，图 5.20(c)中水平集中荷载作用在横梁上，此时柱变形的反弯点(弯矩零点)均出现在柱的中央，只要得知每个柱的剪力，便可以作出柱的弯矩图。

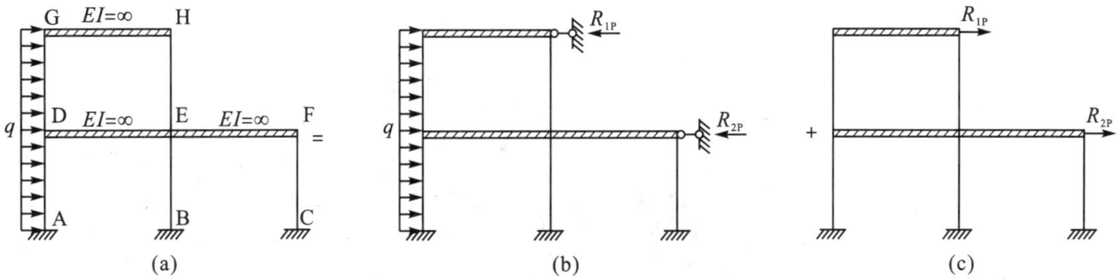

图 5.19　横梁刚度无限大框架

而柱的剪力可以通过将楼层总水平剪力按各柱的侧移刚度进行分配得到。

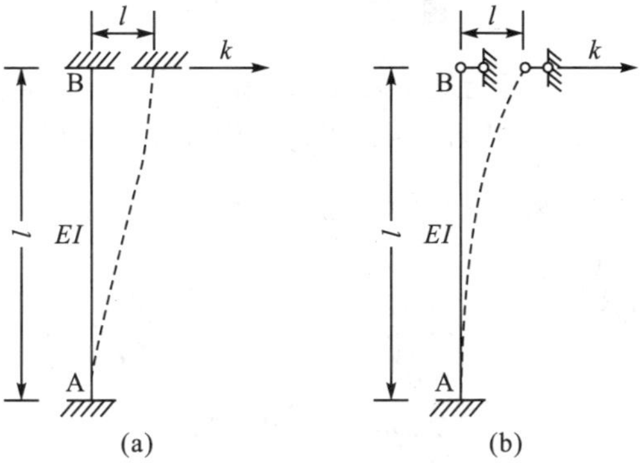

图 5.21　杆件的侧移刚度

所谓杆件的侧移刚度(或称为剪切刚度)，是指使它两端发生单位相对侧移时所需的侧向力，可记为 k。由位移法的转角位移方程可知，对于如图 4.21 所示的两端固定和一端固定另一端铰支的等截面直杆有

两端固定杆：$k=\dfrac{12EI}{l^3}$

一端固定一端铰支杆：$k=\dfrac{3EI}{l^3}$

实际刚架是由多个杆件构成的。在一定的荷载作用下，杆件之间的联系主要可归结为并联和串联两种形式。以下讨论何为杆件之间的并联和串联，以及如何计算杆件并联或串联所形成的合成杆的剪切刚度和剪切柔度。

1)并联体系

如图 5.22(a)所示的刚架和如图 5.22(b)所示的工业厂房排架结构的各柱是相互并联的。各杆件两端的相对侧移相同，而总剪力等于各杆剪力之和。很明显，并联体系杆件并联后的剪切刚度就等于各杆剪切刚度的和，即有 $k=k_a+k_b+\cdots=\sum\limits_i k_i$ 。

根据并联体系各杆件两端的相对侧移相同的基本特征，可以推导得出各杆所分担的剪力与该杆的侧移刚度成正比。

$$F_{Qi}=\frac{k_i}{\sum\limits_i k_i}\cdot F_{\mathrm{P}}=\gamma_i\cdot F_{\mathrm{P}}$$

式中，$\gamma_i=\dfrac{k_i}{\sum\limits_j k_j}$ 称为并联杆的剪力分配系数。

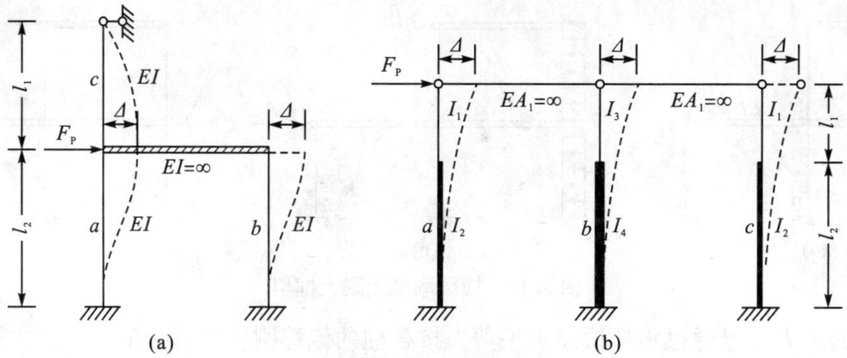

图 5.22 并联体系

如图 5.23(a)所示的结构受水平分布力作用，横梁为刚性。首先将 12 杆的分布荷载转换为等效结点集中力，见图 5.23(b)，各杆的剪力用分配法求得。

各杆侧移刚度为 $k_{12}=\dfrac{12EI}{l^3},k_{34}=\dfrac{12EI}{(2l)^3}=\dfrac{3EI}{2l^3}$

各杆剪力分配系数为 $\gamma_{12}=\dfrac{k_{12}}{\sum k_i}=\dfrac{8}{9},\gamma_{34}=\dfrac{k_{34}}{\sum k_i}=\dfrac{1}{9}$

各杆分配得到的剪力为 $F_{Q12}=\gamma_{12}ql=\dfrac{8}{9}ql,F_{Q34}=\gamma_{34}ql=\dfrac{1}{9}ql$

结构受约束时[图 5.23(b)]的弯矩图可以直接求出，与等效结点力分配得到的弯矩图[图 5.23(c)]叠加，就得到原结构的弯矩图[图 5.23(d)]。

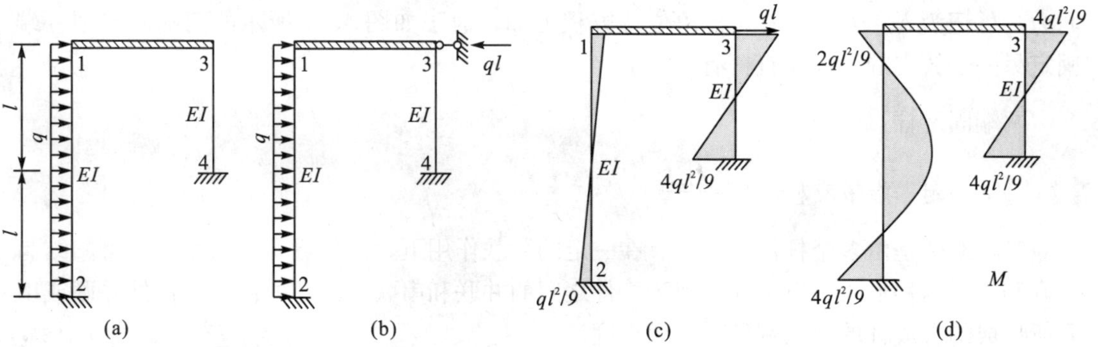

图 5.23 用剪力分配法求解刚架

2)串联体系

如图 5.24 所示的刚架的柱是相互串联的。杆件串联的基本特征是：各杆件承受的剪力相同，而总侧移等于各杆两端相对侧移之和(均指绝对值)。于是，串联体系杆件串联后的剪切刚度为 $k=\dfrac{1}{\sum\limits_i \dfrac{1}{k_i}}$。

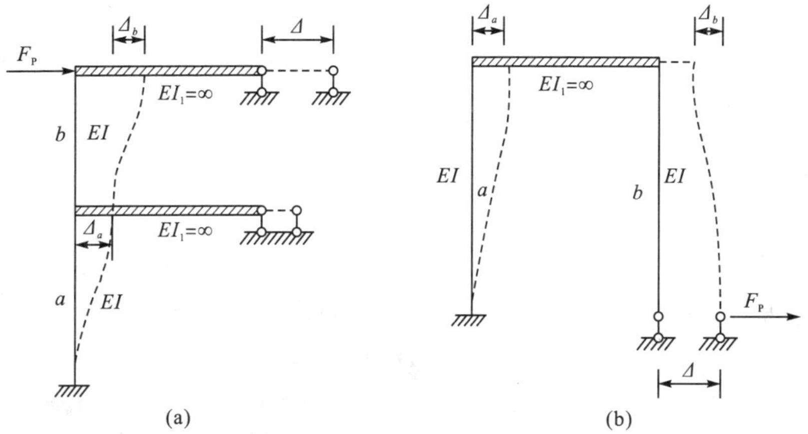

图 5.24　串联体系

在实际分析中，更多结构不能简单归结为并联体系或串联体系，而是两者的组合形式，应根据体系中杆件本身的构成关系进行分析。应当注意，体系属于并联或串联还与荷载的作用位置有关。当有多个荷载作用于不同位置时，若它们所对应的杆件并联、串联关系不同，则可分别计算后再进行叠加。

例如，如图 5.25(a)所示的结构，当水平力作用在上横梁时，可以将柱 a、b、c 看成一个合成柱，由柱 a、b 并联后再与柱 c 串联形成。合成柱总侧移与柱 d 的侧移相同，而剪力 F_P 是由该合成柱和柱 d 分担的，因而两者之间属于并联关系。

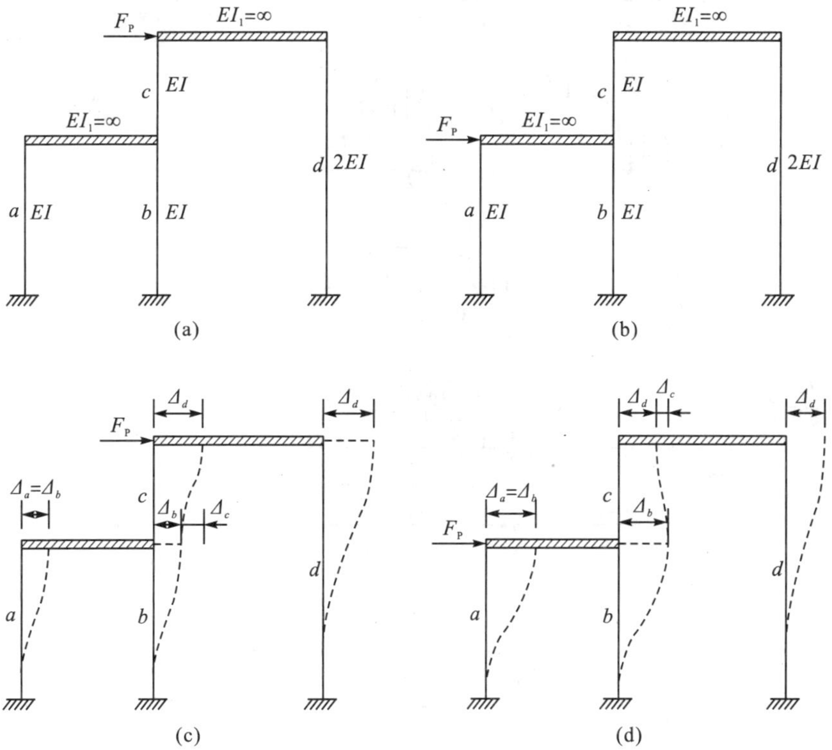

图 5.25　并联、串联体系

当水平力作用在下横梁时[图 5.25(b)]，可以将柱 c、d 看成一个合成柱，因构成合

成柱的 c、d 两柱剪力相同，侧移属于相加关系，显然 c、d 两柱是串联的。合成柱总侧移与 a、b 两柱的侧移均相同，而剪力 F_P 是由上述合成柱和 a、b 两柱共同分担的，因而三者属于并联关系。

5.2.3 结构分析的定性分析示例

如图 5.26(a)所示的四跨连续梁，用有限元计算程序得到了弯矩图和变形图。如何定性判别该计算是否正确？首先，观察计算结果的特点：从变形图上看，变形曲线光滑，满足支座约束要求，BC 段位移大，AB、CD、DE 段位移依次变小。从弯矩图上看，在各结点处满足平衡条件，各结点处弯矩为 $M_B=352.6$ kN・m(上侧受拉)，$M_C=389.7$ kN・m(上侧受拉)，$M_D=111.3$kN・m(下侧受拉)，$M_B=55.7$ kN・m(上侧受拉)。

定性分析如下。

(1)结构变形光滑、支座处满足约束条件，主动力作用区域变形大，越远处影响越小，符合结构在该荷载作用下的变形规律。

(2)结构受力满足平衡条件，在荷载作用附近结构受力大，远处小，也符合结构在该荷载作用下的受力规律。

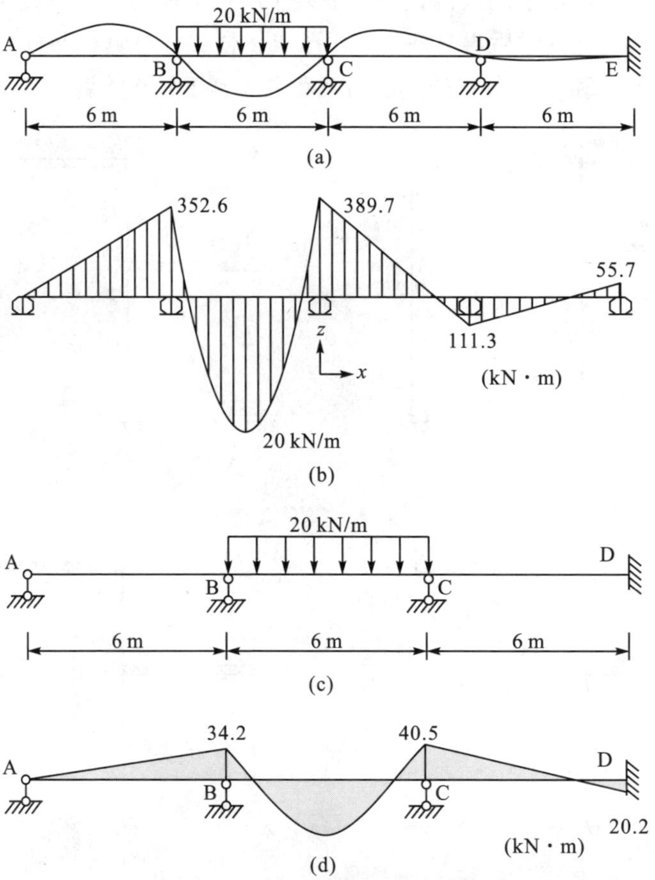

图 5.25 连续梁计算结果判断

(3)进一步用近似计算判断数值量级。取出受力段 BC 相邻部分作为计算简图。考虑到

D 点处结构其余部分对所取部分有约束，为计算简便设为固定端(刚度变大)。用分配法分配得到如图 5.26(d)所示的弯矩图。很快发现，弯矩图相差很大，大约为 10 倍。检查原始数据，荷载输入值误输入为 200 kN/m，荷载错误改正后，可以看到用简化的部分计算简图得到的结果与结构正确的计算结果非常接近。

主要参考文献

杜正国，彭俊生，罗永坤. 2003. 结构分析. 北京：高等教育出版社.

李廉锟. 2000. 结构力学. 第 3 版. 北京：高等教育出版社.

龙驭球，包世华，匡文起，等. 2000. 结构力学基本教程. 北京：高等教育出版社.

龙驭球，包世华. 1980. 结构力学. 北京：人民教育出版社.

彭俊生，罗永坤. 2005. 结构概念分析与 SAP2000 应用. 成都：西南交通大学出版社.

王焕定，章梓茂，景瑞. 2000. 结构力学. 北京：高等教育出版社.

杨耀乾，唐昌荣. 1989. 结构力学. 第 3 版. 北京：高等教育出版社.

袁驷. 2007. 程序结构力学. 第 2 版. 北京：高等教育出版社.

朱慈勉. 2004. 结构力学. 北京：高等教育出版社.

朱慈勉，吴宇清. 2009. 计算结构力学. 北京：科学出版社.

索　　引